テーマ別だから日本の今がしっかり見え

日本近・現代史

井上寿一 監修
かみゆ歴史編集部 編

朝日新聞出版

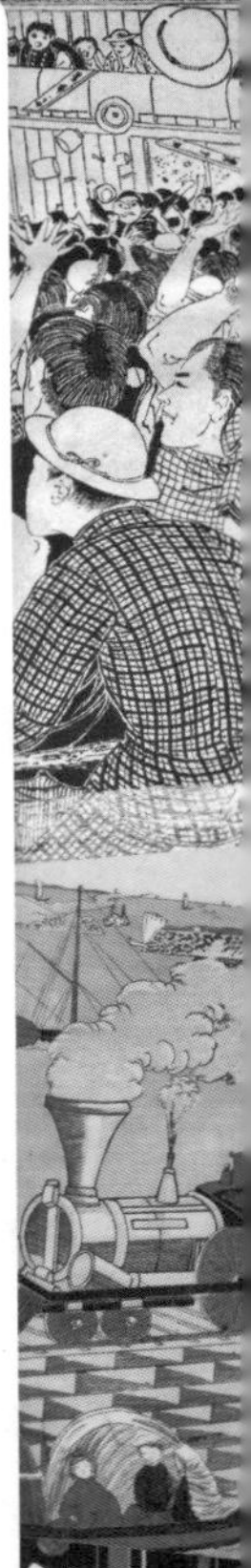

はじめに

なぜ今、日本の近現代史を学ぶ必要があるのでしょうか。

「高校までの日本史の授業は、近現代にたどりつく前に終わってしまう」という意見をよく聞きます。このような意見も踏まえて、２０２２年度から高校で「歴史総合」の授業が必修化されました。「歴史総合」とは日本史と世界史を融合させた近現代史を重視する科目です。しかしこれも始まったばかりであり、すぐに学習効果が表れるとは限りません。

他方では現在、学校教育にとどまることなく、広く日本の近現代史を学ぶべき状況が生まれています。それはグローバル化と関連しています。グローバル化の進展によって、世界の情報を受信するだけでなく、自国のことを発信する力が求められています。私たちは、国境を一歩踏み越えて他国に入れば、その国の人びとから「日本とはどのような国なのか」を問われることになります。この時にきっと、日本の近現代史を学んでおいてよかったと思うにちがいありません。

日本は非西欧世界の中で真っ先に近代化へと離陸して、いくつかの戦争を経験しながらも、世界第2位の経済大国に上り詰めたユニークな歴史を持っています。日本の近現代史は平和的発展の歴史的条件を示しているのです。

同時に、日本の近現代史は光の部分もあれば、影の部分もあります。ど

ちらか一方だけを見るのではなく、両方の側面をよく観察するべきです。

次の観点からも、日本の近現代史を学ぶことは重要です。私たちは何か困難な問題に直面すると、意識的あるいは無意識のうちに、過去の類似の例と比較して、どうすべきかを考えるでしょう。これと同じように、今の日本が直面している問題の解決の手がかりは、過去、すなわち日本の近現代史に求めることができるのです。例えば社会的な格差の問題は今に始まったことではなく、近代にその歴史的な起源があります。他にも、「政治とカネ」の問題は、古くて新しい問題だといえます。大正や昭和の人びとは、社会的な格差や「政治とカネ」の問題にどう取り組んだのでしょうか。歴史から学ぶことは多いのです。

あなたがこれから、日本の近現代史を学ぼう、あるいは学び直そうとする時、本書は大きな助けになるでしょう。本書では、歴史的な事実についての記述はなるべく客観的に、そして歴史的事実に対する解釈も、一方に偏ることなく、バランスをとるよう意識しました。通史による章立ての構成は読みやすく、「天皇とその時代」や「深掘り近現代史」といった特集テーマにより、時代への関心がより高まります。

それではこの本を携えて、日本近現代史の時間旅行に出発しましょう。

２０２４年４月吉日

井上寿一

テーマ別だから日本の今がしっかり見える　日本近・現代史　もくじ

政…内政　外…国際・外交　経…経済　社…社会・生活　文…文化

第3章 デモクラシーへの期待
大正 1912年〜1926年

第4章 軍部の進出と戦争への道
昭和前期 1926年〜1945年

第5章 復興から高度経済成長へ

昭和中期 1945年～1970年代

第6章 消費社会の到来

昭和後期 1970年代～1989年

政…内政 外…国際・外交 経…経済 社…社会・生活 文…文化

本書の見方

コラム 歴史の動きに深く関わった人物を解説する「KEYPERSON」と、出来事や事件、教養的知識を解説する「COLUMN」の2種類ある

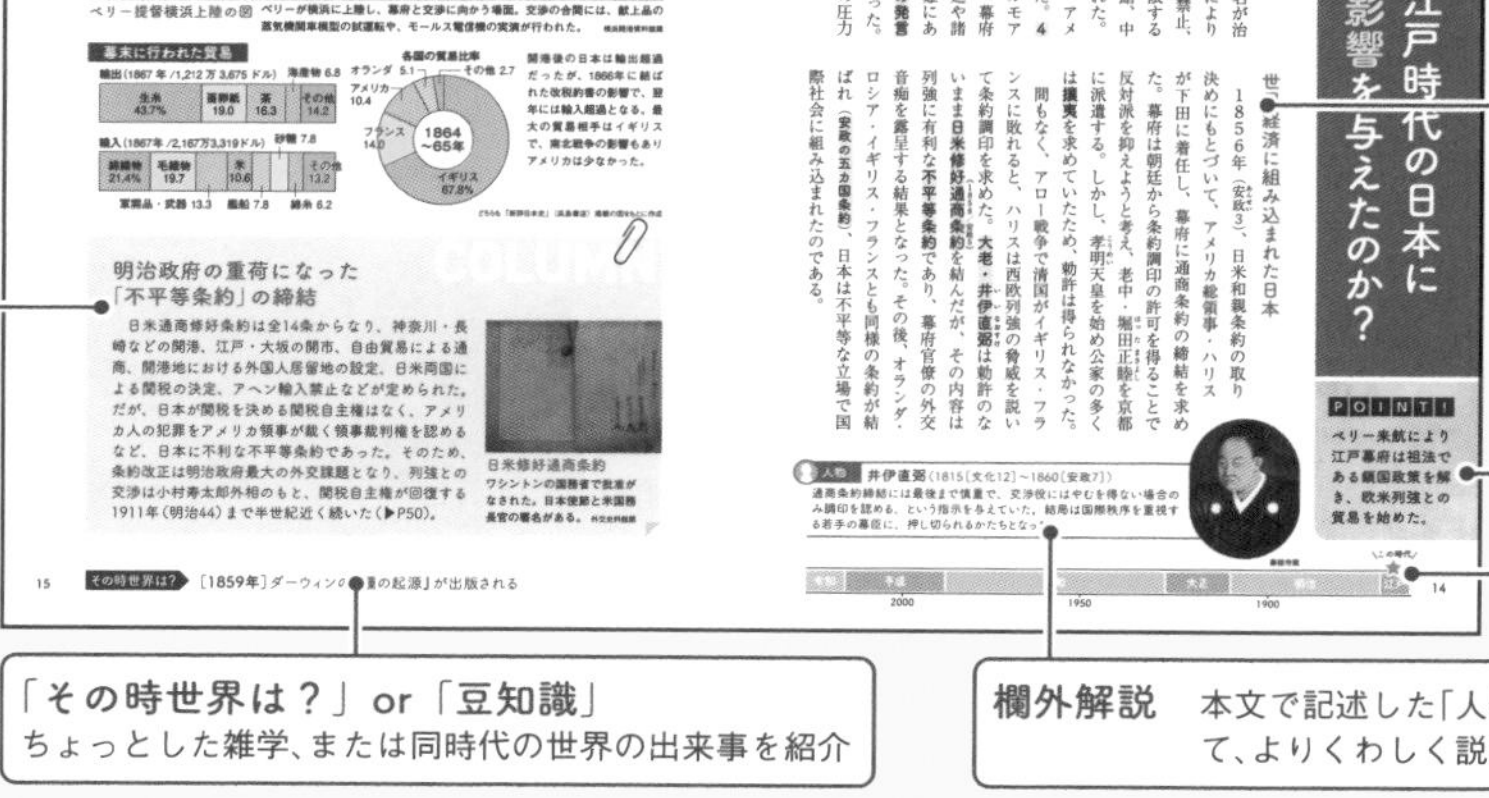

テーマ
「内政」「国際・外交」「経済」「社会・生活」「文化」の五つのテーマがある。ページ数は各テーマの前のページ、後ろのページを記載している。テーマごとに読み進めることができるのも本書の楽しみ方の一つ

本文
内容がつかみやすいように、重要な用語や人物名は太字で強調した

POINT!
解説内容の要約

時代バー
今、読んでいるページがどの時代か一目でわかる

「その時世界は？」or「豆知識」

ちょっとした雑学、または同時代の世界の出来事を紹介

欄外解説 本文で記述した「人物」、もしくは「用語」について、よりくわしく説明

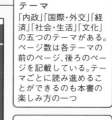

江戸末期から令和時代まで

日本近・現代史年表

黒船が来航して日本が世界へ目を向けてから、私たちが暮らす現在まで約170年間。多くの戦争を体験し、その後は経済大国への道を歩んだ近現代史を振り返る。

時代：江戸／明治

出来事／時代の動き

開国し近代化へと進む日本

1853（嘉永6）黒船来航。ペリーが開国要求

1867（慶応3）王政復古の大号令。明治新政府成立

1868～69（明治1～2）**戊辰戦争** 新政府軍が旧幕府軍に勝利

1874（明治7）自由民権運動始まる

1881（明治14）明治十四年の政変。国会開設の勅諭

立憲国家の成立と日清・日露戦争

1889（明治22）大日本帝国憲法発布

1890（明治23）第1回帝国議会開会

1894～95（明治27～28）**日清戦争** 日本が清に勝利。台湾を獲得

1901（明治34）八幡製鉄所操業開始

1902（明治35）日英同盟協約締結

自由民権運動の指導者の一人である板垣退助

憲法制定に尽力し、初代総理大臣となった伊藤博文

生活／文化

1858（安政5）福沢諭吉が蘭学塾を開設（慶應義塾の前身）

1868（慶応4）神仏分離令布告。のちに廃仏毀釈運動起こる

1870（明治3）大教宣布の詔（神道の国教化）

1872（明治5）学制公布 新橋―横浜間で鉄道開通 太陽暦を採用

1874（明治7）銀座通りにガス灯設置

1883（明治16）鹿鳴館開館

1885（明治18）福沢諭吉『脱亜論』発表

1891（明治24）川上音二郎、東京で芝居興行

1900（明治33）津田梅子、女子英学塾（のちの津田塾大学）創立

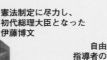

明治	大正	昭和（戦前）

日露戦争

1904～05（明治37～38） 日本がロシアに勝利。南満洲鉄道の利権などを獲得

1910（明治43） 韓国（朝鮮半島）を併合する

1911（明治44） 関税自主権を回復（条約改正）

関税自主権を回復し条約改正を成し遂げた小村寿太郎

発展する政党政治と市民生活

1913（大正2） 大正政変（桂内閣総辞職）

1914～18（大正3～7） **第一次世界大戦** ドイツ権益の山東省や南洋諸島を占領

1918（大正7） 原内閣成立（初の本格政党内閣）

1923（大正12） 関東大震災。東京に戒厳令の一部施行

1924（大正13） 第2次護憲運動 加藤内閣成立（「憲政の常道」始まる）

1928（昭和3） 張作霖爆殺事件

1930（昭和5） 昭和恐慌始まる

アジア・太平洋戦争

1931（昭和6） **満洲事変** 翌年、日本の傀儡である満洲国建国

1932（昭和7） 五・一五事件（政党内閣の終焉）

1933（昭和8） 国際連盟脱退を通告

初の本格政党内閣を率いた原敬

1905（明治38） 夏目漱石『吾輩は猫である』発表

1911（明治44） 平塚らいてう、青鞜社結成

1912（大正1） 美濃部達吉、天皇機関説を唱える

1914（大正3） 日本美術院が再興する

1916（大正5） 吉野作造、民本主義を主張

この頃、サラリーマン増加、職業婦人の出現

1924（大正14） 『キング』創刊

1925（大正15） ラジオ放送開始

1929（昭和4） 小林多喜二『蟹工船』発表

この頃、エロ・グロ・ナンセンスの風潮

1931（昭和6） 初の国産トーキー映画公開

時代	昭和（戦前）	昭和（戦後）

出来事／時代の動き

昭和（戦前）

１９３６（昭和11）二・二六事件（軍部の台頭）

１９３７～45（昭和12～20）**日中戦争**

中国は国共合作により対抗

１９４０（昭和15）日独伊三国同盟締結。大政翼賛会発足

１９４１～45（昭和16～20）**太平洋戦争**

日本軍は東南アジアや南太平洋へ戦線拡大

１９４３（昭和18）ガダルカナル島撤退。大東亜会議開催

１９４５（昭和20）東京大空襲、沖縄戦
広島・長崎への原爆投下
ポツダム宣言を受諾し降伏

太平洋戦争開戦を決断した東条英機

昭和（戦後）

戦後復興から経済成長へ

１９４５（昭和20）ＧＨＱ設置。五大改革指令

１９４６（昭和21）天皇の人間宣言。日本国憲法公布

１９５０（昭和25）朝鮮戦争で特需景気

１９５１（昭和26）サンフランシスコ平和条約、日米安全保障条約調印

１９５５（昭和30）自由民主党結成、55年体制始まる

１９６０（昭和35）池田内閣、国民所得倍増計画発表

１９６４（昭和39）東京オリンピック開催

日本人初のノーベル賞受賞者 湯川秀樹

平和条約や日米安保の締結など、戦後日本の方向性を決定付けた吉田茂

生活／文化

１９３５（昭和10）湯川秀樹、中間子論発表

１９３７（昭和12）文部省『国体の本義』配布

１９３８（昭和13）国家総動員法公布

１９３９（昭和14）映画法公布（脚本を事前検閲）

１９４３（昭和18）上野動物園で猛獣薬殺
学徒出陣開始

１９４４（昭和19）軍事教育全面強化
大都市の学童疎開を決定

１９４５（昭和20）ＧＨＱ、新聞・ラジオの検閲実施

１９４７（昭和22）教育基本法・学校教育法公布

１９４９（昭和24）湯川秀樹、ノーベル物理学賞受賞

１９５１（昭和26）黒澤明『羅生門』、ヴェネツィア国際映画祭で金獅子賞（グランプリ）受賞

１９５３（昭和28）テレビの本放送開始

１９５６（昭和31）石原慎太郎『太陽の季節』刊行

この頃、家電の「三種の神器」が人気に

令和　平成　昭和（戦後）

経済大国としての歩み

1968（昭和43）GNP世界第2位に

1970（昭和45）大阪万博開催

1972（昭和47）沖縄復帰。日中共同声明

1980（昭和55）日米貿易摩擦起こる

1985（昭和60）NTT・JT発足
プラザ合意（円高景気）

長びく不況、変容する社会

1991（平成3）湾岸戦争で経済支援
バブル経済が崩壊する

1992（平成4）PKO協力法成立

1993（平成5）細川内閣成立（～94／55年体制終焉）

1995（平成7）阪神・淡路大震災。地下鉄サリン事件

2009（平成21）民主党政権発足（～12）

2011（平成23）東日本大震災

2012（平成24）第2次安倍政権発足

2020（令和2）新型コロナで緊急事態宣言

2021（令和3）東京オリンピック2020開催

「日本列島改造」を掲げた田中角栄

国連難民高等弁務官に就任した緒方貞子

日本憲政史上最長政権を築いた 安倍晋三

1966（昭和41）ビートルズの来日公演

この頃、3C（カー・カラーテレビ・クーラー）の普及率上昇

1974（昭和49）佐藤栄作がノーベル平和賞受賞

1979（昭和54）ソニーがウォークマンを発売

1983（昭和58）東京ディズニーランドがオープン
任天堂がファミリーコンピュータを発売

1985（昭和60）つくば科学万博開催

1990（平成2）大阪で花の万博開催

1993（平成5）サッカーJリーグ開幕

1997（平成9）アイヌ文化振興法成立

2002（平成14）日韓共催でサッカーワールドカップ開催

2005（平成17）愛知で日本国際博覧会（愛・地球博）開催

2010（平成22）探査機はやぶさが小惑星イトカワから帰還

2012（平成24）東京スカイツリー開業

第1章
近代国家のはじまり

幕末・明治前期
1850年代〜1880年代

時代	年	出来事
江戸	1853	ペリーが浦賀に来航 P14
	1860	井伊直弼が暗殺される（桜田門外の変）P16
	1866	薩長同盟が成立 P16
	1867	10月、幕府が朝廷に政権を返上（大政奉還）P16
		12月、王政復古の大号令 P18
明治	1868	1月、鳥羽・伏見の戦い（戊辰戦争が始まる）P18
		3月、神仏分離令の布告。のちに廃仏毀釈運動につながる P42
		9月、明治に改元（一世一元の制）P19
	1869	版籍奉還が実施される P19
	1870	日本初の日刊紙『横浜毎日新聞』が創刊される P40
	1871	7月、廃藩置県が断行される P20
		7月、日清修好条規が結ばれる P28
		11月、岩倉使節団を欧米に派遣 P24
	1872	学制が発布 P38
		日本で初めて鉄道が開通する P22

内政	江戸幕府を倒した明治政府は欧米をモデルに近代化を進めた。急激な改革に反発する士族の反乱を抑え、蝦夷地や琉球を日本に組み込んでいく。自由民権運動により政府は国会開設を決断し、立憲君主制への道を歩む。
国際外交	幕末、日本は諸外国と不平等条約を結んだため、明治政府はこの不平等条約の改正を重要課題とし、岩倉使節団を派遣するなど努力を重ねた。一方、日朝修好条規を結ぶなど、東アジアへの影響力を強めていく。
経済	新政府は列強との経済力の差を埋めるため殖産興業に力を入れた。最新技術を導入した官営模範工場の設立、それを支える郵便制度や鉄道網の整備、貨幣制度の統一、銀行の設置、電信線の開通などが進められた。
社会生活	近代化や西洋化の影響は社会にも及んだ。教育分野では学制が公布され、義務教育の授業無償化により就学率が向上。メディアでは新聞や雑誌が西洋の文化・思想を広め、人々の政治意識や国民意識に影響を与えた。
文化	散髪・服装の自由が認められるなど、「文明開化」による生活様式の西洋化が進む。都市では洋風の建物が建てられ、沿道にはガス灯が並んだ。一方で伝統的な芸能・芸術は軽視され、廃仏毀釈の運動も生じた。

明治	
1872	太陽暦を採用 ➡P32
1873	徴兵令が発布される ➡P20
	地租改正が実施される ➡P20
1874	台湾出兵を強行 ➡P28
1875	樺太・千島交換条約締約 ➡P30
1876	日朝修好条規が結ばれる ➡P34
1877	西南戦争勃発 ➡P34
1879	沖縄県を設置（琉球処分） ➡P28
1881	国会開設の勅諭が発せられる ➡P36
1882	日本銀行が開業
1884	華族令が制定される
1885	福沢諭吉が『脱亜論』を発表
1886	ノルマントン号事件が発生
1887	三大事件建白運動が起きる
1888	市制・町村制が公布される

国際・外交

◀P24

ペリー来航は江戸時代の日本にどんな衝撃と影響を与えたのか？

POINT!

ペリー来航により江戸幕府は祖法である鎖国政策を解き、欧米列強との貿易を始めた。

幕藩体制の日本を開国に導く

近世は将軍を頂点とする江戸幕府と、大名が治める藩が、土地・人民を統治する**幕藩体制**により支えられた。17世紀半ばには、キリスト教の禁止、幕府の貿易独占のため、外国との交流を制限する**鎖国政策**がしかれ、対外貿易はオランダ商館、中国商人、朝鮮、琉球、アイヌ民族に限定された。

約200年続いた鎖国状態を破ったのが、アメリカ東インド艦隊司令長官・ペリーであった。**4隻の黒船で浦賀に来航**〈1853/嘉永6〉したペリーは、フィルモア大統領の国書を示し、日本に開国を求めた。幕府の老中《ろうじゅう》首座・阿部正弘《あべまさひろ》は回答を保留し、朝廷や諸大名、幕臣に意見を求めた。挙国一致で国難にあたる狙いであったが、かえって**朝廷や大名の発言力を高め**、**幕府の権威を低下**させる結果となった。

開国反対の声が高まる中、幕府はペリーの圧力に屈し、**日米和親条約**〈1854/嘉永7〉を結んで国を開いた。

世界経済に組み込まれた日本

1856年（安政《あんせい》3）、日米和親条約の取り決めにもとづいて、アメリカ総領事・ハリスが下田に着任し、幕府に通商条約の締結を求めた。幕府は朝廷から条約調印の許可を得ることで反対派を抑えようと考え、老中・堀田正睦《ほったまさよし》を京都に派遣する。しかし、孝明《こうめい》天皇を始め公家の多くは**攘夷**を求めていたため、勅許は得られなかった。

間もなく、アロー戦争で清国がイギリス・フランスに敗れると、ハリスは西欧列強の脅威を説いて条約調印を求めた。**大老・井伊直弼《いいなおすけ》**は勅許のないまま**日米修好通商条約**〈1858/安政5〉を結んだが、その内容は列強に有利な**不平等条約**であり、幕府官僚の外交音痴を露呈する結果となった。その後、オランダ・ロシア・イギリス・フランスとも同様の条約が結ばれ（**安政の五カ国条約**）、日本は不平等な立場で国際社会に組み込まれたのである。

人物 **井伊直弼**（1815〔文化12〕～1860〔安政7〕）

通商条約締結には最後まで慎重で、交渉役にはやむを得ない場合のみ調印を認める、という指示を与えていた。結局は国際秩序を重視する若手の幕臣に、押し切られるかたちとなった。

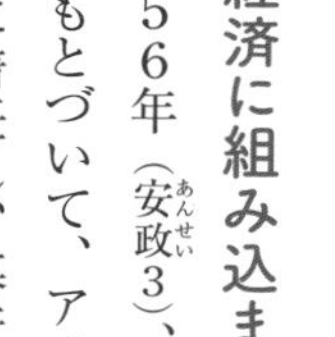

豪徳寺蔵

令和 | 平成 | 昭和 | 大正 | 明治 | 江戸（この時代）

2000 1950 1900

日本を揺るがしたペリー来航

旧暦の1854年2月10日、ペリーは幕府と条約交渉を行うため、約500人の部下と横浜村に初上陸。4回の交渉を経て3月に和親条約（別名「神奈川条約」）が結ばれた。

ペリー提督横浜上陸の図　ペリーが横浜に上陸し、幕府と交渉に向かう場面。交渉の合間には、献上品の蒸気機関車模型の試運転や、モールス電信機の実演が行われた。　横浜開港資料館蔵

幕末に行われた貿易

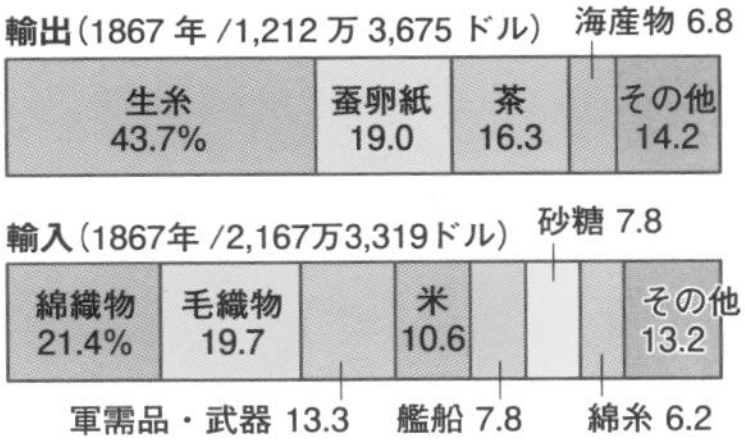

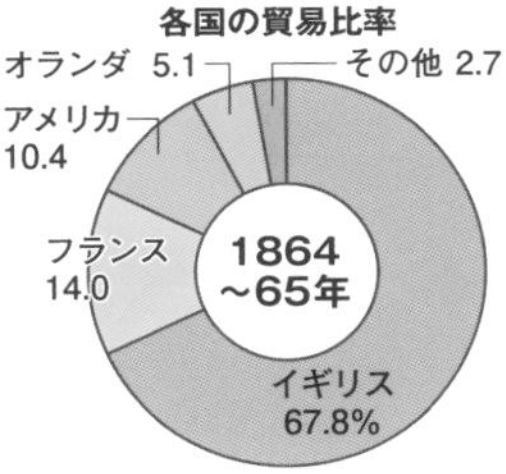

開港後の日本は輸出超過だったが、1866年に結ばれた改税約書の影響で、翌年には輸入超過となる。最大の貿易相手はイギリスで、南北戦争の影響もありアメリカは少なかった。

どちらも『新詳日本史』（浜島書店）掲載の図をもとに作成

明治政府の重荷になった「不平等条約」の締結

日米通商修好条約は全14条からなり、神奈川・長崎などの開港、江戸・大坂の開市、自由貿易による通商、開港地における外国人居留地の設定、日米両国による関税の決定、アヘン輸入禁止などが定められた。だが、日本が関税を決める関税自主権はなく、アメリカ人の犯罪をアメリカ領事が裁く領事裁判権を認めるなど、日本に不利な不平等条約であった。そのため、条約改正は明治政府最大の外交課題となり、列強との交渉は小村寿太郎外相のもと、関税自主権が回復する1911年（明治44）まで半世紀近く続いた（▶P50）。

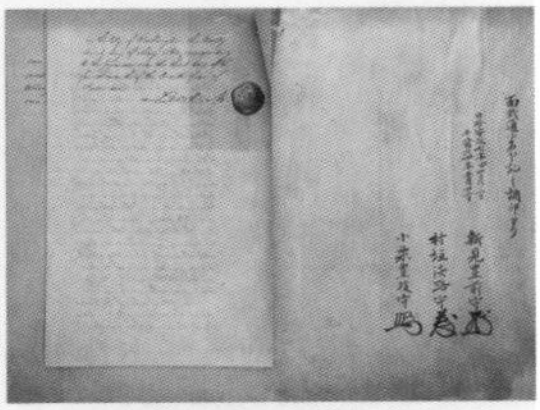

日米修好通商条約
ワシントンの国務省で批准がなされた。日本使節と米国務長官の署名がある。　外交史料館蔵

その時世界は？　［1859年］ダーウィンの『種の起源』が出版される

内政

◀P18

尊王攘夷運動はどのように幕末の政局を動かしたのか？

京都が政局の中心となる

井伊直弼が勅許のないまま通商条約を締結したことで、幕府に対する人々の不満がうずまき、尊王攘夷の機運が高まっていく。尊王攘夷論とは天皇を敬う**尊王論**と、外国を打ち払う**攘夷論**を合わせた思想である。井伊は調印に反対した大名や尊王攘夷を唱える志士たちを弾圧したため（安政の大獄）、**桜田門外の変**で暗殺される。

幕府は失墜した権威を取り戻すため、将軍・徳川家茂と孝明天皇の妹・和宮《かずのみや》の婚姻による**公武合体政策**を推進。徳川慶喜《とくがわよしのぶ》を将軍後見職、会津藩主・松平容保《まつだいらかたもり》を京都守護職に任命する改革を行った。

一方、京都では尊攘派の長州藩と公家が結び、公武合体派の岩倉具視《いわくらともみ》らを排斥。幕府に圧力をかけて14代将軍・徳川家茂を上洛させ、攘夷実行を約束させた。朝廷の影響力が高まったことで、政局の中心は江戸から京都に移っていく。

徳川慶喜が大政奉還で牽制

尊攘派の台頭は長くは続かなかった。公武合体派の公家が会津藩・薩摩藩と結び、三条実美《さんじょうさねとみ》ら尊攘派公家と長州藩を京都から追放して朝廷の実権を握ったのである（**八月十八日の政変**〈1863／文久3〉）。翌年、長州藩は失地を回復すべく京都に兵を進めたが、**禁門の変**で会津・薩摩ら諸藩連合軍に敗れた。

朝敵となった長州藩は、いったん幕府に恭順したが、高杉晋作《たかすぎしんさく》のクーデタにより藩論を倒幕に転換すると、坂本龍馬《さかもとりょうま》らの周旋により薩摩と軍事同盟（**薩長同盟**〈1866／慶応2〉）を締結。両国はイギリスと結び、武力倒幕に向けて軍備の近代化を進めた。

幕府は諸藩に**長州征討**〈1866／慶応2〉（**第2次**）を命じたが、薩摩は動かず幕府方は惨敗。15代将軍・徳川慶喜は、天皇と諸藩が連合して政治を行う**公議政体論**を唱える土佐藩の提案を受け、政権を朝廷に返上（**大**《たい》**政奉還**《せいほうかん》）。倒幕派から挙兵の大義名分を奪った。

POINT!

尊王攘夷運動の高まりによって、政局は天皇がいる京都を中心に動くことになる。

用語　尊王攘夷

幕末には天皇を幕府より上位の存在として絶対視する尊王の考え方が強まり、それが孝明天皇の外国嫌いもあって攘夷論と結び付き、幕府を倒すスローガンとなった。尊王論は明治新政府による天皇を中心とした国家構想に引き継がれた。

令和	平成	昭和	大正	明治	江戸

2000　1950　1900　＼この時代／（江戸）

江戸から京都に舞台が移った幕末の情勢

長州藩を中心とする尊王攘夷派が急進化すると、政局の中心は江戸から天皇のいる京都に移っていった。

高杉晋作
(1839〔天保10〕～1867〔慶応3〕)

長州藩の藩論を倒幕に統一。第2次長州征討で幕府軍に勝利するが、翌年に病死した。

⑤八月十八日の政変(1863)
長州藩が京都から追放される

⑥禁門の変(1864)
入京した長州軍を会津・薩摩が撃退

⑨薩長同盟(1866)
坂本龍馬の仲介で薩長が同盟

⑪大政奉還(1867)
将軍・慶喜が朝廷に政権を返上

⑫王政復古の大号令(1867)
天皇を中心とする新政府を樹立

⑬鳥羽・伏見の戦い(1868)
新政府軍が旧幕府軍を破る

⑯箱館戦争(1869)
旧幕府軍の抵抗が終了

⑮奥羽越列藩同盟(1868)
東北諸藩が新政府に対抗するため同盟を結ぶ

⑧四カ国艦隊下関砲撃事件(1864)
長州の攘夷決行に対し英仏米蘭が報復

⑦第1次長州征討(1864)
⑩第2次長州征討(1866)
1回目は長州藩が降伏するが、2度目は長州藩が勝利

④薩英戦争(1863)
敗北した薩摩藩は英に接近

徳川慶喜
(1837〔天保8〕～1913〔大正2〕)

幕政の近代化、軍制改革を推進するも、大政奉還後の王政復古で権力を失う。 茨城県立歴史館蔵

①安政の5カ国条約(1858)
米蘭露英仏と修好通商条約を結ぶ

②桜田門外の変(1860)

大老・井伊直弼が水戸浪士らにより殺害される

③和宮降嫁決定(1860)
公武合体のため孝明天皇の妹・和宮が将軍家に嫁ぐ

⑭江戸城無血開城(1868)
新政府軍が江戸に入る

KEY PERSON

近代日本建設の立役者

伊藤博文(1841〔天保12〕～1909〔明治42〕)

伊藤博文は初代総理大臣となり大日本帝国憲法を成立させた、近代日本建設の立役者である。もとは長州の貧農の出身で、父が伊藤家の養子となり下級武士の身分を手に入れた苦労人だった。松下村塾で尊王攘夷運動に身を捧げたが、22歳の時、井上馨《いのうえかおる》らとイギリスに留学。これが転機となり開国論者となった伊藤は、帰国後、高杉晋作とともに挙兵して藩論を倒幕に変え、藩の主流派に躍り出た。大物政治家になった後も衣食住にはあまり気をかけない性格であったが、極度の女好きで、明治天皇に芸者遊びを諌められるほどであったという(▶P46)。

留学前(左)と韓国統監時代の伊藤。

豆知識 公武合体派の孝明天皇は35歳で急死した。死因は天然痘だとされるが、その死の様子から、ヒ素毒による毒殺説も唱えられている。倒幕派筆頭の岩倉具視を容疑者とする説もある。

王政復古の大号令で日本の何が変わったのか？

1867.12
王政復古の大号令

軍事

1868.1
鳥羽・伏見の戦い
兵力で勝る旧幕府軍が新政府軍に敗北

城南宮近くで旧幕府軍と戦う新政府軍。 宮内庁蔵

1868.4
江戸城無血開城
江戸での全面戦争は回避される

薩摩藩邸で会談する西郷隆盛と勝海舟。
宮内庁蔵

内政

1867.12
小御所会議
徳川慶喜の官位返上と領地返還が決定

徳川慶喜の処分をめぐり、岩倉具視と山内容堂が対立。
宮内庁蔵

1868.3
五箇条の御誓文
新政府の基本方針を示す

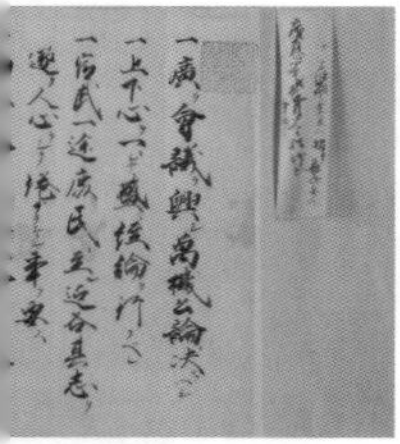
有栖川宮に残された控。内容は同じで6カ条ある。 宮内庁書陵部蔵

クーデタで新政府を樹立させる

1867年（慶応3）12月9日〈太陽暦1月3日〉、岩倉具視ら倒幕派がクーデタにより御所を占拠。**王政復古の大号令**を発し、天皇を頂点とする新政府を樹立する。江戸幕府は滅亡し、700年続いた武家の支配は終わった。しかし、新政府が徳川慶喜に**辞官納地**《じかんのうち》（内大臣辞職と領地の返上）を求めたため、反発した旧幕府軍との間で**鳥羽・伏見の戦い**〈1868／慶応4〉が勃発。1年半に及ぶ**戊辰**《ぼしん》**戦争**が幕を開ける。

朝敵とされた慶喜は江戸に逃れ謹慎したが、新政府軍は東征を開始。江戸城を無血開城させ、**奥羽越列藩同盟**を結んで抵抗する東北諸藩を破り、箱館で榎本武揚《えのもとたけあき》率いる**旧幕府軍を下して日本全土を平定**した。

POINT!
新政府は戊辰戦争で旧幕府軍を追い詰める一方で、政治体制の一新を図った。

＼この時代／
令和 平成 昭和 大正 明治 江戸
2000 1950 1900

1868.5
奥羽越列藩同盟結成
東北・北越の31藩が軍事同盟を結ぶ

1868.8
会津城攻防戦
1カ月の籠城戦を経て会津藩が降伏

砲撃を受けてボロボロになった会津城。 会津若松市提供

1869.5
箱館戦争終結
旧幕府軍による組織的抵抗が終わる

旧幕府軍は箱館の五稜郭に籠もって戦った。 市立函館博物館蔵

1868.9
明治改元
明治天皇が即位し、慶応から明治に改元

1868閏.4
太政官制を採用
古代官制を復活させて太政官を最高機関とする

1868.7
江戸を東京に改称

1869.3
東京奠都《てんと》
天皇の住まいが江戸城に移る。事実上の遷都

江戸城に入る明治天皇の行列。

1869.6
版籍奉還
全国の藩主が土地（版）と人民（籍）の支配権を朝廷に返却する

権力集中に向けた政策を実行

戊辰戦争と並行して、新政府は政治改革を進めた。国政の基本方針である**五箇条の御誓文**を発し、世論の尊重と国際社会への参加を表明。国家権力を太政官に集中させて唯一の権力とし、欧米をまねて**司法・立法・行政の三権分立**を導入した。

明治への改元、天皇一代につき一つの元号とする一世一元の制が定められ、1869年（明治2）、首都が東京に移された（**東京奠都**《てんと》）。さらに、中央集権体制の確立を目指す新政府は、藩の分立を解消するため、倒幕の中心となった薩長土肥の4藩主が率先して、領地・領民を天皇に返還する**版籍奉還**《はんせきほうかん》**を断行**。これを全国にも命じ、旧大名を藩の長官である知藩事《ちはんじ》に任じて統治にあたらせた。だが、各藩が軍事力や徴税権を握る状況は変わらず、中央集権化に向けた改革が必要だった。

その時世界は？ ［1871年］プロイセンがドイツを統一。ビスマルクが宰相となる

内政

◀P28　P18▶

新政府はどのようにして中央集権化を進めたのか？

薩長有志による廃藩置県決行

版籍奉還の後も藩の解体は段階的に進められた。各藩には**家臣の家禄《かろく》や軍事費の削減**、**藩札《はんさつ》の回収**などが命じられ、藩財政の維持は難しくなっていく。新政府の直轄地でも、開化事業への投資のため増税が課された。そのため、長州藩では奇兵隊などの諸隊が脱走・蜂起し鎮圧される事件が起こり、全国で**農民暴動が多発**した。

こうした状況の中、政府は薩摩・長州・土佐の3藩の兵を東京に集めて**御親兵《ごしんぺい》**とし、中央の軍事力を固めた上で、1871年（明治4）7月、**廃藩置県を断行**する。大久保利通《おおくぼとしみち》・木戸孝允《きどたかよし》ら薩長の藩閥《はんばつ》政治家が独断で実行した、事実上のクーデタというべきものであった。これにより、藩は廃止されて府県となり、知藩事は罷免。地方行政は中央政府が任命する府知事・県令が行うこととなり、**専制的な中央集権体制が確立**した。

職業選択の自由と財政の安定化

政府の組織は、太政官の下に正院・左院・右院、正院の下に大蔵・外務などの省が置かれ、**薩長土肥出身**の官僚が、各省の要職を占め実権を握った。

旧幕時代の身分制度も改められ、藩主と公家は華族《かぞく》、武士は士族《しぞく》、百姓・町民は平民とされ、結婚、移住、職業選択も自由とされた（**四民平等**）。

また、国民皆兵による近代的軍隊創設のため**徴兵令**〈1873／明治6〉が出され、士族・平民の別なく満20歳以上の男性に3年間の兵役が義務付けられた。

財政の安定化も政府の重要な課題であった。当初、政府の財源は旧幕時代の年貢だった。だが、年貢率は藩によって異なり、米の豊凶によって税収も一定しなかった。そこで政府は、地主や自作農に土地の私有を認めた上で、地価に応じた一定の税額を、所有者に納税させる**地租改正《ちそかいせい》**〈1873／明治6〉を実施。土地制度においても中央集権化が図られた。

用語　地租改正

田畑の面積、収穫高、平均米価などをもとに土地の価格（地価）を決定し、土地の所有者に地価の3％を税として現金で納めさせた。豊作・不作の関係がないので政府の収入は安定した。その一方で農民の負担は以前と変わらず、各地で一揆が起きた。

POINT！

新政府は行政組織や身分、軍事、税金など、旧体制を廃して諸制度を改めていった。

\この時代/ ★

令和	平成	昭和	大正	明治	江戸

2000　1950　1900

明治新政府による中央集権化政策

明治政府は封建体制による地方分権を廃止するなど、中央に力が集まるように仕組みをつくっていった。

廃藩置県を通知する三条実美

詔書を読み上げる三条実美の奥に明治天皇、左側に岩倉具視と木戸孝允、西郷隆盛がいる。平伏して聞いているのは、元大名の知藩事たち。 宮内庁蔵

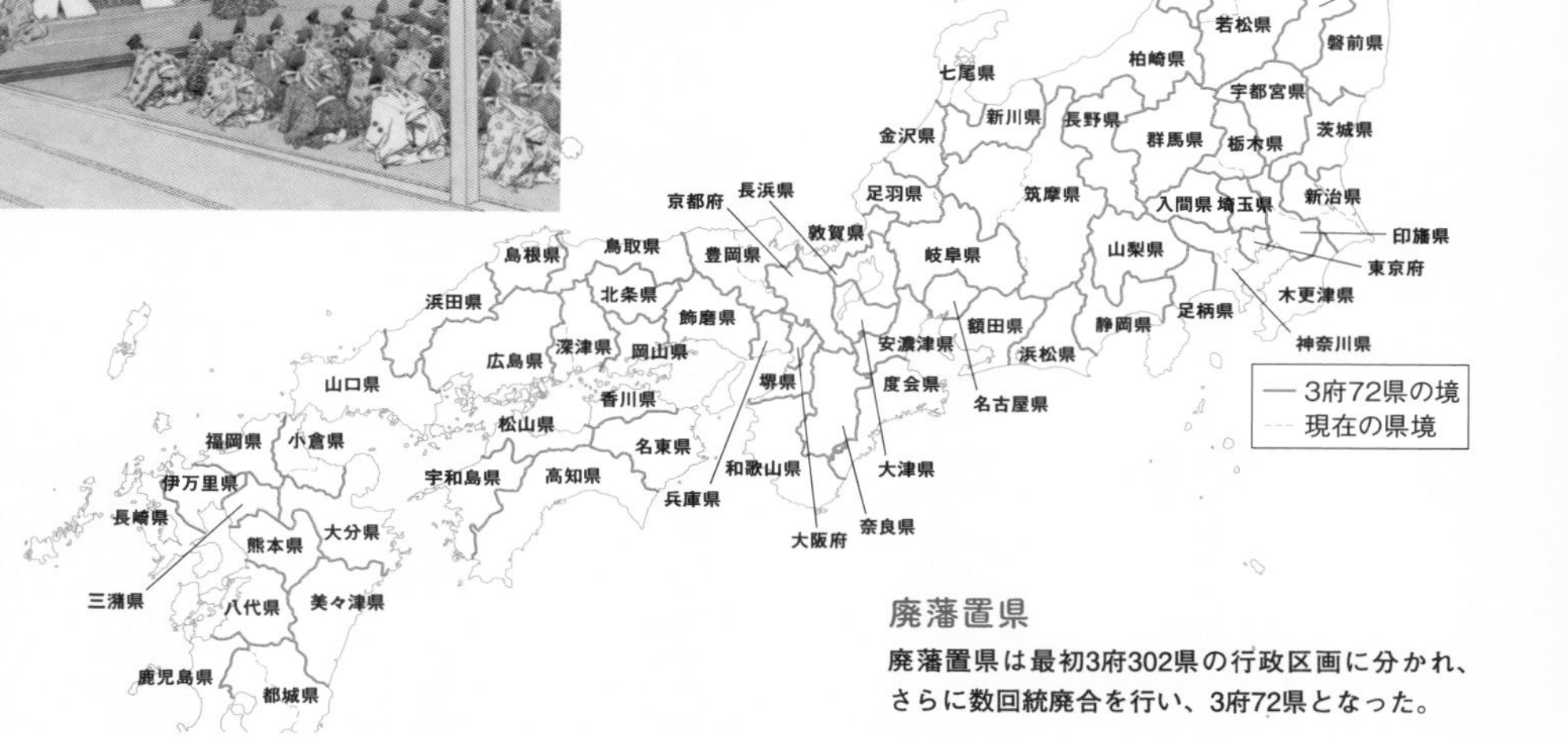

廃藩置県

廃藩置県は最初3府302県の行政区画に分かれ、さらに数回統廃合を行い、3府72県となった。

身分制度の変化

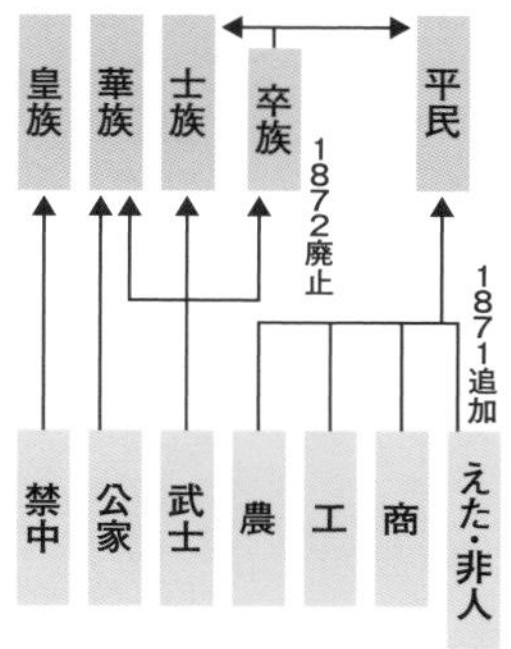

制度の上では四民平等となり、移住・職業選択の自由などが認められた。

薩長土肥が要職を占める

太政官

左院(立法機関)
- 議長 欠員
- 副議長 肥 江藤新平

正院(最高機関)
- 太政大臣 公 三条実美
- 左大臣 欠員
- 右大臣 欠員
- 参議 薩 西郷隆盛
- 長 木戸孝允
- 土 板垣退助
- 肥 大隈重信

右院(調整機関)
- 神祇大輔 津 福羽美静
- 外務卿 公 岩倉具視
- 〃 大輔 薩 寺島宗則
- 大蔵卿 薩 大久保利通
- 〃 大輔 長 井上馨
- 兵部大輔 長 山県有朋
- 文部卿 肥 大木喬仁
- 工部大輔 土 後藤象二郎
- 司法大輔 土 佐佐木高行
- 宮内大輔 公 万里小路博房
- 開拓長官 公 東久世通禧
- 〃 次官 薩 黒田清隆

公…公家　土…土佐
薩…薩摩　肥…肥前
長…長州　津…津和野

廃藩置県後は、正院・右院・左院の三院制となり、薩長土肥出身者が大半を占める藩閥政府となった。

豆知識 三重、愛知、岐阜、堺にまたがった伊勢暴動と呼ばれる地租改正反対一揆は、処罰者が5万人。政府は税率を3％から2.5％に引き下げ、「竹槍でドンとつき出す二分五厘」といわれた。

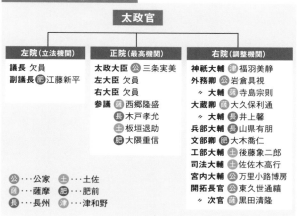

経済

◀P70

日本を西洋化・近代化させた殖産興業の内容とは？

殖産興業を推進する新政府

新政府は、列強諸国との経済力の差を埋めるために**殖産興業**に力を入れた。

旧幕府・諸藩の設備を引き継ぎ、あるいは多額の資金を投入して官営模範工場を設立。日本初の機械製糸工場である**富岡製糸場**をはじめ、鉱山、炭鉱、造船所など官営事業が次々と整備され、**外国人技術者の指導**の下、先進技術が導入された。

貨幣制度は**新貨条例**〈1871／明治4〉により貨幣の単位を円・銭・厘《りん》に統一した。また、新産業を興すため、**渋沢栄《しぶさわえい》一《いち》**を中心に**国立銀行条例**〈1872／明治5〉を制定。華族や政商たちにより次々と国立銀行が設立された。

通信・交通の近代化も進められた。前島密《まえじまひそか》の主唱により、飛脚《ひきゃく》に代わる通信制度として全国一律料金の**郵便制度**が整えられた。電信線は東京・横浜間で開通し、九州や北海道にも延伸。海底電線で長崎・上海間も通じ、欧米ともつながった。

急速な近代化をとげた日本

開化政策の象徴となったのが、イギリスの技術を取り入れた**鉄道**である。新橋・横浜間で初めて開通し〈1872／明治5〉、続いて神戸・大阪・京都間にも敷設され、開港場と大都市が結ばれた。海運は政商・岩崎弥太郎《いわさきやたろう》の**三菱**が、軍事物資の輸送を行うことで政府の保護を受け発展した。

日本の近代化は急速に進み、1877（明治10）には内務卿・大久保利通らの主導により、東京・上野で各地の機械や工芸品を紹介する**内国勧業博《ないこくかんぎょうはく》覧会《らんかい》**を開催。来館者は45万人を超え、産業・技術の普及、国民意識の向上に多大な影響を与えた。

一連の開化事業を進める中で、政府は外国企業の直接投資は極力避け、設備とノウハウだけを取り入れた。西欧列強による経営支配を排除し、日本の実状に応じた運用方針や制度を編み出すことで、**急速な近代化**を成し遂げたのである。

POINT!

西洋列強と肩を並べるために、西洋の技術を取り入れて国内産業を活性化させた。

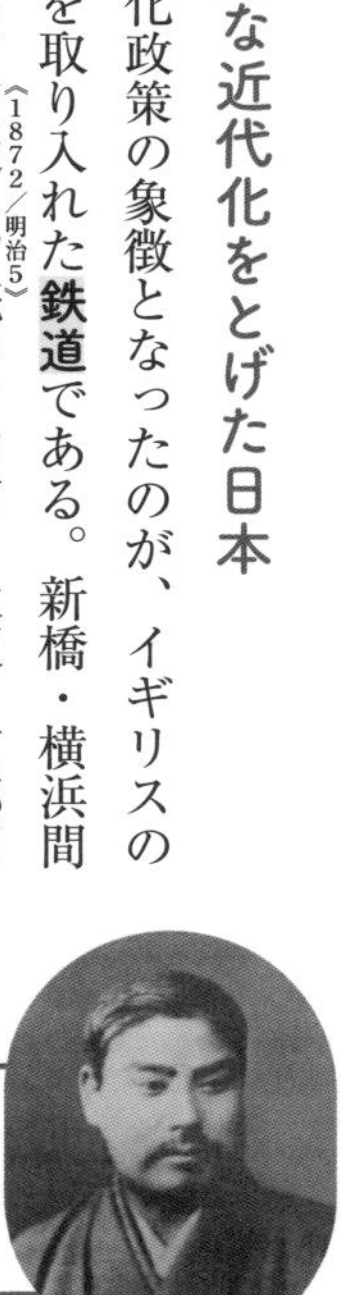

人物　**岩崎弥太郎**（1834［天保5］～1885［明治18］）

土佐藩の地下浪人（郷士の株を売って浪人になったもの）の子。維新後は九十九商会（のちの三菱商会）を興して海運業で成功。炭鉱や鉱山経営、金融や造船など多角的な経営を行った。

＼この時代／★

令和	平成	昭和	大正	明治	江戸

2000　1950　1900

富国強兵を目指した殖産興業

欧米の技術を吸収し、国内の産業や交通網などを整備し、貨幣制度の改革を行った。

事業

日本で初めてセメントを製造した深川セメント製造所。政府は造船所や鉱山経営、紡績などを官営事業として推進した。

太平洋セメント株式会社提供

銀行

天守のような第一国立銀行。金貨兌換の国立銀行券を発行する民営の国立銀行が設立され、1879年までに153行が誕生した。

郵便

民間の飛脚を禁止し、郵便事業を政府の独占とした。料金は全国均一で現金輸送も行うため、配達人は拳銃を携帯した。

郵政博物館蔵

鉄道

高輪の海の上を走る汽車。新橋・横浜間は53分で走った。交通網の整備は近代産業に欠かせないものである。

港区立郷土歴史館蔵

KEYPERSON

近代日本経済の父と仰がれた

渋沢栄一（1840〔天保11〕～1931〔昭和6〕）

埼玉県の農家に生まれた渋沢は、若い頃、高崎城を襲撃して武器弾薬を奪い、横浜を焼き討ちする計画を立てたほどの尊攘論者であった。その後、徳川慶喜に仕え、パリ万博に向かう徳川昭武《あきたけ》に随行し、ヨーロッパの諸制度を見聞。維新後、官僚から実業家に転身し、第一国立銀行や王子製紙、大阪紡績など500以上の企業、証券取引所・商工会議所・教育機関などの設立に関わった。渋沢は株式会社を、国家の利益を達成するために最適な人材と資本を集める合本組織と考えていた。個人より公益を優先した高邁な精神で「近代日本経済の父」と称された。

渋沢史料館蔵

渋沢栄一と新1万円札。 国立印刷局提供

その時世界は? ［1879年］エディソンが電球を発明する

国際・外交

◀P50　P14▶

日本の近代化の礎となった 岩倉使節団の功績とは？

条約改正のための使節を派遣

日本が開国・攘夷で揺れていた頃、西欧列強は産業革命で蓄えた工業力・軍事力で世界に進出し、アジアを中心に**植民地獲得競争**を繰り広げていた。日本の開国後は北米と東アジアを結ぶ海運ルートも形成され、グローバル化は加速する。

1871年（明治4）、廃藩置県により中央集権化を果たした新政府は、右大臣・岩倉具視を全権大使、大久保利通・伊《い》藤《とう》博文《ひろぶみ》らを副使とする**岩倉使節団を欧米に派遣**する。目的は、法律・財政・外交などについて西欧の先進知識を学ぶこと、江戸幕府が結んだ**不平等条約を改正**し、西欧諸国と**対等の外交関係を築く**ことであった。

使節の総勢は、留学生を含めて100人を超えた。中には津田塾大学を創始する津田梅子、自由民権運動の指導者となる中江《なかえ》兆民《ちょうみん》、憲法起草や日米親善に尽力する金《かね》子《こ》堅《けん》太《た》郎《ろう》などもいた。

近代施設から貧民街までも視察

この年、岩倉使節団が渡欧したのは、安政の五カ国条約の改正期限が翌年に迫っていたためである。その**予備交渉**を行うことが使節の第一の目的であった。しかし、アメリカとの最初の交渉からつまずいたことで、条約改正は不可能であることが明らかとなり、交渉は早々に打ち切られた。

一方、**欧米の文化・制度・文物**については多くを吸収した。使節団はアメリカ・イギリス・フランス・ベルギー・オランダ・プロイセン・オーストリア・ロシアなどをめぐり、官庁・工場・裁判所・学校・病院・博物館などの**近代設備から貧民街まで視察**。各省の役人は、それぞれの**所轄事項について調査研究**を行った。

岩倉使節団の調査は2年に及び、そこで学んだ西洋の政治・産業・思想は、以後、明治政府が近代化や「脱亜入欧」を目指す端緒となったのである。

POINT!

岩倉使節団による海外事情の視察や留学経験は、日本の歴史に大きな影響を与えた。

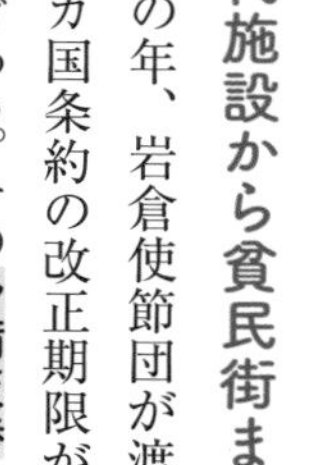

人物　**津田梅子**（1864〔元治1〕～ 1929〔昭和4〕）

日本初の女性留学生。アメリカの初等・中等教育を受けて帰国した後、再度アメリカに留学して生物学を学ぶ。のちに女子英学塾（現津田塾大学）を設立。日本女性の地位向上のため尽力した。

この時代

令和 | 平成 | 昭和 | 大正 | 明治 | 江戸

2000　1950　1900

西洋を視察した岩倉使節団

政府首脳の約半数が使節団に加わり、約2年にわたり欧米12カ国を歴訪した。

岩倉具視と副使

使節団は欧米視察の帰路にスエズ運河を通り、シンガポールや香港、上海といったアジアの都市も経由。植民地や半植民地化された地域の実態も見て帰国した。 山口県文書館蔵

日本初の女性留学生

津田梅子ら5人は開拓使によって派遣された。上田悌子と吉益亮子は体調を悪くして途中で帰国。津田梅子、山川捨松、永井繁子は、約10年の留学を経て帰国した。

KEYPERSON

明治の元勲も心服した鉄血宰相

ビスマルク（1815～1898）

岩倉使節団は各国で政府要人と会談したが、一行に最も感銘を与えた人物の1人が、普仏戦争に勝利してドイツを統一した“鉄血宰相”ビスマルクだった。ビスマルクはベルリンを訪れた使節団を招待し、英仏露の大国に対抗して独立を保つことの困難さを説き、日本の独立と発展の努力を励ました。一行はビスマルクの人柄に魅了され、大久保利通は富国強兵の方針に対する確信を深めて内政を強力に推し進めた。伊藤博文はプロイセンにならった立憲君主制の確立にまい進し“日本のビスマルク”と呼ばれるまでになる。

ビスマルク

「鉄血宰相」の愛称は「ドイツ統一は鉄と血だけが問題を解決する」と演説したことに由来。

豆知識 不平等条約改正のためアメリカで交渉に臨むも、全権委任状（条約について交渉し署名する権限を証明する公文書）を持っておらず、大久保利通と伊藤博文が日本に取りに戻っている。

全国を巡幸し、〝現人神〟として熱狂的に迎えられた明治天皇

明治天皇が伊勢神宮に親拝した様子を描いた錦絵。中央の肩章が付いた人物が明治天皇。天皇の伊勢神宮親拝は、持統天皇以来だとされる。

刀剣ワールド財団蔵

大日本帝国のシンボルとなった明治天皇

明治天皇は大日本帝国憲法で「神聖不可侵」の存在とされた。

KEYPERSON

国民の母となった皇后

一条美子（1849〔嘉永 2〕～1914〔大正 3〕）

明治天皇の皇后・一条美子《はるこ》（昭憲皇太后《しょうけんこうたいごう》）は、洋装姿でたびたび人前に現れ、学校の設立や病院への支援など社会活動に尽くした。こうした姿勢はプロイセンの王室に学んだもので、明治政府が宮廷の近代化のために奨励したものでもあった。美子の登場以後、天皇の母を指す「国母」の語が「国民の母」の意味も持つようになり、大正・昭和へと受け継がれていく。

ドレス姿の昭憲皇太后。宮内庁蔵

政府による天皇の神格化

明治政府は五箇条の御誓文により天皇親政を基本方針としたが、人民にとって天皇は遠い存在であった。

そこで政府は、天皇親政の正当性を周知するため**天皇の神格化**を図った。「祭政一致」の方針を打ち出し、**神道を国教化**して政府が全国の神社を統括。民衆に広まっていた伊勢信仰を利用して、天皇は天照大神《あまてらすおおみかみ》の子孫であると説き、天皇の**宗教的権威を強調**した。

天皇自身が民衆の前に姿を見せる**巡幸《こう》**も盛んに行われた。北海道から九州まで日本全国を訪れ、学校・病院・兵営・工場、田植えや漁業を視察した。民衆は**現人神《あらひとがみ》**を迎えるように熱狂し、その様子は新聞で盛んに報じられた。

明治天皇の六大巡幸

明治天皇は、1872年から1885年にかけて、大規模な地方行幸を6回行った。巡幸には写真家が同行し、各地の風景や建物などの写真を撮影した。

— 第1回　1872年5月23日〜7月12日
— 第2回　1876年6月2日〜7月21日
— 第3回　1878年8月30日〜11月9日
— 第4回　1880年6月16日〜7月23日
— 第5回　1881年7月30日〜10月11日
— 第6回　1885年7月26日〜8月12日

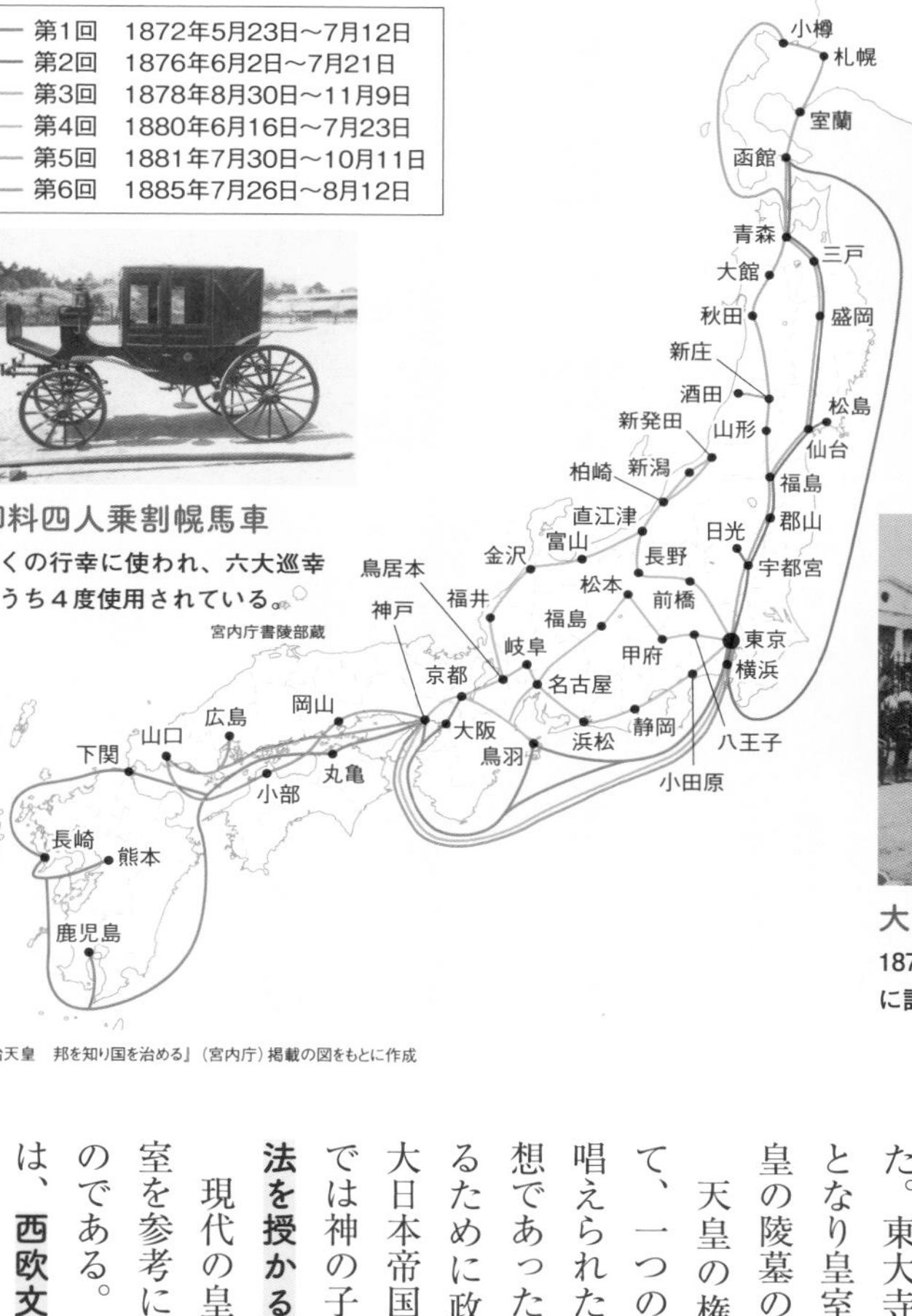

『明治天皇　邦を知り国を治める』（宮内庁）掲載の図をもとに作成

御料四人乗割幌馬車

多くの行幸に使われ、六大巡幸のうち４度使用されている。宮内庁書陵部蔵

明治天皇

軍服姿の明治天皇。宮内庁蔵

大阪造幣寮

1872年の行幸で、大阪造幣寮に訪れた際の写真。宮内公文書館蔵

天皇の統治権を正当化させる

皇室の文化・権威を高める政策も進められた。**太陽暦の導入**を機に、**紀元《きげん》節《せつ》**や**皇霊祭《こうれいさい》**など皇室ゆかりの祝日が設定され、新たな宮中祭祀もつくられた。東大寺の所蔵品は天皇の宝（御物《ぎょぶつ》）となり皇室文化の象徴とされ、歴代天皇の陵墓の確定・整備も進められた。

天皇の権威を正当化する理念として、一つの皇統が続く**「万世一系《ばんせいいっけい》」**が唱えられた。幕末に生まれた新しい思想であったが、日本の独自性を強調するために政府に利用されたのである。大日本帝国憲法でも強調され、発布式では神の子孫である**皇室の先祖から憲法を授かる儀式**が演出された。

現代の皇室儀礼の多くも、西欧の王室を参考にして明治期に整備されたものである。近代天皇制のイデオロギーは、**西欧文明を意識して創出**された新しい伝統・神話に支えられていた。

内政

◀P30　P20▶

琉球はどのようにして日本に組み込まれたのか？

POINT!

日本と清がそれぞれに琉球王国の領有を主張。日清の争いを通して帰属が決まる。

日中に両属した琉球王国

現在の沖縄県は、かつて**琉球王国**という独立国家であった。15世紀前半、尚巴志《しょうはし》によって統一王朝が成立し、中国・明や日本、東南アジアとの対外貿易により栄えた。しかし江戸時代初頭、島津氏の侵攻を受けて**薩摩藩の支配下**に置かれ、幕府へも将軍の代替わりに慶賀使《けいがし》を送る一方、清を宗主国として朝貢貿易を行う**両属関係**を保った。

廃藩置県が行われた時、琉球は鹿児島県の管轄とされたが、1871年（明治4）に台湾で琉球漂流民の殺害事件が勃発すると、日本政府は**琉球藩**を立てて国王・尚泰《しょうたい》を藩王として華族に列し、琉球の外交事務を外務省が引き継いだ。軍人が期待する台湾への出兵を正当化するために、殺害された琉球の人々を日本国民とする必要があったのである。政府は米英の批判を横目に**台湾出兵**〈1874／明治7〉を強行し、半月の戦闘で原住民を制圧した。

琉球王国が滅び沖縄県となる

当時、日本は清と対等の関係を約束する**日清修好条規**〈1871／明治4〉を結んでいた。しかし、清は琉球・台湾はともに自国の領土であるとして**日本の出兵を批判**し、日清開戦の危機が高まった。

そのため、戦争により清との貿易が打撃を受けることを恐れたイギリスが調停に乗り出す。清は日本の出兵が正当であると認め、賠償金を支払うことで決着した。政府はこれを、清が**日本の沖縄領有を公認したものと拡大解釈**し、1879年（明治12）、琉球藩・琉球王国を廃止して沖縄県の設置を断行した（**琉球処分**）。

しかし、琉球の旧支配者層の中には、王国の再建や清との関係の復活を願い、県政に協力しない者もいた。また、清も日本の沖縄領有を認めず、最終的に日本の領有権が確定するのは、日清戦争後のことであった。

用語　台湾出兵

明治政府による初めての海外出兵。西郷従道の指揮で軍隊が台湾に派遣された。事後処理では大久保利通が清と交渉を行った。清は日本の出兵を義挙と認めて、日本に賠償金50万両（テール）を支払った。現在の価値に換算すると約140億円となる。

\この時代/

令和	平成	昭和	大正	明治	江戸

2000　1950　1900

日本に組み込まれていく琉球

1872年に琉球藩となり、1879年に沖縄県が設置された。日本と清とは琉球の帰属問題で対立する。

江戸幕府

←貿易→

琉球出兵

1609年、琉球は幕藩体制に組み込まれる。

←薩摩・幕府に従属

人頭税

1637年頃までに、宮古・八重山の人頭税が制度化。

明治

琉球処分

琉球藩設置

1872年、琉球国王尚泰を琉球藩王に。1875年、「清国との関係を断て」「明治の年号を使え」「日本の刑罰を使用しろ」などの要求を突きつける。

尚泰王
1843〜1901
那覇市歴史博物館蔵

沖縄県設置

1879年、軍隊と警官600人を送り、沖縄県設置を宣言。琉球王国は滅びる。

事実上の併合→

旧慣温存策《きゅうかんおんぞんさく》

急激な改革を避け、土地制度や税制、地方制度などを従来のままにする。

帝国議会設置

この時には沖縄県民に参政権は与えられず。

日清戦争終結

1895年、日本が清に勝利したことで、多くの人が日本への同化を受け入れる。

←日本への帰属が決定

大正

人頭税廃止

1903年、人頭税が廃止される。

昭和

太平洋戦争終結

1945年、沖縄はアメリカに占領される。敗戦で日本はGHQの統治下に置かれる。

明治前期に撮影された首里城。約450年間琉球王国の王城だった。　宮内庁書陵部蔵

琉球王国　琉球藩　沖縄県

明朝

←冊封・朝貢関係→

清朝

←冊封・朝貢関係→

ペリー来航

1854年1月、ペリーは沖縄経由で江戸に向かった。

琉球漂流民殺害事件

1871年、宮古島の住民が台湾で殺害される。日本政府は住民を日本国属民と主張。

←宗主権を主張

救国運動

琉球処分に抗議して清に助けを求め、琉球王国を復活させる運動が1876年から1937年まで続く。

琉球から清への亡命者。　那覇市歴史博物館蔵

琉球帰属問題

清は沖縄県の設置を認めず、琉球の親清派も清へ救援を求めた。清はアメリカ前大統領のグラントに調停を依頼するが、反対運動などにより、調停は棚上げとなった。

アメリカ

←沖縄を分割統治

その時世界は?　［1881年］清がロシアとイリ条約を結び、国境を定める

内政

◀P34　P28▶

アイヌは北海道開発のためにどのような犠牲を払ったのか？

大地を奪われたアイヌの人々

蝦夷地《えぞち》では中世以来、本州から移住した和人《わじん》と先住民のアイヌが交易をめぐって争いを繰り返してきた。江戸時代には、和人の生活圏である和人地とアイヌが住む蝦夷地に分けられ、アイヌの交易は**松前《まつまえ》藩の統制下**に置かれた。

版籍奉還の後、政府は蝦夷地を**北海道と改称**。〈1869／明治2〉開拓使という役所を置いて、アメリカ式の農場経営や畜産技術による**大規模な開発**を進めた。また、士族の救済を兼ねて、軍組織に開拓を行わせる屯田兵《とんでんへい》制度〈1875／明治8〉を導入し、ロシアの脅威に備えた。

一連の開発により**圧迫を受けたのがアイヌの人々**であった。狩猟・伐採・採集に利用してきた土地は奪われて和人に払い下げられ、アイヌの生活・文化は「未開」であるとして否定された。日本語の使用を強制され、固有の風俗・習慣・信仰は急速に失われていった。

樺太・千島交換条約で領土画定

ロシアとの国境の画定も、北方における政府の重要課題であった。宗谷《そうや》海峡の北にある樺太（サハリン）は、幕末の日露和親条約〈1854／安政1〉等により日本・ロシア両国民の雑居地とされた。しかし、その後、ロシアは多数の警備兵と囚人を送り込み、樺太経営を本格化。数少ない日本の出稼ぎ漁民を圧倒していく。明治政府は**樺太開拓使を設置**して対処しようとしたが、成果は上がらなかった。

そのため政府は、ロシアの南下に備えて北海道経営に専念すべきという米英の主張を受け、樺太放棄の方針を固め、ロシアと**樺太・千島交換条約**〈1875／明治8〉を締結。樺太に関わるすべての利権をロシアに譲る代わりに千島全島の領有権を獲得し、ここに北の国境が画定した。この時も、**樺太・千島のアイヌの権利は無視**され、開拓民のため**北海道に強制移住**させられるなど、困難な生活を強いられた。

POINT!

アイヌは住む土地を奪われた上に、風習も禁止され、日本への同化が進んでいった。

用語　樺太・千島交換条約

条約締結の3カ月後、樺太と千島の住民は3年以内に移動するか判断し、国籍を選べることが決まった。しかしその翌月には方針転換があり、樺太に住むアイヌの北海道への強制移住が決定。宗谷を経て対雁村に移住させられた。

＼この時代／

令和	平成	昭和	大正	明治	江戸

2000　1950　1900

日本に同化するアイヌ

近代化や保護の名のもとに、アイヌは伝統的な暮らしを捨てさせられ、経済的にも困窮する者が多かった。

江戸時代以降のアイヌ年表

1604年	松前藩がアイヌとの貿易を独占
1807年	蝦夷地が幕府領になる
1869年	蝦夷地を北海道と改称
1871年	**アイヌを平民として編入** ・戸籍は旧土人と記載、アイヌの風習禁止
1874年	屯田兵制度制定（1904年廃止）
1875年	**樺太・千島交換条約** ・樺太アイヌを北海道に強制移住させる
1876年	狩猟を制限、和人風の名前を強制
1882年	札幌・函館・根室の3県を設置
1883年	十勝川上流のサケ漁を禁止
1884年	シュムシュ島のアイヌを色丹島に強制移住
1889年	アイヌの鹿猟を禁止
1896年	第七師団新設
1899年	**北海道旧土人保護法の制定** ・狩猟・漁労を禁止されて農耕を強制 ・日本式の教育が徹底される
1997年	**アイヌ文化振興法成立** ・北海道旧土人保護法を廃止
2019年	**アイヌ新法成立** ・アイヌを先住民と明記

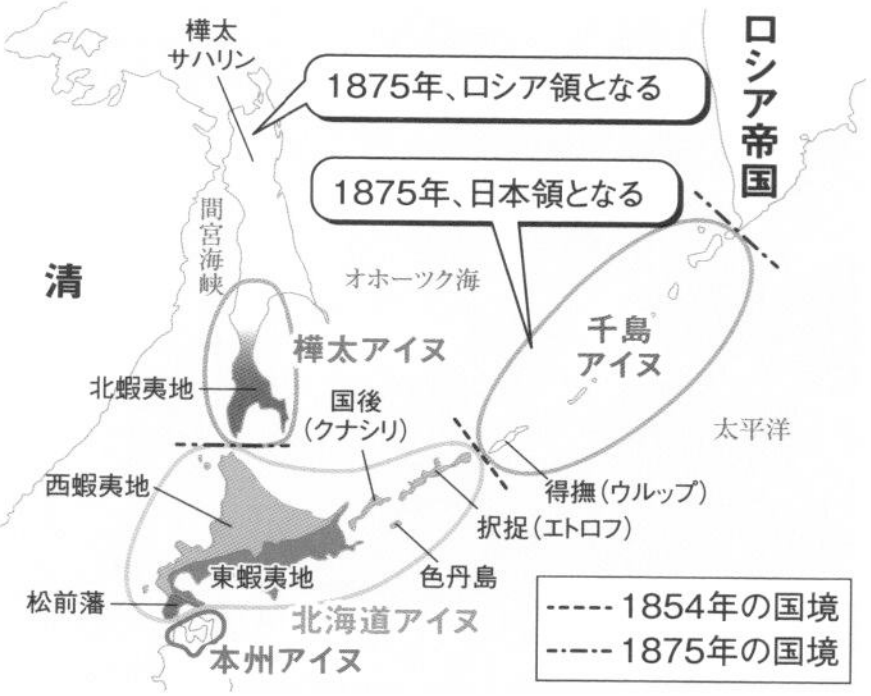

アイヌ風俗の否定

アイヌ文化を古いものとし、「アイヌ婦人の古代風俗と現代風俗」として紹介する絵はがき。 北海道立図書館蔵

COLUMN

地位向上を願うアイヌは対外戦争にも利用された

1896年（明治29）、アイヌの居住地があった旭川に第七師団が設置され、日露戦争では多くのアイヌが召集された。彼らは二〇三高地の戦いや奉天《ほうてん》会戦で活躍し、数十人が勲章を得たが、それはアイヌに愛国心を植え付け、天皇への忠誠心を高めることがねらいであった。また、開戦に先立ち、寒さに強いアイヌの部隊をつくれば適切な戦闘ができるという意見が、当のアイヌからあげられたことも注目される。そこには戦場で活躍し、アイヌの地位向上につなげたいという切なる願いが込められていた。

山辺安之助（左）

日露戦争で日本軍に協力したアイヌの山辺安之助（ヤヨマネクフ）。戦後は白瀬南極探検隊に樺太犬を連れて参加した。右はアイヌの花守信吉。

白瀬南極探検隊記念館蔵

豆知識 1877年（明治10）に起きた西南戦争に従軍したアイヌ男性がいる。警視庁の巡査隊として戦地に派遣されたイカシテキ（森藤吉）だ。鹿児島の城山攻撃の際に戦死したという。

文化

◀P74

急速な文明開化によって何が変わったのか？

POINT!

あらゆる分野で急速な西洋化が進む一方で、日本文化を軽視する風潮が生まれた。

西洋文明を積極的に吸収

政治や経済、社会だけでなく、人の精神にも近代化・西洋化の波が及んだ。

風俗

職業によって服装が違う8人の男性を描いた「開化好男子」。荘士とは自由民権運動家のことで、向かい合う代議士との対比が面白い。

東京都江戸東京博物館蔵／DNPartcom

COLUMN

維新の原動力になった“お雇い”外国人

近代化を進める上で大きな力となったのが、政府・民間から招かれたお雇い外国人だった。対象分野は経済から政治、法制、軍事、教育まで幅広く、国籍はイギリスが最多で、仏・米・独がそれに続いた。イギリス人銀行家・カーギルの月俸は、太政大臣・三条実美の800円をはるかにしのぐ2000円で、圧倒的な給与格差に政府の強い期待が表れている。

四民平等と生活様式の変化

明治初期はあらゆる分野で西洋化が進み、**文明開化**と呼ばれる風潮が生まれた。四民平等が謳われ、**散髪（断髪）・脱刀・服装の自由**が認められた。髪型・帯刀等は身分を示す標識であり、一切の身分からの解放を意味する画期的な通達であったが、地域によっては無理やり丁髷を切らせることもあり、権力による押し付けという側面もあった。

人々の生活を変えたのが**太陽暦と定時法の採用**である。太陽暦は外国との通商・外交の便を図るために採用され、日曜日が休日となった。時間は昼夜をそれぞれ6等分する不定時法から1日24時間の定時法となり、日の出から日没まで働く**従来の様式は変化**した。

＼この時代／

令和	平成	昭和	大正	明治	江戸

2000　1950　1900

煉瓦街

明治中頃の銀座通り

車道と歩道が分けられ、木製の電信柱が等間隔で並んでいる。 アムステルダム国立美術館蔵

銀座の煉瓦街

1882年に描かれた銀座1丁目付近。手前は東京馬車鉄道、奥の西洋建築は右から牛鍋屋の「松田」、玉寿司、針問屋の「みすや」である。

ガス灯

日本橋夜のガス灯

1872年、横浜に日本最初のガス灯が灯され、その2年後に銀座煉瓦街にもガス灯が並んだ。ガス灯は点火夫が夕方に点火棒で火を付け、朝になると消して回った。 ガスミュージアム蔵

復元されたガス灯

太陽暦

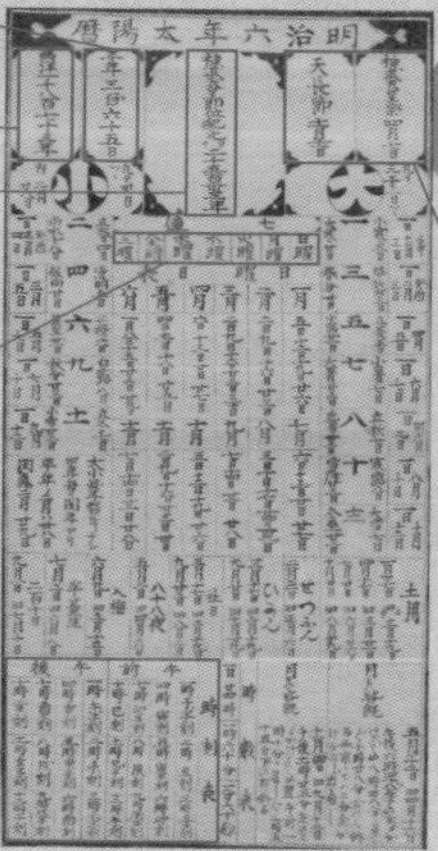

明治6年の暦

太陽暦（グレゴリオ暦）の導入により、明治5年12月3日をもって明治6年1月1日とすることになった。

都市化が進む一方で失われる文化も

都市では官庁・工場・学校など、洋風の建物が次々と建てられ街の様相が変わった。その象徴が銀座の**煉瓦街**《れんががい》である。都市の不燃化を目的として京橋から新橋にかけて煉瓦造りの街並みがつくられ、沿道には**ガス灯**が並んだ。洋装の人々が乗合で移動する風景は錦絵の題材となり、都会の生活様式は**新聞を通して地方に波及**した。

一方、都市の商店では入り口がドアで仕切られたことで客が遠のき、移転を強いられる人もいた。急速な西欧文明の摂取は、同時代のアジアには見られない進取的な取り組みであったが、国民の負担を強いるものでもあった。

また、**伝統的な芸能・芸術も軽視**され、江戸以来の文化・名所が次第に失われていった。作家の永井荷風《ながいかふう》は「根底より自国の特色と伝来の文明とを破却した暴挙」と嘆いている。

豆知識 1882年にレールの上の車両を馬車が引く馬車鉄道が開業。スピードが速く乗り心地のよい馬車鉄道はすぐに全国に広まっていった。手を挙げて合図すれば乗車できた。

内政

◀P36　P30▶

なぜ征韓論の後に士族の反乱が相次いだのか？

朝鮮と不平等条約を締結する

朝鮮を強制的に開国させようとする主張を**征韓論**という。明治政府は発足直後から、朝鮮に国交樹立を求めたが、朝鮮は日本の高圧的な姿勢に反発し拒絶する。西郷隆盛・板垣退助《いたがきたいすけ》らは、武力による征韓を求めたが、岩倉使節団の渡欧から帰国した大久保利通・木戸孝允らの反対で否決。西郷、板垣、後藤象二郎、江藤新平《えとうしんぺい》ら征韓派の参議は一斉に辞職した（**明治六年の政変**）。

その後、朝鮮が日本軍艦の挑発を受けて軍事衝突に及ぶと（**江華島《こうかとう》事件**〈1875／明治8〉）、政府はこれを利用して朝鮮を威圧し、日本に有利な不平等条約である**日朝修好条規**〈1876／明治9〉を結んで、朝鮮を開国させた。

一方、下野した板垣・後藤らは、一部官僚による専制政治を批判し、国会開設を求める**民撰議院設立の建白書**〈1874／明治7〉を提出。国民の政治参加を求める**自由民権運動**が始まるきっかけをつくった。

平民の軍隊が士族の軍隊を破る

士族の中には、武力による政府打倒を目指す人々もいた。江藤新平は佐賀の士族を糾合して征韓党を結成し、大久保率いる政府軍に敗北した。間もなく、**廃刀令と秩禄処分《ちつろくしょぶん》**が行われると、士族の反乱は激化。**熊本の神風連《しんぷうれん》の乱**〈1876／明治9〉、**福岡の秋月の乱**、**山口の萩の乱**が立て続けに起こった。

政府への不満は平民にも及び、徴兵制や学校教育の負担、地価を基準に租税を定める**地租改正への不満による農民一揆**が多発した。

一連の反乱のうち最後にして最大規模の闘争が**西南戦争**であった。鹿児島では帰郷した西郷の主導のもとで、士族の独裁政権が生まれていた。西郷らは政府軍の挑発を受けて挙兵し、7カ月に及ぶ激戦の末に壊滅する〈1877／明治10〉（西南戦争）。薩摩の精兵が平民中心の徴兵制軍隊に敗れたことで、**士族の時代は完全に終わりを迎えた**のである。

用語　秩禄処分

秩禄とは政府が華族・士族に支給する家禄と賞典禄（維新の功労者への禄）のこと。その額は歳出の30％を占めており財政負担が大きかったことから、政府は秩禄を全廃して5～14年分の金禄公債に替えた。これを秩禄処分という。

POINT!

征韓論を否定された西郷らが下野したことが、士族反乱と自由民権運動につながった。

令和	平成	昭和	大正	明治	江戸

2000　1950　1900　＼この時代／★

明治六年の政変が自由民権運動につながる

征韓論をめぐって政府首脳が対立し、征韓論を主張した西郷らはいっせいに辞職。これが士族の反乱や自由民権運動につながっていった。

「征韓論之図」。桐野利秋や榎本武揚など参議ではない人物や、すでに参議を辞めている前原一誠なども描かれている。

征韓派（留守組主体）

西郷隆盛 薩
江藤新平 肥
板垣退助 土
副島種臣 肥
後藤象二郎 土

下野する

士族の反乱

征韓論で敗北して下野した江藤新平、西郷隆盛などは士族の反乱に結びつく。その最大の反乱が西南戦争だった。

自由民権運動

板垣退助、副島種臣、後藤象二郎らは日本最初の政党を結成。以降、急速に自由民権運動が広まっていく。

内治派（外遊組主体）

岩倉具視 公
木戸孝允 長
大木喬任 肥
大久保利通 薩
大隈重信 肥

COLUMN

明治の世を開いた「維新三傑」

倒幕・維新の功労者である長州の木戸孝允、薩摩の西郷隆盛・大久保利通を「維新の三傑」と呼ぶ。西郷は度量の大きさで人望を集めたが西南戦争に敗れて自害。木戸は岩倉具視らと政権を主導したが、大久保と対立して政権内で孤立し、西南戦争のさなかに病死した。西郷らの下野後、独裁政権を打ち立てた大久保も、翌年に不平士族に暗殺される。明治の世を開いた三傑は、時を同じくして歴史の舞台から姿を消したのである。

西南戦争で奮戦する西郷（右）。

内政

◀P46　P34▶

自由民権運動は国会の開設にどのような影響を与えたのか？

豪農と地主の参加で民権運動が活発化

自由民権運動の契機となった**民撰議院設立建白書**は、納税者に政治参加の権利があるという理念のもと、国会（民撰議院）を開設し、官民一体の政治を実現しようとするものであった。

運動の口火を切ったのは**板垣退助**である。土佐で立志社を結成し、各地の民権結社（政社）の指導部として愛国社を設立した。当初は士族のみの活動であったが、**地方の豪農・地主が参加**するに及び、運動は一気に全国に拡大していく。

福島の河野広中《こうのひろなか》らは政社のさらなる組織化を目指し、土佐の片岡健吉《かたおかけんきち》とともに**国会期成同盟**〈1880／明治13〉を設立。国会開設の請願書を提出したが、受理されなかった。政府には期待できないと考えた立志社系のグループは、より強固な運動を行うため自由党を結成し板垣を党首とした。また、多くの民権家によって**様々な憲法私案も作成**された。

明治十四年の政変と国会開催の勅諭

民権運動の高まりを受け、政府も**立憲制への移行を決定**し、立法諮問機関の元老院《げんろういん》（▼P59）、最高裁にあたる大審院《だいしんいん》を設立。地方行政にも民意を反映する一方、条例により**民権派の活動を厳しく制限**した。だが、政府も一枚岩ではなく、イギリス型の議院内閣制と国会の早期開設を求める大隈重信と、プロイセン型の立憲君主制を目指す伊藤博文らが対立した。伊藤らは大隈が民権派と連携しているとして辞任に追い込み、薩長藩閥の政権を樹立（**明治十四年の政変**）。憲法制定と国会開設を約した**国会開設の勅諭**が発布され、君主権の強い立憲君主制が目指されることとなった。

一方、民権運動は不況の影響もあって、福島事件〈1882／明治15〉など急進的な民権派が蜂起、弾圧される事件が相次ぐ。これを見た農民たちは距離を置き始め、自由党も解党し、運動は次第に衰えていった。

用語　福島事件

福島県令の三島通庸が道路工事に農民を動員しようとしたため、これに農民や県会議長の河野広中らの自由党員が反対して両者が衝突。結果、河野広中ら約2000人が検挙された。その後、三島を暗殺しようとした加波山事件が起きている。

POINT!

自由民権運動の高まりを見て明治政府は太政官制から立憲制への移行を決定する。

令和	平成	昭和	大正	明治	江戸

2000　1950　1900　＼この時代／

国会開設を求める自由民権運動の高まり

士族の運動に農民が加わったことで、自由民権運動が日本全国に広まる。

自由民権運動 / **政府**

士族中心の運動

- 政府：明治六年の政変 → 征韓派が一斉に下野 → 廃刀令や秩禄処分などで士族の不満が高まる
- 1874 愛国公党結成（板垣退助ら）
- 民撰議院設立建白書 → 民撰議院設立を要求 → 政府
- 立志社結成（板垣、片岡健吉ら）
- 全国で政党が結成される
- 1875 愛国社結成（板垣退助ら）
- 大阪会議：木戸・板垣の政府復帰
- 政府：立憲政体樹立の詔
  - 元老院、大審院設立
  - 地方官会議を開催
- 政府 → 言論弾圧を加える

大久保利通

板垣退助

社会に広まる運動

- 1877 立志社建白 → 民撰議院設立を要求 → 政府 → 却下
- 1878 愛国社再興
- 政府：内部対立
  - 国会早期開催：大隈重信 vs 時期尚早：伊藤博文
- 1880 国会期成同盟 → 国会の開催を要求 → 政府
- 政府 → 言論弾圧、集会・結社を制限
- 1881 自由党結成（板垣退助）
- 政府：明治十四年の政変 → 大隈重信の罷免 → 国会開設の勅諭

分裂・激化

- 1882 板垣が暴漢に襲われる（板垣退助遭難事件） ← 政府：弾圧を強める
- 立憲改進党結成（大隈重信）
- 政府：立憲帝政党結成（福地源一郎）
  - 政府系の政党だったが、翌年に解党される。
- 福島事件
- 1884 自由党解党

大隈重信

終結

- 1887 大同団結運動
- 1889 政府：大日本帝国憲法発布
- 1890 帝国議会設立（▶P48）

豆知識 「板垣死すとも自由は死せず」。暴漢に襲われて負傷した板垣退助が発したとされるこの名言。ニュアンスは違ったかもしれないが、近いことを本人が発言したという。

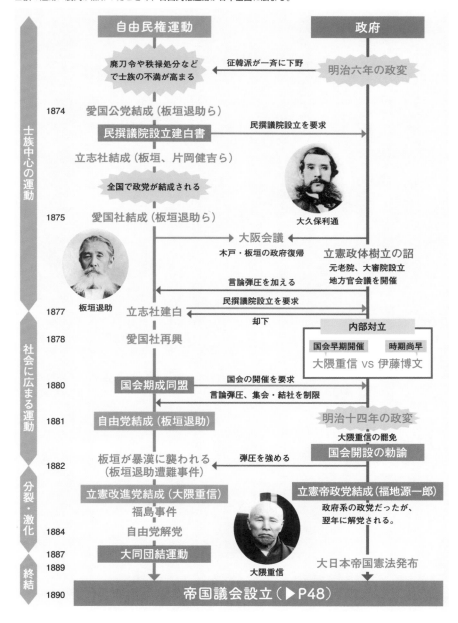

◀P40

学校教育の導入は社会をどう変えたのか？

学校廃止を求める一揆が起きる

江戸時代の庶民教育は、**寺子屋で読み書きを習う**ことが一般的であった。識字率は世界的にみても高かったとされる。

明治政府は欧米の教育制度を導入し、学問の近代化を図った。1872年（明治5）に**学制を公布**し、6歳以上のすべての男女の就学を目指して2万校以上の小学校が設置された。3年後には男子の就学率は5割を超えたが、女子は2割に満たず、**男女の格差は課題**であった。また、農村では子どもの労働力が奪われることへの不満や、授業料の負担から**学校廃止を求める一揆**も起きた。

官立の高等教育機関は、旧幕府の学問所を前身として東京大学が設立され、教員養成のための師範学校や女学校、産業教育の専門学校もつくられた。福沢諭吉の慶應義塾や新島襄《にいじまじょう》の同志社などの私学も創設され、**特色ある教育**を展開した。

自由競争の時代が幕を開ける

全国画一の学制は機能せず、7年で廃止され、地方の実状に合わせた**教育令**が出された。しかし、各地で学校の縮小や授業料削減が行われたためすぐに改正された。政府の監督は強化され、学年ごとの教育課程、近代的な教科書の編集も始まる。

また、尋常小学校、高等中学校、帝国大学などの学校体系〈1886／明治19〉が整備され、学校の序列も定まった。修業年限は統一され、同年齢の子どもが授業を受ける効率重視の一斉授業形式が定着。**義務教育の授業料の無償化**〈1900／明治33〉により、就学率は9割を超えた。

また、「**教育に関する勅語**」〈1890／明治23〉によって忠君愛国が基本方針となり、小学校で国定教科書が使用され〈1903／明治36〉るなど、**国家主義が反映される**ようになった。一方、学校の序列化や、弁護士・医師など国家資格試験の導入により学歴志向が高まり、現代に続く**自由競争社会が形成される**のもこの時代である。

用語　「教育に関する勅語」

伝統が軽視され、欧米偏重の教育になっていることを懸念した人々の運動がきっかけとなり、井上毅（こわし）と元田永孚（ながざね）が中心となって起草された。道徳を強制する内容でなく、天皇が臣民とともに道徳を守っていくことを希望するという趣旨のもの。

POINT!

義務教育の無償化により就学率は9割を超え、学歴志向の高まりが自由競争社会を生む。

＼この時代／

令和	平成	昭和	大正	明治	江戸

2000　1950　1900

学校の設立と制度化

日本はフランスを参考にして学区制を導入。男女の別なく国民皆教育を目指した。義務教育は尋常小学校までであり、卒業後は各種の上級学校に進学する者、家業を継ぐ者など、個人や男女により進路が分かれた。

明治の教科書

右は道徳を教える修身の教育用掛け軸、左は明治初期に使われた国語の教科書。アメリカの教科書『ウィルソン・リーダー』を訳したもので、この頃は決まった教科書がなく、いろいろなものが使われていた。

明治時代の授業風景

すべて国立教育政策研究所
教育図書館蔵

明治後期の学校のイメージがつかめる教育双六。

学校制度と就学率

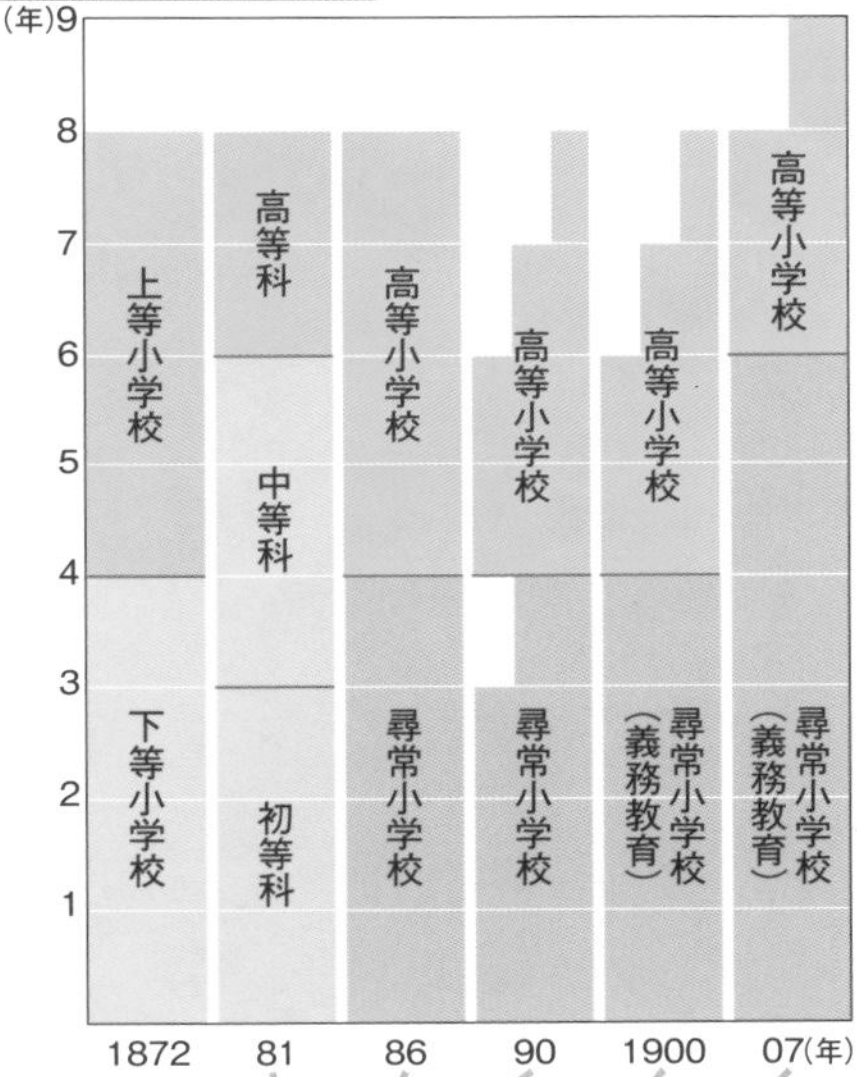

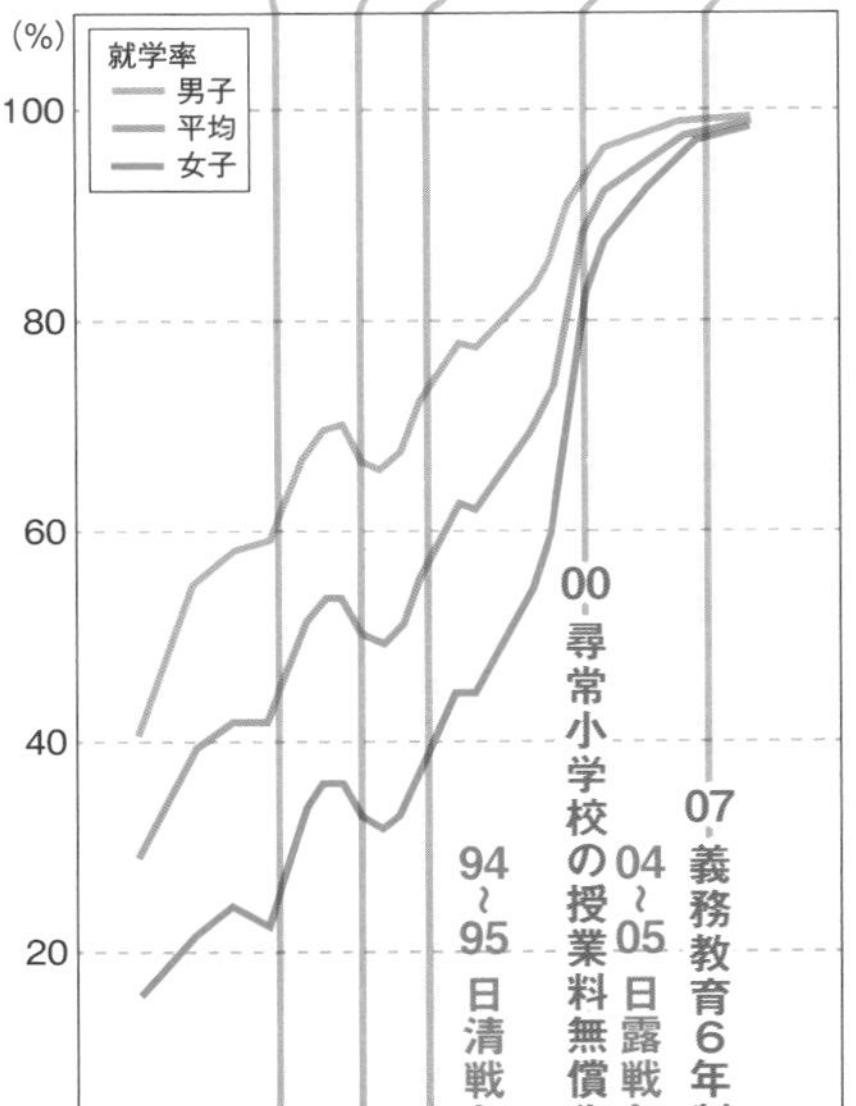

その時世界は? [1876年] グラハム・ベルが電話を発明する

◀P72　P38▶

ジャーナリズムの発展が日本に与えた影響とは？

自由民権運動を加速させた新聞

西欧の文化・思想を全国に広める役割をはたしたのが、**新聞・雑誌などのジャーナリズム**である。1870年（明治3）、初の日刊紙『横浜毎日新聞』が創刊されたのを機に、活版印刷の発達を背景として『東京日日新聞』『朝野新聞』などが次々と発刊された。当時の新聞の多くは、政治的主張を発表する**政論新聞**であった。各紙が伝える政治評論や知識人の思想は、人々の政治意識を高め、**自由民権運動にも大きな影響**を与えた。

一方、かわら版方式で大衆にも読みやすい『読売新聞』のような**娯楽色の強い新聞**もあった。

やがて、新聞は報道に重きを置くようになり、『朝日』『毎日』を中心に発展。日清戦争が始まると、各紙は戦地の状況を詳細に伝えて民衆を熱狂させた。新聞は**日本人のナショナリズムを確立**する上でも大きな役割をはたしたのである。

政治への関心が国民意識を高めた

雑誌は、福沢諭吉・西周《にしあまね》らが明六社《めいろくしゃ》を結成し、『明六雑誌』で近代思想の普及に努めた。これを皮切りに、徳富蘇峰《とくとみそほう》が結成した民友社の『国民之友』、国粋主義を説いた政教社《せいきょうしゃ》の『日本人』など、**時事評論を目的とした総合雑誌**が次々と創刊され、新聞と並ぶ情報媒体の地位を確立していく。

印刷の普及に伴い、西洋の思想も積極的に紹介された。ルソー、スペンサーら思想家の著書が翻訳・出版され、人間の自由・平等を説いた福沢諭吉の**『学問のすゝめ』**はベストセラーになった。

自由主義・個人主義を唱える西洋近代思想が広まり、中江兆民らが紹介した**天賦人権論《てんぷじんけんろん》**（万人は生まれながらに人権が備わっているとする思想）は、民権運動の理論的根拠とされた。明治に始まる出版活動は、日本人の政治参加を促し、**国民意識**を高める上で、大きな影響を及ぼしたのである。

POINT!

新聞や時事総論を扱った雑誌の誕生が、国民意識やナショナリズムを高めていった。

人物　**西周**（1829［文政12］～1897［明治30］）

津和野藩（島根県）出身。脱藩して洋学を学び、幕命でオランダに留学。維新後は陸軍省や文部省に勤務。西洋哲学の紹介や啓もう活動を行った。哲学、芸術、科学、概念など多くの造語を生み出した。

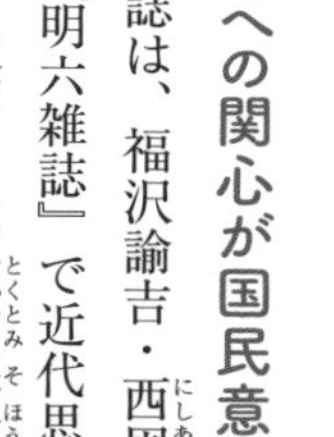

＼この時代／

令和　平成　昭和　大正　明治　江戸

2000　1950　1900

啓蒙・政論から報道へ～新聞の発展

大きく政論中心と娯楽中心の２つの流れがあったが、徐々に統合されていった。

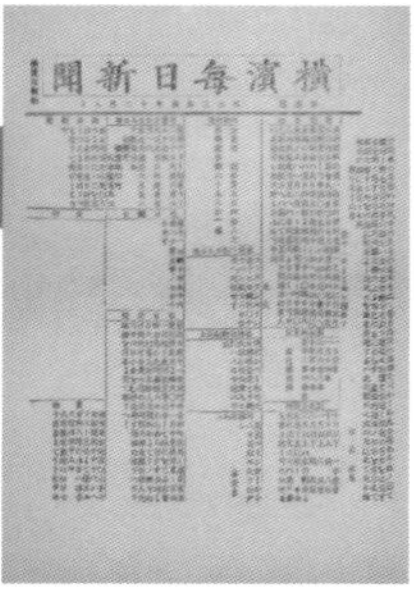

「横浜毎日新聞」の創刊号。

国立国会図書館蔵、日本新聞博物館提供

新聞の登場

1870『横浜毎日新聞』（日本初の日刊紙）

1872『東京日日新聞』（立憲帝政党の機関紙）
『郵便報知新聞』（のちに立憲改進党の機関紙）

大新聞（政論中心）

1874『朝野新聞』（民権派の代表的な新聞）

言論弾圧に対抗した朝野新聞。

東京大学法学部附属明治新聞雑誌文庫蔵

1875 新聞紙条例…政府への批判を禁止

1882『時事新報』（福沢諭吉が創刊）
『自由新聞』（自由党の機関誌）

小新聞（娯楽中心）

『読売新聞』
（本格的な小新聞の祖）

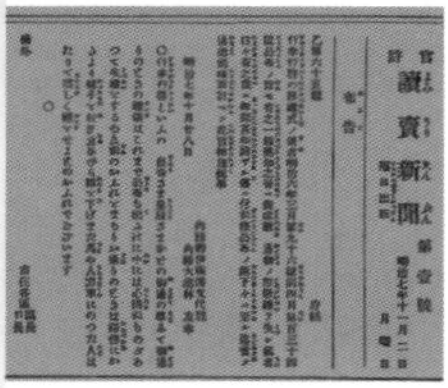

総フリガナつきの読売新聞。

日本新聞博物館蔵

『浪花新聞』（2年後に廃刊）

1879『朝日新聞』（大阪で創刊される）

徐々に大新聞と小新聞の差がなくなり、報道中心に

1888『大阪毎日新聞』
『東京朝日新聞』

独立新聞

1889『日本』（日本主義を謳う）

1890『国民新聞』（徳富蘇峰が創刊）

1892『万朝報』（第三面で社会記事を扱う）

明治時代の新聞配達人。

COLUMN

民衆を熱狂させたてんやわんやの演説会

自由民権運動において、新聞・雑誌とともに世論を動かす力となったのが民権主義者の演説会であった。マイクのない時代、時に1000人を超える聴衆を満足させるのは容易ではない。人々は演説がつまらなければ容赦なくヤジを飛ばし、面白ければ熱狂した。演説の内容が過激になり監視役の警官が中止を勧告すると、聴衆が土瓶や茶わんを投げて激しく抗議することもあった。特に人気のあった演説家は板垣退助で、1880年（明治13）に大阪で行った演説会では、１枚５銭の入場券5000枚が前日までに完売したという。

中止にされる演説会。

東京大学法学部附属明治新聞雑誌文庫蔵

豆知識 1877年に創刊された『団団珍聞（まるまるちんぶん）』という週刊風刺雑誌がある。ビゴーや小林清親などが参加し、政府の政策批判などを風刺画で表現した。

民衆が貴重な文化財を破壊！なぜ全国で廃仏毀釈が起こったのか？

明治政府の宗教政策

江戸幕府は民衆を寺院の檀家にさせて信教の自由を制限する寺請制度をとっていた。明治政府は天皇ゆかりの神道を引き立て、祭政一致を目指した。

1868 神仏分離政策の始まり

神仏習合を禁じる政策。神社に所属する僧侶を還俗させ、神社に置かれた仏像や梵鐘の撤去などを求めた。神社で信仰された仏は「八幡大菩薩」から「八幡神」など、名称が変更された

↓ 政府は神道国教化を目指す

1870 大教宣布の詔

「大教」とは政府が体系化した天皇を中心とする神道のこと。政府は大教を国民に定着させるため、大教院などの布教組織を結成

↓ 多方面から批判

1889 信教の自由を認める

近代国家に政教分離は不可欠と判断した政府は方針を転換。大日本帝国憲法で信教の自由を認めた。一方で、神道は儀式の一環で宗教ではないという「神道非宗教論」が発展

↓ 民衆が曲解

廃仏毀釈が勃発

寺請制度で寺院への布施が強制されたことなどを理由に、寺院に不満を持つ民衆も多かった。彼らは神仏分離政策を盾に、廃仏毀釈を起こす

↓ 政府が鎮静化

1871 古器旧物保存方

廃仏毀釈を止めるため政府が布告。文化財の種別や所有者をまとめたリストを作成し、文化財保全の重要性を訴えた。このリストをもとに、のちに「国宝」の指定が始まった

明治政府が神と仏を分離

明治政府は天皇による統治を正当化するために、天皇制と関わりの深い**神道の国教化**を図った。その影響で弾圧を受けたのが仏教だった。

日本では古くから、**神は仏の化身**であるという思想のもと、神社と寺院を一体化する**神仏習合**が行われてきた。神社に神宮寺、寺院に鎮守社を建てるなど一体的に運営されたが、神より仏が優位であるという考えが強く、神社が寺院に従属する形が多かった。

明治政府は神道の地位を高めるため、神社から僧侶や仏像を排除する**神仏分離政策**を実施する。神社に仕える僧侶を神官に転職させ、神社に仏像や梵鐘などを置くことが禁じられた。

廃仏毀釈の惨劇

明治政府の神仏分離政策をきっかけに、全国で寺院・仏教美術の破壊運動が流行した他、僧侶自ら寺宝を売り払う事案が多発した。

売られた興福寺五重塔

興福寺は僧侶全員が春日大社の神官に転職。管理者が不在となった興福寺の寺宝は破壊・流出し、この五重塔も25円で売りに出された。廃仏毀釈が落ち着くと僧侶は興福寺に戻り、五重塔も興福寺のもとに返された。

奈良県奈良市

破壊された仏像

首と腕が破壊された石仏。激しい廃仏毀釈が起きた鹿児島県では、このような破壊された石仏が数多く見られる。

妙円寺提供

KEY PERSON

日本の芸術を誰よりも評価した美術家

フェノロサ（1853～1908）

アメリカ出身の美術家フェノロサは、1878年に来日し東京大学で教鞭をとった。日本の美術品が安値で売られ、破壊されているのを憂えたフェノロサは、教え子の岡倉天心とともに美術品を調査し、その価値と保存を明治政府に進言。これを機に日本美術の価値が見直され、1897年に古社寺保存法が制定された。この中で「国宝」が初めて法律に規定され、国家の保護・管理を受けることとなった。

フェノロサの肖像

民衆の暴動・廃仏毀釈へ発展

神仏分離の発令後、寺院や仏像を破壊する**廃仏毀釈**《はいぶつきしゃく》の波が全国に広がった。松本藩（長野県）では藩主自ら菩提寺の取り壊しを命じ、薩摩では一時、藩内からすべての寺院がなくなった。慌てた政府は、廃仏が趣旨ではないと説明して鎮静させようとしたが、民衆の暴動はすぐには収まらなかった。

廃仏毀釈によって、貴重な仏教美術や文化財、史料が失われ、**日本全体で半数の寺院が断絶した**ともいわれている。また食い扶持に困った僧侶が寺宝を売却し、**文化財の海外流出**も問題視された。

廃仏毀釈が拡大した理由は、幕末に流行した復古神道の影響に加えて、江戸時代の**寺請制度への反動**が大きい。さらに、西欧文明にかぶれた民衆の、日本文化を軽視する意識もあったといわれている。

第2章
立憲政治と帝国主義

明治後期
1880年代～1912年

時代	年	出来事
明治	1889	大日本帝国憲法が発布される ⬇P46
	1890	教育勅語が発布される ⬇P49
		第1回帝国議会開会 ⬇P48
	1891	足尾鉱山鉱毒事件が問題化する ⬇P72
	1894	7月、日英通商航海条約が調印される ⬇P50
		8月、日清戦争が始まる ⬇P54
	1895	4月、下関条約が調印される ⬇P54
		6月、日本政府が台湾総督府を設置 ⬇P56
	1897	労働組合期成会が結成 ⬇P72
	1898	憲政党が結成 ⬇P58
	1899	現存最古の映画『紅葉狩』を撮影
	1900	治安警察法が公布される ⬇P72
	1901	社会民主党が結成される ⬇P73
		官営八幡製鉄所が操業開始 ⬇P70
	1902	日英同盟協約に調印 ⬇P60

内政	天皇が多大な権利を持つ大日本帝国憲法が制定され、帝国議会が開設された。初期は薩長土肥の出身者が政府の要職を占め、大きな影響力を持っていたが、徐々に政党の力が強まり、政府と政党は連携を見せるようになる。
国際外交	東アジアの小国と見なされていた日本だが、朝鮮半島や中国大陸進出を目論み、日清戦争を引き起こす。その後、日露戦争でロシアに勝利して韓国を併合し、条約改正も成し遂げた日本は列強の仲間入りを果たした。
経済	繊維産業を中心に資本主義が確立され、20世紀初頭には日本は世界最大の生糸輸出国となった。さらに日露戦争後には重工業が成長し、石炭や銅、鉄鋼の生産が日本経済を支える一大産業となった。
社会生活	産業が劇的に発展したものの、工場の労働環境は劣悪で、公害問題も浮き彫りに。労働条件の改善を求める労働運動が盛んになった。また、労働運動と並行して社会主義運動も行われたが、政府に弾圧される。
文化	西洋の影響を受け芸術が発展。美術では「西洋画」が定着した一方、日本古来の絵画を「日本画」と呼び区別するようになる。文学では、ありのままを描く写実主義、感情や個性を重視するロマン主義など、様々なジャンルが生まれた。

明治	
1903	『平民新聞』が創刊
1904	日露戦争が始まる P62
1905	夏目漱石が『吾輩は猫である』を発表 P74
	ポーツマス条約が調印され、日比谷焼打ち事件が起こる P62
1906	鉄道国有法が成立する P68
	満鉄が設立される P64
1907	義務教育が6年に延長
	ハーグ密使事件が起こる P64
	文部省美術展覧会が開催 P77
1909	伊藤博文が暗殺される P64
1910	5月、大逆事件が起こる P73
	8月、韓国を併合する P64
1911	日米通商航海条約を改正（関税自主権回復）P51
	工場法が公布される P72
1912	明治天皇が崩御。大正天皇が即位、大正に改元

◀P48　P36▶

大日本帝国憲法はなぜドイツの憲法を参考にしたのか？

ドイツの立憲君主制を参考にした

明治十四年〈1881／明治14〉の政変後、政府は憲法調査のために**伊藤博文**《いとうひろぶみ》をヨーロッパに派遣する。天皇中心の国家をつくるため、**君主権の強いドイツの憲法を範とした**のである。立憲制の理論を学んだ伊藤は、帰国後、憲法制定と国会開設の準備に着手する。

まず、**華族令**《かぞくれい》〈1884／明治17〉を定めて、公《こう》・侯《こう》・伯《はく》・子《し》・男《だん》の五つの爵位を設定する。上流公家・大名の他、国家の功労者も華族に取り立て、のちの**貴族院**設立の基盤を整えた。また、天皇親政を建前とする太政官制を廃止し、内閣総理大臣と国務大臣からなる**内閣制度**を発足。皇室と政府を分離することで、天皇は政策決定に関わらず政治責任も負わないという原則が固められた。そして初代総理大臣〈1885／明治18〉となった伊藤と井上毅《いのうえこわし》、金子堅太郎《かねこけんたろう》らによって憲法の起草が進められ、1889年（明治22）2月11日、**大日本帝国憲法**が発布された。

東アジア初の立憲国家となる

帝国憲法（明治憲法）は、天皇が国民に与える**欽《きん》定《てい》憲法**で、元首である天皇が統治権のすべてを握ることが定められた（**天皇主権**）。天皇は議会の召集・解散、陸海軍の統帥、宣戦・講和、条約締結など議会が関与できない大権を持ったが、あくまで憲法の条文にのっとって行使されるという立憲君主制の原則も明記された。

天皇主権のもと、行政・立法・司法の三権分立が定められたが、**国務大臣は議会や国民ではなく天皇に責任を負う**ものとされた。これにより議院内閣制の道は閉ざされ、政府の力が強化された。

明治初年に着手された法典の編纂も急速に進展し、**西洋諸国を手本にした民法や商法などが次々と制定**された。国民の権利も一定程度保障されるようになり、日本は他のアジア諸国に先がけて近代的な立憲国家として歩み出したのである。

POINT!

大日本帝国憲法は天皇主権を原則とし、国民の代表が参加する議会の権限は制限された。

用語　ドイツの憲法

君主権の強いドイツの憲法は、天皇・政府を中心に富国強兵を目指す日本に、都合がよかった。岩倉具視や伊藤博文はこれを手本にすべきだと主張し、イギリス流の議院内閣制を主張した大隈重信と対立。大隈の下野後に日本はドイツ流の国家体制へ移行した。

＼この時代／
令和　平成　昭和　大正　明治　江戸
2000　1950　1900

大日本帝国憲法下の政治体制

大日本帝国憲法では、天皇が統治権のすべてを握り、国や国民を治める体制がとられた。天皇を助ける機関として、内閣が置かれ、内閣が作成した予算案や法案を帝国議会が審議した。

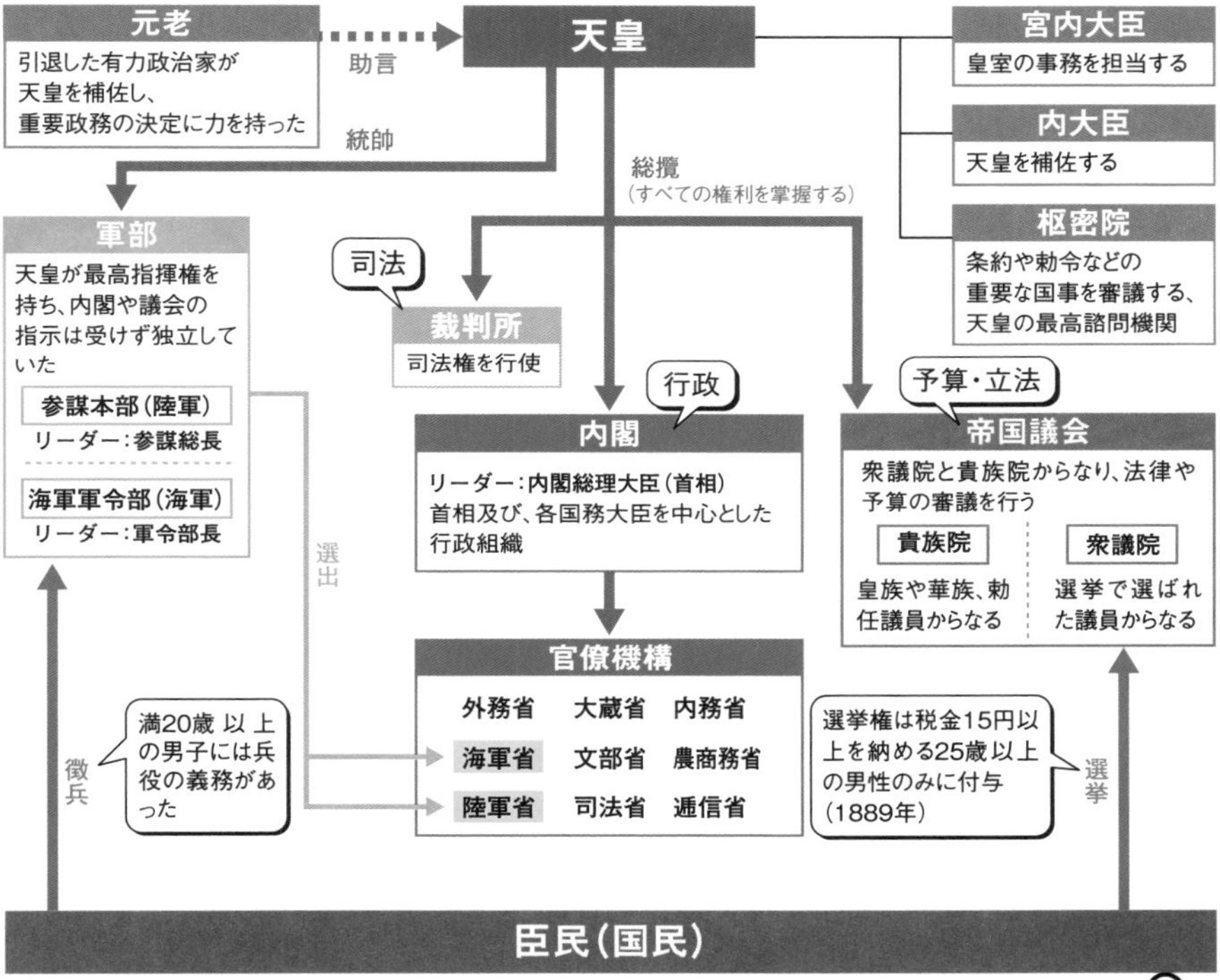
元老
引退した有力政治家が天皇を補佐し、重要政務の決定に力を持った
助言
天皇
統帥
総攬（すべての権利を掌握する）
宮内大臣
皇室の事務を担当する
内大臣
天皇を補佐する
枢密院
条約や勅令などの重要な国事を審議する、天皇の最高諮問機関
軍部
天皇が最高指揮権を持ち、内閣や議会の指示は受けず独立していた
参謀本部（陸軍）
リーダー：参謀総長
海軍軍令部（海軍）
リーダー：軍令部長
司法
裁判所
司法権を行使
行政
内閣
リーダー：内閣総理大臣（首相）
首相及び、各国務大臣を中心とした行政組織
予算・立法
帝国議会
衆議院と貴族院からなり、法律や予算の審議を行う
貴族院
皇族や華族、勅任議員からなる
衆議院
選挙で選ばれた議員からなる
選出
官僚機構
外務省
大蔵省
内務省
海軍省
文部省
農商務省
陸軍省
司法省
逓信省
徴兵
満20歳以上の男子には兵役の義務があった
選挙権は税金15円以上を納める25歳以上の男性のみに付与（1889年）
選挙
臣民（国民）

COLUMN

国会議事堂にある空席の銅像の台座

1936年に建てられた、現在の国会議事堂の中央広間の四隅には、議会政治の基礎をつくるのに貢献した板垣退助、大隈重信、伊藤博文の銅像と、像の立っていない空席の台座がある。これらの銅像は1938年に大日本帝国憲法発布50年を記念してつくられたものだ。台座が一つだけ空席になっている理由は、4人目を人選できずに持ち越されたという説や、「政治は常に完成しない」ことを意味しているという説など、様々な推測がされている。

伊藤博文
板垣退助
大隈重信
参議院事務局提供

豆知識 「日の丸の掲揚、君が代の斉唱、御真影（天皇の肖像）への拝礼、万歳」という日本国民統合の4点セットが初めてそろったのが大日本帝国憲法発布の日だった。

藩閥政府と議会はなぜ対立を繰り返したのか？

第1回衆議院選挙で民党勝利

1890年（明治23）、初の衆議院議員総選挙が行われ、**立憲自由党**（のちの自由党）や**立憲改進党**など民権派の流れをくむ民党が、政府系の吏党を上回り過半数を占めた。

帝国議会は天皇が選ぶ勅選議員や華族などからなる**貴族院**と、公選議員による**衆議院**の二院制で構成されていた。両院はほぼ対等で、予算の決定や法律の制定は議会の承認が必要であるため、しばしば政府は民党の多い衆議院と対立した。

第1回帝国議会では、軍備拡張を主張する**山県**《やまがた》**有朋**《ありとも》**内閣**が、行政費の節減と民力休養を唱える民党と対立。政府は民党の要求を一部認めることを条件に、立憲自由党の協力を得てようやく予算を成立させた。その後も、〈1894年/明治27〉第6議会までの初期議会において、政府は予算審議権、議定権を握る民党との間で対立・妥協を繰り返した。

超然主義が民党の反感を買う

対立の背景には政府の**「超然主義」**があった。政府が政党の意向に左右されずに政策を遂行する政治方針である。政党政治に否定的な**藩閥**《はんばつ》**政治家**たちが政党を政権から排除するために唱えたもので、憲法発布以来の一貫した方針だった。

〈1891/明治24〉第2議会では政府の事業案がことごとく否決されたため、**松方正義**《まつかたまさよし》**内閣により初の衆議院解散**が行われた。だが、直後の第2回総選挙は、政府の妨害にもかかわらず民党の勝利に終わり、政府の強引な政治運営の限界が明らかとなる。

政局が混迷する中、政府内でも民党との妥協を主張する声があがる。〈1892/明治25〉第4議会では、**第2次伊藤内閣**が第一党の自由党と結び、衆議院の軍事費削減の要求を退けた。立憲改進党は自由党を批判し野党連合を形成して対抗。政党の存在感が増すにつれ政党間の対立も激化していったのである。

POINT!

衆議院選挙で過半数を占めた民党が、「超然主義」をかかげる政府（内閣）と対立した。

用語　立憲自由党と立憲改進党

立憲自由党は、板垣退助がつくった旧自由党の各派が、団結して結成した政党。翌年、自由党に改称した。立憲改進党は大隈重信が党首を務めた政党で、のちに進歩党を結成。その後、自由党と進歩党は合同し憲政党となる（▶P59）。

民党と対立した初代～5代の内閣

初期の内閣は薩長土肥の出身者を中心とする藩閥政府だった。これに反発した民党は、しばしば議会で政府の事業案を否決して、対抗した。

初代 伊藤博文① 長州閥（在1885～88）

・保安条例を発布し、民権派を東京から追放
・市制・町村制を発布し、地方の統治制度を整える
・大日本帝国憲法の起草のため枢密院を設置

2代 黒田清隆 薩摩閥（在1888～89）

・大日本帝国憲法を発布し、日本は立憲国家となる
・帝国議会総選挙のため、衆議院選挙法を公布
・「超然主義」を表明し政党内閣や議院内閣制を否定

3代 山県有朋① 長州閥（在1889～91）

・府県制・郡制を公布し、地方自治制度を整備
・教育の基本方針を示す「教育勅語」を発布する
・第1回帝国議会を開催。藩閥政府が民党と対立

4代 松方正義① 薩摩閥（在1891～92）

・ロシア皇太子が襲撃された大津事件で青木周蔵外相が辞任
・田中正造が議会で足尾鉱毒問題を追及する
・品川弥二郎内相が選挙干渉を行い各地で騒乱

5代 伊藤博文② 長州閥（在1892～96）

・詔勅により自由党と提携し、軍艦建造費を確保
・日英通商航海条約を締結。初の条約改正に成功
・日清戦争に勝利し、下関条約に調印する

帝国議会の様子 「帝国議会衆議院之図」／東京都立中央図書館蔵

貴族院の構成

貴族院は皇族・華族（公・侯・伯・子・男）・勅任議員で構成され、衆議院とほぼ同等の権限を持つことになった。

	皇族議員	有爵（華族）議員					勅任議員	
		公・侯爵議員		伯・子・男爵議員			勅選議員	多額納税者議員
年齢・性別	20歳以上の男性	満25歳以上の男性					満30歳以上の男性	
出身・条件	皇族	公爵 旧摂家・徳川宗家・特別な勲功者など	侯爵 旧公家・旧大藩（15万石以上）の元藩主・勲功者など	伯爵 旧公家・旧中藩（5万石以上）の元藩主・勲功者など	子爵 旧公家・旧小藩（5万石未満）の元藩主・勲功者など	男爵 分家などで華族に列せられた者、勲功者など	維新で活躍した藩閥政治家など	各府県の多額納税者の上位15名
選出方法	全員	全員		互選により定数を選出			勅選	1名を互選により選出
定数	無制限	無制限		143名以内			総数125名以内	

豆知識 1884年の華族令により、長州藩出身の伊藤博文と山県有朋、薩摩藩出身の黒田清隆は伯爵となった。新たに華族となった者の多くは、維新で功績を残した薩長土肥出身者だった。

◀P52　P24▶

半世紀に及ぶ条約改正交渉はどのように行われたのか？

批判された井上馨の鹿鳴館外交

幕末の**不平等条約の改正**は、近代国家を目指す日本にとって最大の課題であった。

中でも焦点となったのが、領事裁判権の撤廃と関税自主権の回復である。**岩倉使節団**として渡欧したことがある**寺島宗則《てらしまむねのり》外務卿**は、アメリカとの関税自主権の交渉は成功したが、イギリス・ドイツの反対で挫折する。後を継いだ**井上馨《いのうえかおる》外相**は、外国人に国内における営業許可や旅行・居住の自由を認める内地雑居などを条件として、領事裁判権の撤廃と輸入税率の引き上げを要求した。

井上は交渉を成功させるため、外国人の習慣や文化を取り入れる**欧化政策**を推し進めた。東京・日比谷に外国人接待の社交場として鹿鳴館《ろくめいかん》をつくり、西欧風の舞踏会を盛んに催した。しかし、内地雑居への反対や、行きすぎた欧化主義への批判が政府内からも巻き起こり、外相を辞任した。

日英接近で条約改正交渉が進む

次の**大隈重信《おおくましげのぶ》外相**は、列強諸国と個別に改正交渉を進める方法をとり、米独露と新条約を締結した。だが、大審院（最高裁判所）への外国人判事の任用を認める内容だったため反発を招き、大隈は爆弾テロで片足を失い、黒田内閣は総辞職した。

次の**青木周蔵《あおきしゅうぞう》外相**は、ロシアの東アジア進出を警戒し、日本に接近したイギリスと交渉を進めたが、来日中のロシア皇太子が警官に襲われ負傷した大津事件（1891／明治24）で辞任し、交渉はまたも頓挫する。

対英交渉が加速するのは第2次伊藤内閣からだ。**陸奥宗光《むつむねみつ》外相**は内地雑居などを条件に、領事裁判権の撤廃、関税自主権の一部回復などを定めた**日英通商航海条約**（1894／明治27）を調印。1911年（明治44）には**小村寿太郎《こむらじゅたろう》外相**のもと関税自主権を完全に回復し、開国から半世紀、ようやく列強と対等な関係が築かれたのである。

POINT!

日清・日露戦争で勝利し、国際的な地位を高めた日本は、ついに条約改正を成し遂げた。

用語　大津事件

1891年に訪日したロシア皇太子ニコライが、滋賀県大津で警備巡査・津田三蔵に刺傷された事件。日露国交の悪化を恐れた政府は、津田を大逆罪として死刑を求めたが、大審院長・児島惟謙が普通謀殺未遂罪を適用し、司法権の独立を守った。

＼この時代／

令和	平成	昭和	大正	明治	江戸

2000　1950　1900

不平等条約改正までの道のり

明治政府は不平等条約改正のため、ねばり強く列強との交渉を続けた。日米和親条約の締結から57年を経た1911年、小村寿太郎外相の時に完全改正に成功した。

1858年　安政の五カ国条約

関税自主権の喪失
日本は輸入品にかかる関税率を独自で決めることができない

領事裁判権の付与
日本で外国人が罪を犯しても日本の法で裁くことができない

1854年　日米和親条約

片務的最恵国待遇
より有利な条件の条約を他国と結んだら、最恵国にもその条件を適用しなくてはならない

失敗　岩倉使節団（1871～73年）がアメリカと交渉
日本では、まだ近代的な政治制度が整っておらず、国際的な地位も低いことから、条約改正は認められなかった

失敗　寺島宗則の交渉（外務卿1873～79年）
アメリカが関税自主権回復を盛り込んだ新条約に調印したが、イギリスなどの反対で実施されなかった

失敗　井上馨の交渉（外相1879～87年）
内地雑居や外国人判事の任用などを認める代わりに、領事裁判権の撤廃が検討されたが、政府内外から批判され失敗。大隈重信が交渉を引き継ぐが、テロで頓挫した

鹿鳴館
外国人を接待する目的で建てられた洋館。

井上馨

失敗　青木周蔵の交渉（外相1889～91年）
ロシアに対抗するため、日本に接近してきたイギリスと交渉を進めるが、大津事件で引責辞任。榎本武揚が引き継ぐが、交渉は停滞した

成功　陸奥宗光が領事裁判権を撤廃（外相1892～96年）
1894年、イギリスと日英通商航海条約を調印し、領事裁判権の撤廃と最恵国待遇の相互化に成功。他の列強とも同様の条約改正が行われ、1899年に同時施行された。

陸奥宗光

成功　小村寿太郎が関税自主権を完全回復（外相1908～11年）
日露戦争の勝利で国際的地位が高まり、1911年の日米通商航海条約の改正で関税自主権を完全回復。同年、他の列強とも同様の条約が結ばれた

小村寿太郎

COLUMN

治外法権の不当性を暴いたノルマントン号事件

1886年（明治19）、イギリス汽船ノルマントン号が紀伊半島沖で沈没。イギリス人船長以下、ヨーロッパ人乗員の多くは脱出したが、日本人乗客はすべて溺死した。しかし、イギリスの横浜領事裁判所は禁固3カ月の判決を下しただけだった。この事件は領事裁判権の撤廃を求める世論を強くした。

豆知識　鹿鳴館では欧米諸国に近代化をアピールするため、毎夜舞踏会が行われた。日本人は慣れない洋服でダンスをしたが、どれも様になっておらず外国人から「猿真似」と嘲笑された。

◀P54 P50▶

なぜ福沢諭吉は東アジア分割を肯定する脱亜主義を唱えたのか？

POINT!
朝鮮をめぐり起こった日清戦争は福沢諭吉の『脱亜論』によって後押しされた。

挫折した朝鮮の近代化

朝鮮は古代から、中国の歴代王朝を宗主国と仰いできた。そのため、日本が江華島《こうかとう》事件を起こし、**日朝修好条規**〈1876／明治9〉を結んで朝鮮への干渉を強めると、朝鮮を属国とみなす清国との対立が先鋭化する。

開国後の朝鮮では、国王・高宗《こうそう》の外戚の**閔氏《びんし》一族**が、日本の軍事顧問を招いて国政改革を進めた。しかし、大院君《たいいんくん》（高宗の父）の勢力はこれに反発し日本公使館を襲撃。宗主国である清国の強力な内政干渉を受けて鎮圧された〈1882／明治15〉（**壬午軍乱**）。以後、閔氏は清国への依存を深めていく。

一方、金玉均《きんぎょくきん》・朴泳孝《ぼくえいこう》ら朝鮮の近代化を目指す独立党は日本に接近する。清仏戦争で清が敗れたのを機に、独立党は日本公使館の協力を得てクーデタを起こしたが、清軍の反撃を受けて失敗（**甲申事変**〈1884／明治17〉）。日本は清と天津条約を結び、互いに撤兵することで軍事的衝突を回避した。

福沢諭吉が説いた脱亜論

2度の事変を通して、**日本主導による朝鮮の近代化は挫折し、清国の影響力が強化**された。日本では民権派を中心に、清国に対する政府の弱腰外交に非難が高まった。こうした世論を受け、政府も朝鮮から清国の影響力を排除し、日本の力で独立させようとする方針を固めていく。

こうした中**『脱亜論《だつあろん》』**を発表し、日本のアジアからの離脱を説いたのが**福沢諭吉**だ。もともと福沢は朝鮮が自力で独立することを望み、金玉均ら改革派を支持していたが、改革派は甲申事変で一掃された。落胆した福沢は『時事新報』に『脱亜論』を発表。**東アジア諸国との関係を断って西欧列強と進退をともにする脱亜主義**を説き、清国・朝鮮に対しても、列強と同じ方法で対処すべきだと主張した。この説は清国との軍事衝突の機運を高め、政府は戦争に備えて軍備の拡張を急いだ。

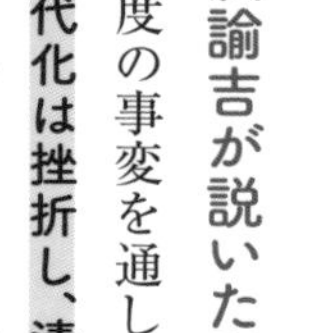

人物　**福沢諭吉**（1834〔天保5〕～1901〔明治34〕）
啓蒙思想家。渡航の経験から『西洋事情』で欧米文化を日本に紹介した。1868年には慶應義塾を創設。1879年に『国会論』を著し民権運動に影響を与えたが、やがて国権論に傾き「脱亜入欧」を主張した。

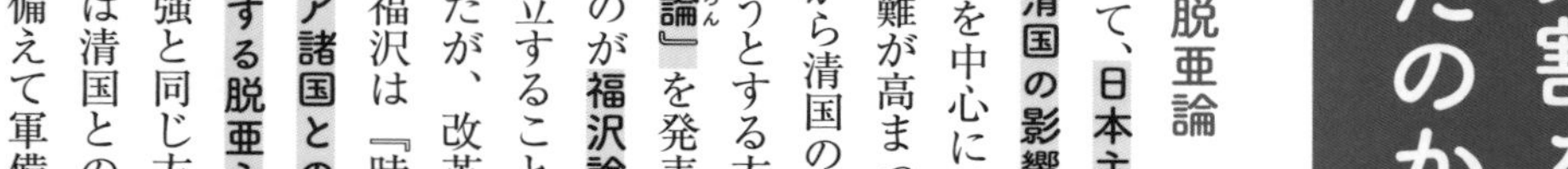

朝鮮をめぐる東アジア情勢

朝鮮がロシアに支配されれば、日本の独立が脅かされると考えた明治政府は、朝鮮を影響下に置こうとしたが、宗主国である清と対立を深めていった。

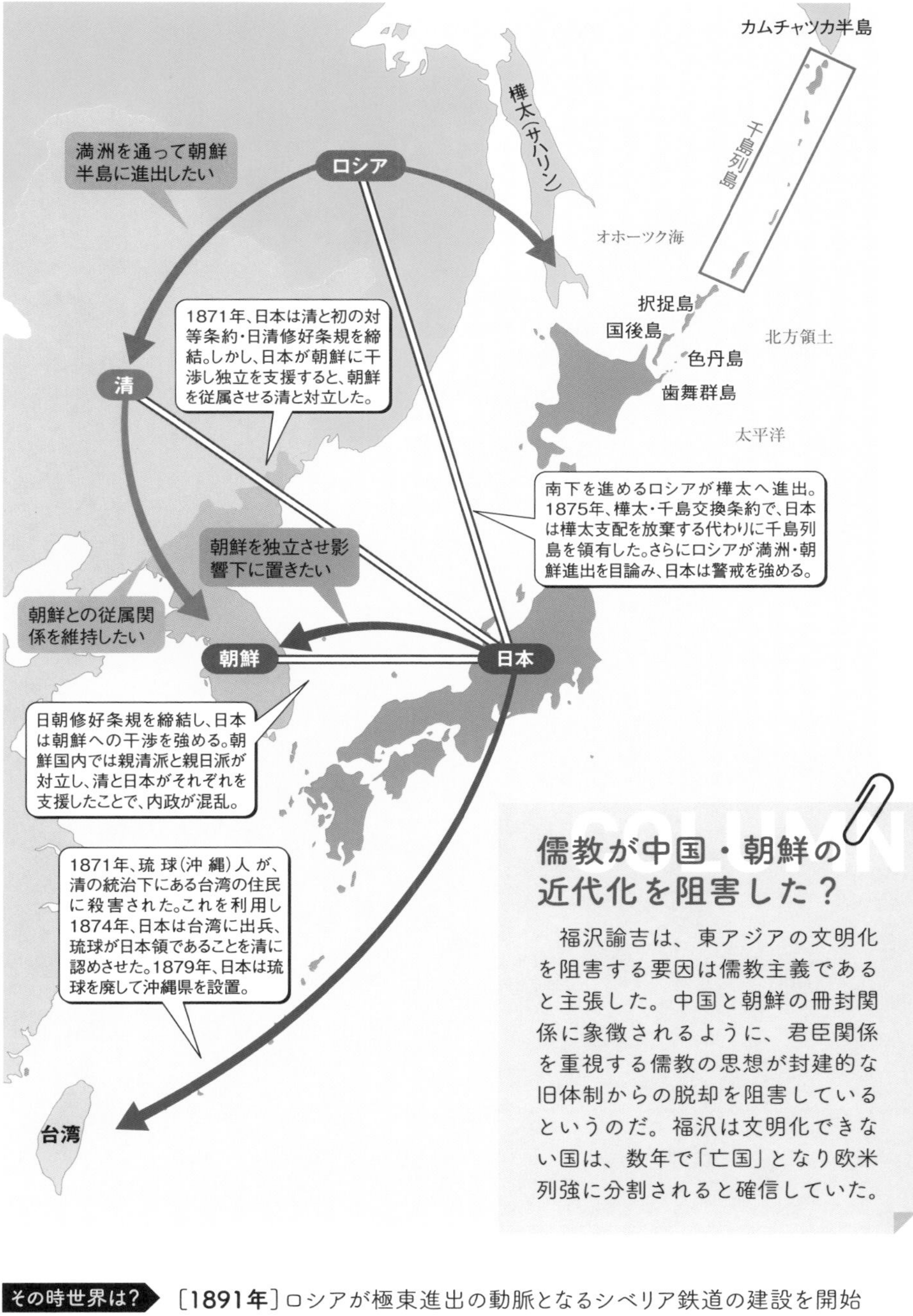

カムチャツカ半島
樺太(サハリン)
千島列島
オホーツク海
択捉島
国後島
北方領土
色丹島
歯舞群島
太平洋
ロシア
清
朝鮮
日本
台湾
満洲を通って朝鮮半島に進出したい
1871年、日本は清と初の対等条約・日清修好条規を締結。しかし、日本が朝鮮に干渉し独立を支援すると、朝鮮を従属させる清と対立した。
南下を進めるロシアが樺太へ進出。1875年、樺太・千島交換条約で、日本は樺太支配を放棄する代わりに千島列島を領有した。さらにロシアが満洲・朝鮮進出を目論み、日本は警戒を強める。
朝鮮を独立させ影響下に置きたい
朝鮮との従属関係を維持したい
日朝修好条規を締結し、日本は朝鮮への干渉を強める。朝鮮国内では親清派と親日派が対立し、清と日本がそれぞれを支援したことで、内政が混乱。
1871年、琉球(沖縄)人が、清の統治下にある台湾の住民に殺害された。これを利用し1874年、日本は台湾に出兵、琉球が日本領であることを清に認めさせた。1879年、日本は琉球を廃して沖縄県を設置。

COLUMN

儒教が中国・朝鮮の近代化を阻害した？

福沢諭吉は、東アジアの文明化を阻害する要因は儒教主義であると主張した。中国と朝鮮の冊封関係に象徴されるように、君臣関係を重視する儒教の思想が封建的な旧体制からの脱却を阻害しているというのだ。福沢は文明化できない国は、数年で「亡国」となり欧米列強に分割されると確信していた。

その時世界は？ ［1891年］ロシアが極東進出の動脈となるシベリア鉄道の建設を開始

◀P60　P52▶

日清戦争の勝利が日本にもたらしたものとは？

朝鮮の農民蜂起を機に開戦

明治政府は発足以来、朝鮮を国防上重要な利益線と位置づけ影響力を強めてきた。背景には**朝鮮がロシアの支配下に入れば、日本の独立も危うくなる**という危機意識があった。一方、宗主国の清国との決裂は避けてきたが、天津条約で撤兵させられて以後、開戦に備えて軍備を拡張。朝鮮も日本への穀物輸出を禁じるなど敵対姿勢を見せた。

事態が動いたのは1894年（明治27）である。朝鮮で民族主義的な宗教団・東学を中心とした農民が、減税と排日を求めて蜂起した（**甲午《こうご》農民《のうみん》戦争《せんそう》**）。日清両国が出兵し反乱は収まったが、両国が共同で朝鮮の内政改革を行うという日本の提案を清国が拒否したため対立は激化。折しも、**日英通商航海条約**を結んだイギリスが日本を支持したことから、同年8月、第2次伊藤内閣は清国に宣戦布告し、**日清戦争**が幕を開ける。

三国干渉で反露感情が高まる

戦争が始まると、**政府に敵対してきた政党も歩み寄り、軍事費の増額が議会の満場一致で可決**されるなど、挙国一致の体制が固められた。

戦争は近代化・組織化された日本軍の優位のもとに進められた。開戦1カ月半で平壌《ピョンヤン》を占拠し、黄海海戦に勝利して朝鮮半島を制圧。威海衛《いかいえい》要塞を攻略して、翌年3月、遼東半島を占領し、戦争は日本の圧勝で終わった。日本全権・伊藤博文、陸奥宗光外相と清国全権・李鴻章《りこうしょう》との間で**下関《しものせき》条約《じょうやく》**が結ばれ、日本は朝鮮の独立、遼東半島・台湾の割譲、賠償金2億両などの戦果を得た。

しかし、日本の大陸進出を警戒したロシアは、フランス・ドイツと協調して遼東半島の返還を要求（**三国干渉**）。国力で劣る日本は圧力に屈した。このことは、国民にロシアへの敵対意識を植えつけ、ナショナリズムを刺激する契機となった。

POINT!

勝利した日本は、朝鮮を独立させて影響力を強めた一方、ロシアとの対立を深めていく。

用語　東学

19世紀半ばに朝鮮の崔済愚（さいせいぐ）が創始した民衆宗教で、西学（キリスト教）に対する呼び名。内乱や列強の侵略に対する社会不安を背景に広がった。朝鮮政府は邪教として弾圧したが、2代目教主の崔時亨が朝鮮南部で布教を行い、支持を集めた。

＼この時代／

令和　平成　昭和　大正　明治　江戸

2000　1950　1900

朝鮮の内政に介入する清と日本

朝鮮を独立させたい日本と、朝鮮の服属を維持したい清の対立が激しくなった。互いに朝鮮国内の親清派と親日派を支援して、影響力を強めようとした。

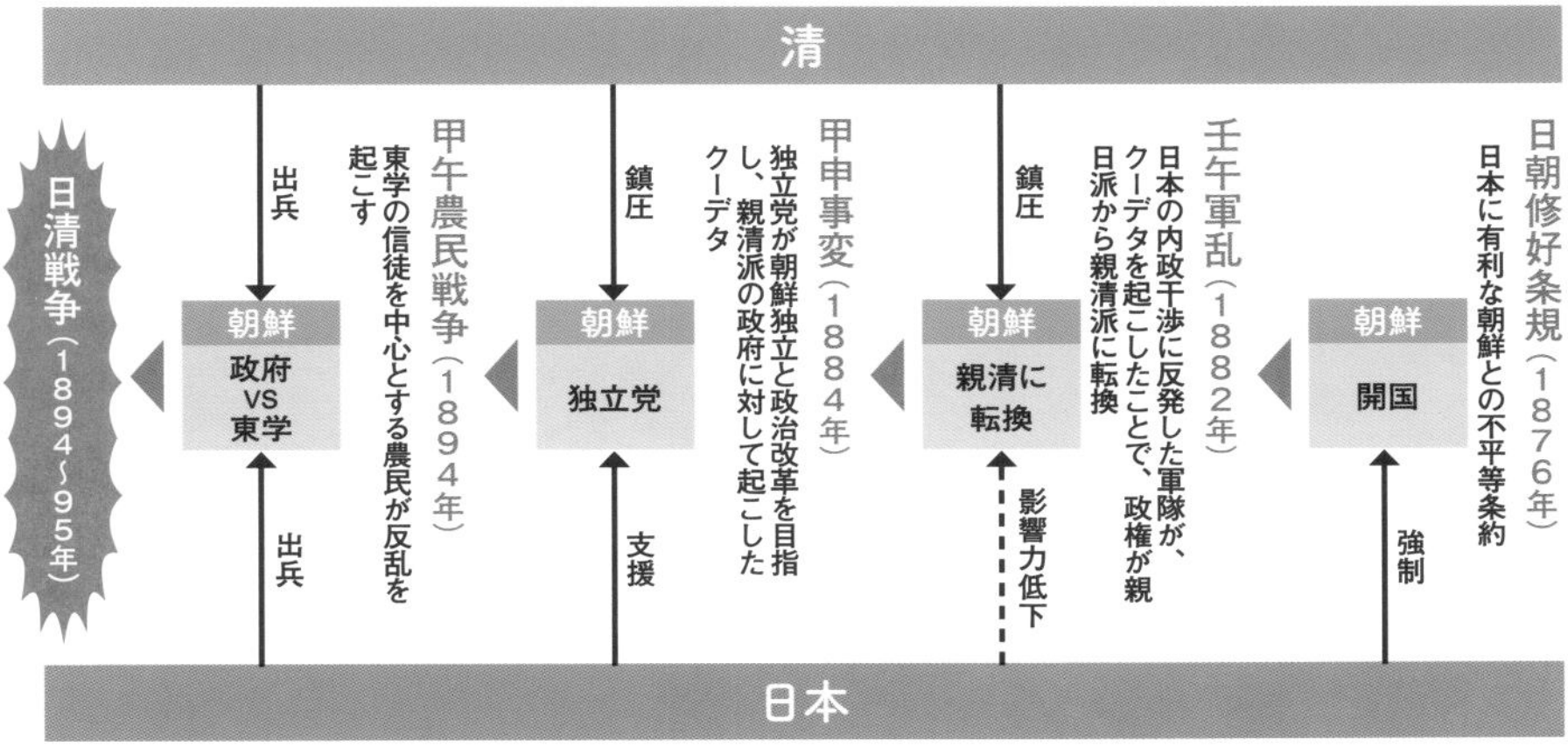

政府VS東学
出兵
日清戦争（1894～95年）

RUSSIE
CORÉE

朝鮮（魚）をめぐる日・清・露を描いたビゴーの風刺画

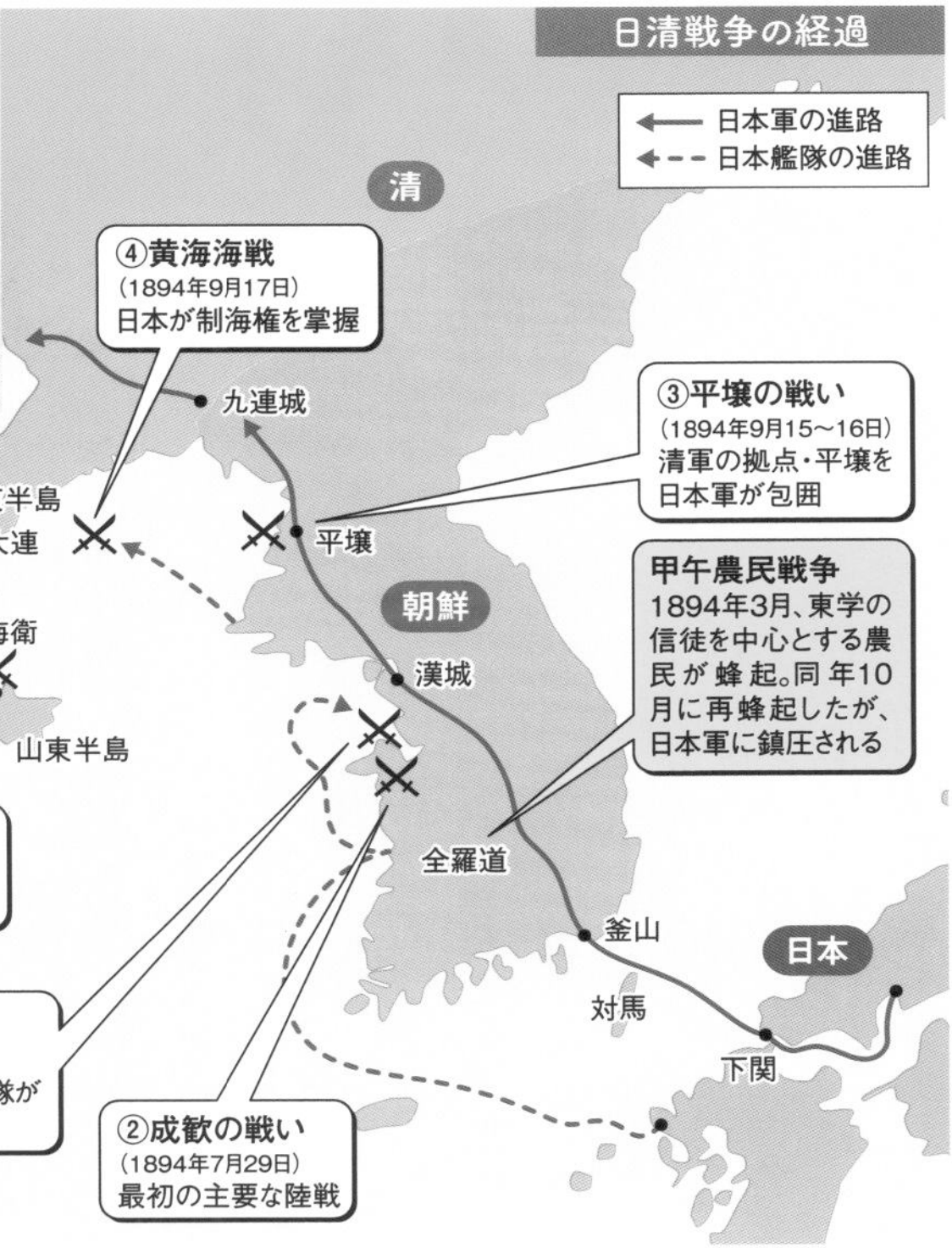

日清戦争の経過
日本軍の進路
日本艦隊の進路

④黄海海戦
(1894年9月17日)
日本が制海権を掌握
③平壌の戦い
(1894年9月15～16日)
清軍の拠点・平壌を日本軍が包囲
甲午農民戦争
1894年3月、東学の信徒を中心とする農民が蜂起。同年10月に再蜂起したが、日本軍に鎮圧される
⑤大連・旅順占領
(1894年11月7～21日)
日本軍が遼東半島に進撃
⑥威海衛占領
(1895年2月2～12日)
日本海軍の攻撃で清艦隊が壊滅
①豊島沖海戦
(1894年7月25日)
宣戦布告前に両国艦隊が鉢合わせし、勃発
②成歓の戦い
(1894年7月29日)
最初の主要な陸戦
九連城
遼東半島
旅順
大連
平壌
威海衛
漢城
山東半島
全羅道
釜山
対馬
下関

豆知識 開戦以前は藩閥政府を批判していた民党だったが、日清戦争が始まると、その多くが戦争支持派にまわり、軍備拡張に同意した。国民の中にも戦争賛成派が増加した。

日朝修好条規（1876年）
日本に有利な朝鮮との不平等条約

開国
強制
壬午軍乱（1882年）
日本の内政干渉に反発した軍隊が、クーデタを起こしたことで、政権が親日派から親清派に転換
鎮圧

親清に転換
影響力低下
甲申事変（1884年）
独立党が朝鮮独立と政治改革を目指し、親清派の政府に対して起こしたクーデタ
鎮圧

独立党

甲午農民戦争（1894年）
東学の信徒を中心とする農民が反乱を起こす
出兵

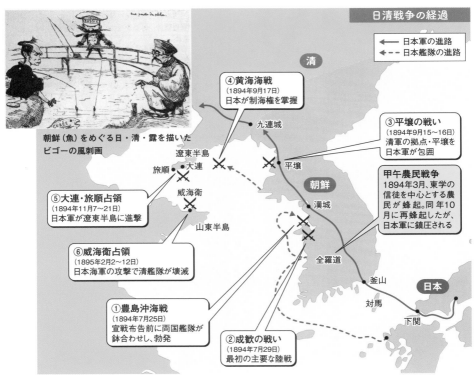

様々な国に支配されてきた台湾だが日本はどのような統治を行ったか？

列強の支配を受けた台湾の歴史

台湾には古くから先住民が居住していた。16世紀には倭寇（海賊）や密貿易商人の拠点となり、17世紀以降は諸外国に支配された。

1624～62年
オランダ・スペインの統治時代
1624年、オランダが台湾南部の安平を占領した。これに対抗したスペインは台湾北部に進出したが、先住民やオランダ軍の抵抗で撤退。こうしてオランダが支配を強めるが、対抗した明（中国）も台湾に進出した。

1662～83年
鄭氏《ていし》の統治時代
明が滅びると、明の復興を目指した鄭成功らが台湾に進出。1661年、鄭成功はオランダの拠点・ゼーランディア城を占領し、翌年オランダを台湾から撤退させた。こうして、鄭氏は台湾に初の漢民族政権を樹立した。

1683～1895年
清の統治時代
1683年に清が台湾に遠征軍を送り、鄭氏政権を制圧して台湾を領土化。しかし、統治には消極的だったため、政治が混乱し反乱が頻発した。19世紀には日本の侵攻を警戒し、積極的な統治に転換した。

日清戦争（1894～95年）

台北城
台湾の軍事拠点として、清により1884年に築かれた。

ゼーランディア城と鄭成功
オランダの台湾支配拠点として築かれた。城内には城を落とした鄭成功の銅像が立つ。

台湾が日本の統治下に

台湾は17世紀半ば、**清国が鄭氏《ていし》政権を滅ぼして領有**して以後、19世紀まで緩やかな支配を続けた。だが、西欧列強の進出、日本の台湾出兵により国防上の重要性が認識され、1885年（明治18）、清国は**台湾省**を設置してインフラ整備に着手する。だがその約10年後、**日清戦争**（1894～95／明治27～28）が起こり台湾と澎湖列島は日本の植民地となった。

日本政府は**台湾総督府**を設置して、統治にあたったが、住民は反発し台湾民主国を樹立して抵抗する。日本軍はマラリアや食糧不足に悩まされながらも鎮圧。1896年（明治29）、台湾総督府条例により軍政から民政にシフトしたが民衆の抵抗は続いた。

1895～1945年

日本の統治時代

日清戦争に勝利し、清から台湾を割譲された日本は、台湾総督府を設置し、植民地支配を開始した。これに反発した台湾人は台湾民主国を樹立して抵抗。日本は台湾の近代化を進める一方で、日本語教育や神社信仰などを強制する皇民化運動を行う。

日本の統治政策の転換

1919年以降は、文官による統治が行われたが、太平洋戦争が近づくと武官による統治に戻る。

1895年 植民地特殊統治
総督：武官
台湾を植民地とみなし、日本本土の憲法・法律を適用しない特殊統治を行う

1919年 内地延長主義
総督：文官
台湾を日本の領土とみなし、日本本土と同じ制度を適用する

1936年 皇民化運動
総督：武官
東アジアでの戦争に備え、台湾人の日本人化を進める

1945～49年

中華民国政府の統治

太平洋戦争に日本が敗戦し、台湾は中華民国政府の統治下に。だが、中華民国の役人が台湾人を搾取したため、反乱が起こる。

1949年～

中華民国政府が台湾へ移転

共産党との国共内戦に敗れた中華民国政府は、台湾へ移転。38年に及ぶ戒厳令が敷かれ、国民の自由が制限されたが１９８７年以降、民主化が進む。

中正紀年堂（台北）の蔣介石像

中華民国政府の指導者。毛沢東率いる共産党に敗れ、台湾へ移った。

旧台湾総督府

1895年に設置された台湾総督府は、台湾における行政・立法・司法・軍事の幅広い権限を持った。

後藤新平

児玉源太郎総督のもと、1898年に台湾民政局長（のち民政長官）に就任。製糖業などの産業育成や、インフラ整備を行った。

改革により近代化が進む台湾

台湾経営が軌道に乗るのは、**後藤新平**が台湾総督府の民政長官となってからである。後藤は台湾の慣習を尊重する方針をとり、警察機構を整備して治安維持に努めた。土地調査事業を行い、権利関係を整理して近代的な土地所有制度を確立。台湾銀行の基礎を築き、鉄道・港湾を整備して物流の円滑化を図るなど経済発展の土台を固めた。地方税の制定、アヘン・樟脳・食塩等の専売により税収を増やし、日本政府からの財政的自立を目指した。

日本の統治により**台湾の近代化は進んだ**とする評価もあるが、日中戦争が始まると日本風の名前に改める改姓名、日本語や神社信仰などが強要され、アジア太平洋戦争〈1941～45／昭和16～20〉では多数の軍夫が徴用されるなど厳しい支配を受けたのも事実だ。敗戦により日本が撤退すると**中華民国政府**の統治下に置かれた。

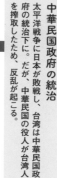

日清戦争以降、政党は力を伸ばしたのか？

POINT!
日清戦争後、政府と民党は接近。政府の伊藤博文と憲政党が提携し、立憲政友会を結成した。

初の政党内閣は4カ月で退陣

日清戦争〈1894～95／明治27～28〉は日本の内政に変化をもたらした。三国干渉により国力増強の必要性が認識されると、政府は予算確保のため政党と連立を図るようになる。第2次伊藤内閣は**自由党の板垣退助**を、第2次松方正義内閣は**進歩党の大隈重信**を入閣させ、各党の支持を得て軍備拡張予算を成立させた。

連立内閣の誕生により政党はさらに存在感を高めた。第3次伊藤内閣が超然主義をとると、自由・進歩両党は合流して**憲政党**を結成。伊藤を退陣に追い込み、初の政党内閣である**第1次大隈内閣（隈板内閣）が成立**する。しかし、内部対立により4カ月で退陣、政党政治は定着しなかった。

第2次山県内閣は政党との対立姿勢を強め、官僚や軍部に政党の力が及ばないよう法令を改正。反発した憲政党の星亨《ほしとおる》らは、政党結成を画策していた伊藤博文と提携し**立憲政友会**〈1900／明治33〉を設立した。

政党勢力が強まり立憲政治が定着

立憲政友会には総裁の伊藤以下、公家出身の**西園寺公望**《さいおんじきんもち》、のちに「憲政の神様」と呼ばれる**尾崎行雄**《おざきゆきお》、自由民権運動に尽力した**片岡**《かたおか》**健吉**《けんきち》、平民出身の**原敬**《はらたかし》などが名を連ね、実業家や地方議員も入党し地主層の支持を得た。伊藤は同党を基盤として第4次内閣を組織したが、官僚や貴族院の支持を得られず退陣し、長州閥の桂太郎内閣〈1901／明治34〉が成立。以後、桂と政友会の西園寺が交互に政権を担当する「**桂園時代**《けいえんじだい》」が続く。

藩閥の力はなお強かったが、議会設立から10年で立憲政治が定着するとともに、政党が大きな勢力となり、来るべき政党政治の基盤が築かれたのは大きな成果だった。やがて「**閥族打破・憲政擁護**」を唱える護憲運動が活発化し、大正デモクラシーの潮流を受けて、政友会の原敬により本格的な政党内閣の時代が始まる（▼P80）。

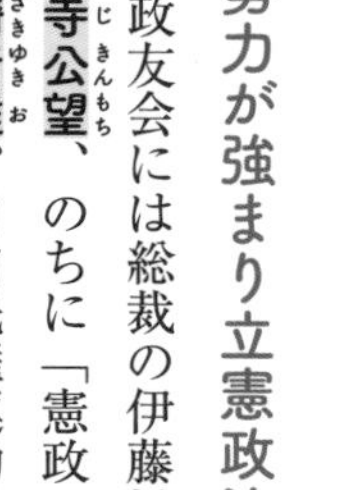

人物　尾崎行雄（1858〔安政5〕～1954〔昭和29〕）
1890年の第1回総選挙に当選以降、1952年まで連続25回当選し、立憲改進党・立憲政友会などの政党政治家として活躍。第1次護憲運動では犬養毅とともに桂首相を追及し「憲政の神様」と称された。

＼この時代／★
令和｜平成｜昭和｜大正｜明治｜江戸
2000　1950　1900

日清戦争後に接近した政府と議会

三国干渉により国力増強の必要性が認識されると、政府は予算確保のため政党と連立を図るようになる。

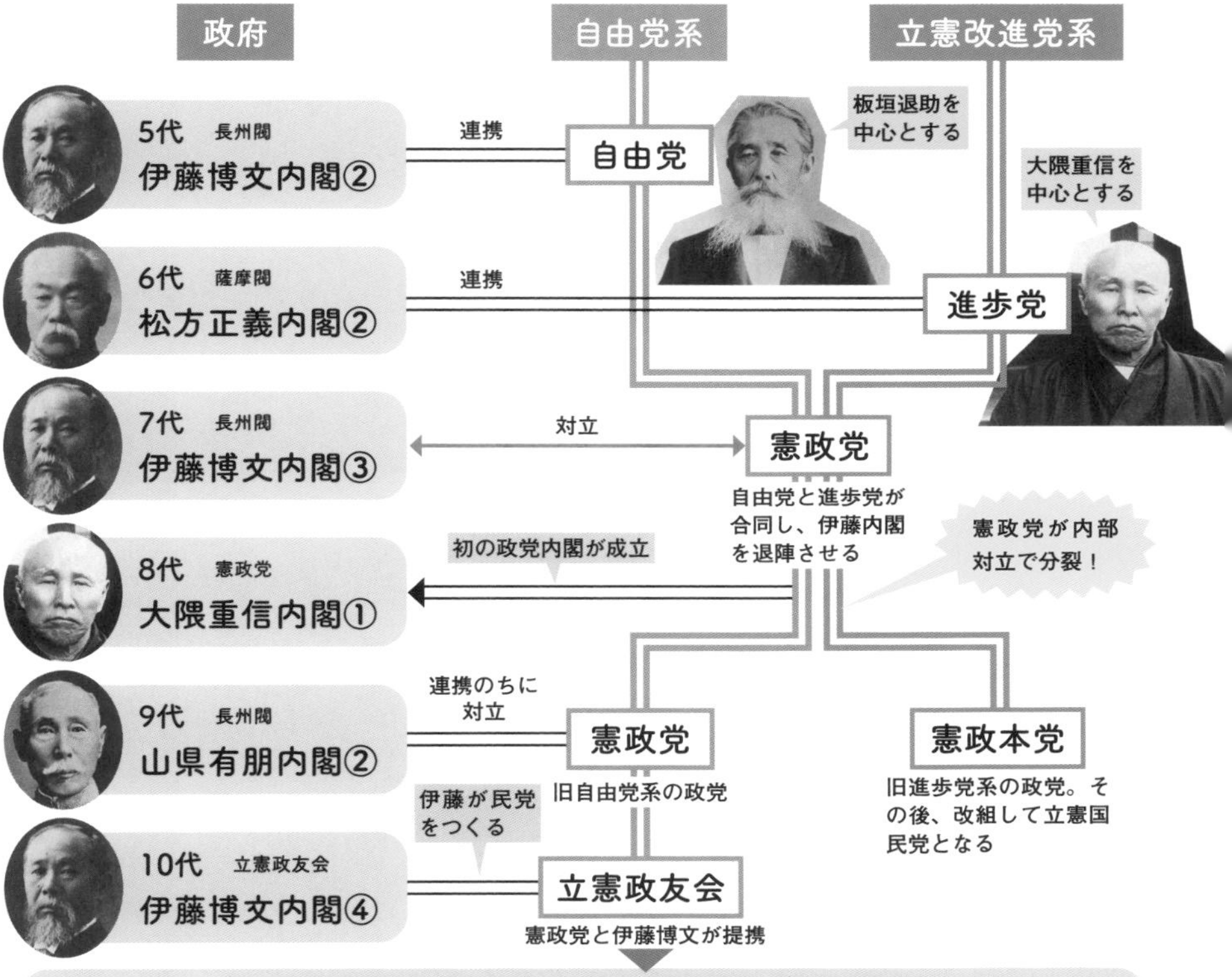

11代桂太郎内閣以降、桂園時代が始まる（▶P68）

後継首相の推薦に絶大な力を持った「元老」

伊藤・山県は政治の一線から退いた後も、元老として権力を振るった。元老は詔勅で任命され、元老たちで構成された元老院は立法機関として機能した。メンバーは伊藤や山県をはじめ9人で、ほとんどが薩長の藩閥政治家だ。憲法や法令に規定のない地位だが、事実上の最高指導者として、特に後継首相の推薦で絶大な影響力を持った。

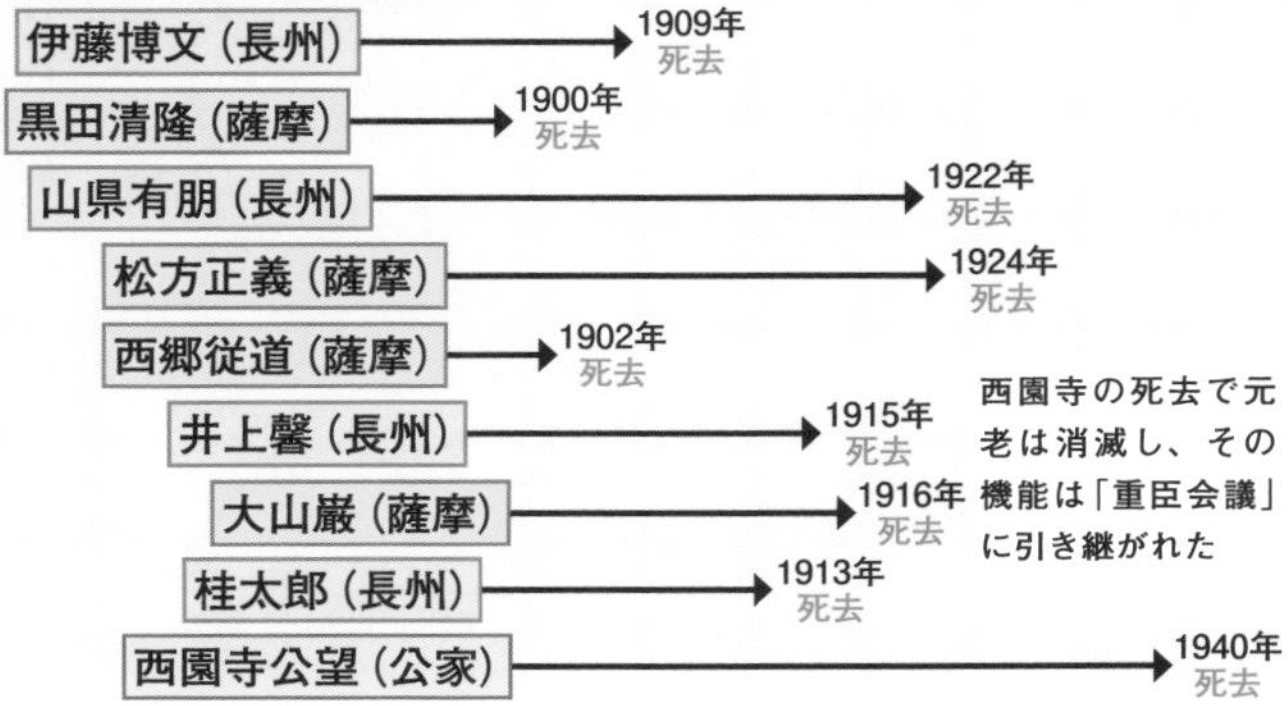

その時世界は? ［19世紀後半］ペストが世界中に広がり、1899年に日本にも初めて流入

◀P62 P54▶

なぜ日本はイギリスと日英同盟を結んだのか？

POINT!
南下政策を進めるロシアに対抗させるため、イギリスは日本に接近して同盟を結ぶ。

列強の草刈り場となった清国

日清戦争は東アジアの秩序を変えた。中でも日本に脅威を与えたのはロシアの動きである。三国干渉で日本の影響力が低下すると、**ロシアは朝鮮に勢力を伸ばして親露政権を支援**した。対する日本も大院君を擁立し、王妃・閔妃を殺害して親日政権を発足させたが、国王はすぐにロシア公使館に逃れて親日派を粛清。日本への対抗心を露わにして、国号を**大韓帝国**（韓国）に変更した。

一方、日本に敗れた清国には欧米列強の勢力が及んだ。欧米は帝国主義の時代を迎えており、アジア・アフリカの植民地獲得を競い合っていた。中国でもドイツ・ロシア・イギリス・フランスが各地を占拠して租借地とし、鉄道敷設権や鉱山採掘権を得て権益を拡大（**清国分割**）。アメリカも中国の**門戸開放・機会均等**を宣言し、中国に通商の自由を要求するなど権益の確保に努めた。

イギリスと軍事同盟を締結

列強の進出を受け、清国では排外主義団体の**義《ぎ》和《わ》団《だん》**が台頭。多くの外国人を殺害し、北京の各国公使館を包囲した。清国政府もこれに同調して列強に宣戦布告したため、日本は欧米諸国とともに軍隊を派遣し義和団を鎮圧した（**北清事変《ほくしんじへん》**）。

しかし、事変後もロシア軍は中国東北部の満洲に駐留を続けた。ロシアの南下を恐れた日本は、満洲の権益と引き換えに日本の韓国支配をロシアに認めさせる満韓交換により対立の解消を目指す（**日露協商論**）。その一方、イギリスにも同盟を求める二股外交を展開。バルカン半島や東アジアでロシアと対立していたイギリスは「栄光ある孤立」の方針を転換し、韓国独立と日英の共同戦闘を定めた**日英同盟協約を締結**（1902／明治35）する。列強と初の同盟を結んだことで、アジアにおける日本の地位は高まったが、ロシアは妥協せず対立は続いた。

用語　ロシアの南下

ロシアは18世紀以降、不凍港を求めて黒海方面やバルカン半島、中央アジア方面に領土を拡大する南下政策を進めた。しかし、19世紀半ばのクリミア戦争やアフガン戦争でイギリスに南下を阻まれたロシアは、極東方面に進出し日本と対立した。

令和	平成	昭和	大正	明治	江戸

＼この時代／ ★（明治）

2000　1950　1900

日露戦争までの東アジアの国際情勢

朝鮮（大韓帝国）をめぐってロシアとの対立を深めた日本は、対露戦争に備えてイギリスと同盟を結んだ。

1895年
三国干渉で日本の反露感情が高まる
日本は日清戦争の勝利で得た遼東半島を、露・独・仏の三国干渉により、中国に返還した

1897年
朝鮮が国号を大韓帝国に改める
朝鮮がロシアと接近し、日本の干渉に対抗して国号を改めた

1898年
ロシアが旅順・大連を租借
日清戦争後、列強による清の分割が進み、ロシアは遼東半島の旅順・大連を租借した

北清事変（1900年）
清国分割に対し義和団が蜂起したが、列強の連合軍に鎮圧された

1901年
ロシアが満洲を事実上占領
北清事変鎮圧後、ロシア軍が満洲にとどまり事実上占領。日本では反露感情が高まる

1902年
日英同盟を結ぶ
ロシアの満洲占領を警戒した日・英が接近し同盟を結んだ

日露戦争（1904年）
日露が相互に宣戦布告し開戦にいたった

開戦世論が高まる
国内では開戦世論が高まる一方、内村鑑三や幸徳秋水、与謝野晶子をはじめ、非戦論者も現れ、論争となった。

内村鑑三

明治政府内の対立

日露協商論（満韓交換論）		日英同盟論
日本の韓国における優越権とロシアの満洲経営の自由を、互いに認め合う対露協調の構想。伊藤博文・井上馨らが主張	VS	対露戦争に備えて、イギリスと同盟を結び、後ろ盾を得ようという対露強硬策。山県有朋や桂太郎、小村寿太郎らが主張

日露戦争を風刺した「火中の栗」

イギリスが日本をそそのかし、ロシアが焼く栗（朝鮮）を取りに行かせようとしている。その様子をアメリカがうかがっている。

日露戦争前の各国の関係

自らが出兵したくない英・米は、日本にロシアの南下を抑えさせようとした。

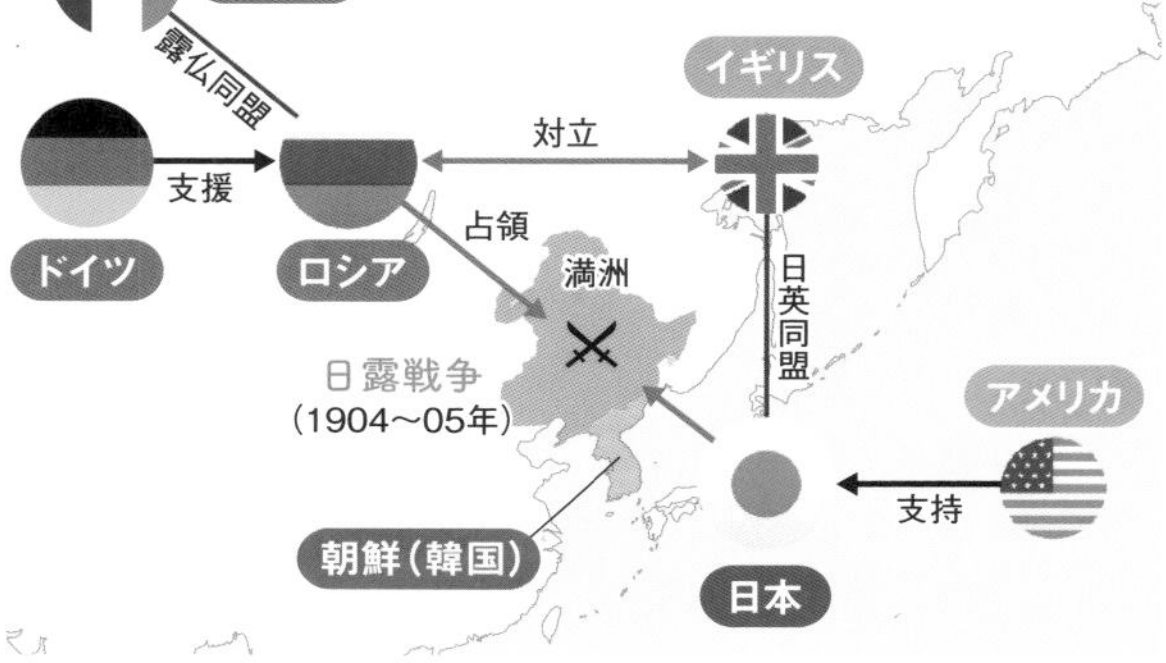

豆知識 非戦論を唱えた内村鑑三や幸徳秋水、堺利彦らは新聞「万朝報」の社員だった。しかし、社長の黒岩涙香が主戦論に転ずると3人は退社。その後、幸徳・堺は平民社を結成した。

◀P64　P60▶

日露戦争で日本が大国ロシアに勝利できた理由とは？

ロシアとの交渉が決裂し開戦へ

日英同盟の締結後も、日本は**日露協商**を諦めずロシアとの交渉は続けられた。しかし、ロシアは日本が提案する**満韓交換**を認めず、交渉は暗礁に乗り上げる。ロシア軍の満洲駐留が長引くにつれ、国内では大手新聞を中心に対ロシア強硬論が拡大。交渉の妥結は困難と判断した第1次**桂太郎**内閣は、御前会議で開戦を決定。1904年（明治37）2月、宣戦が布告され**日露戦争**が始まった。

日本は多くの死傷者を出しながら、陸海で勝利を重ねた。開戦の約半年後には遼陽の会戦でロシア軍を破り、**二〇三高地**における数度の総攻撃の末、ロシア軍最大の拠点である旅順〈1905／明治38〉を攻略した。1905年（明治38）3月には奉天会戦に勝利して陸戦はほぼ終了。同年5月には**東郷平八郎**《とうごうへいはちろう》率いる連合艦隊が、**日本海海戦**でロシアの誇るバルチック艦隊を撃破する一大戦果を挙げた。

日本の勝利が各地の民族運動を刺激

日本が勝利したのは、日本が国家の存亡をかけて**総力戦**で臨んだのに対し、ロシアでは民衆の反政府運動が起こるなど、**内政に課題**を抱えていたためでもあった。だが、日本軍も20万人以上の死傷者を出し、兵器・弾薬の補給もままならず、戦争継続は困難になっていた。

そこで政府は、日本海海戦の勝利を機にアメリカの**セオドア・ローズヴェルト**大統領に調停を依頼。ロシアもこれに応じ、**ポーツマス条約**が結ばれた。日本は韓国への監督権や南樺太の割譲などの成果を得たが、**賠償金は放棄**させられた。そのため、増税に耐えてきた民衆が激怒し、**日比谷焼打ち事件**などの暴動が頻発する。一方、日本の軍事的勝利は、インドやベトナム、オスマン帝国など、列強の圧迫を受けていた国に刺激を与え、民族運動の高まりをうながした。

POINT!

日露戦争が勃発。日本は辛くも勝利するが賠償金を得られず国内で批判が起こる。

人物　**東郷平八郎**（1848〔弘化4〕～1934〔昭和9〕）

薩摩藩出身で、戊辰戦争後イギリス海軍で学んだ。日露戦争では連合艦隊司令長官を務め、ロシアのバルチック艦隊を丁字戦法（一列に並んだ敵艦隊の進行方向を遮り一斉砲撃する戦術）で撃破した。

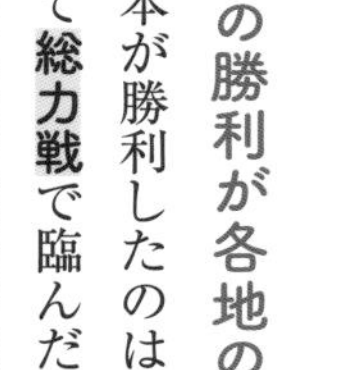

＼この時代／

令和	平成	昭和	大正	明治	江戸
	2000	1950		1900	

日本が辛勝した日露戦争

圧倒的な軍事力を誇るロシア軍に対し、日本は総力戦体制で対峙した。

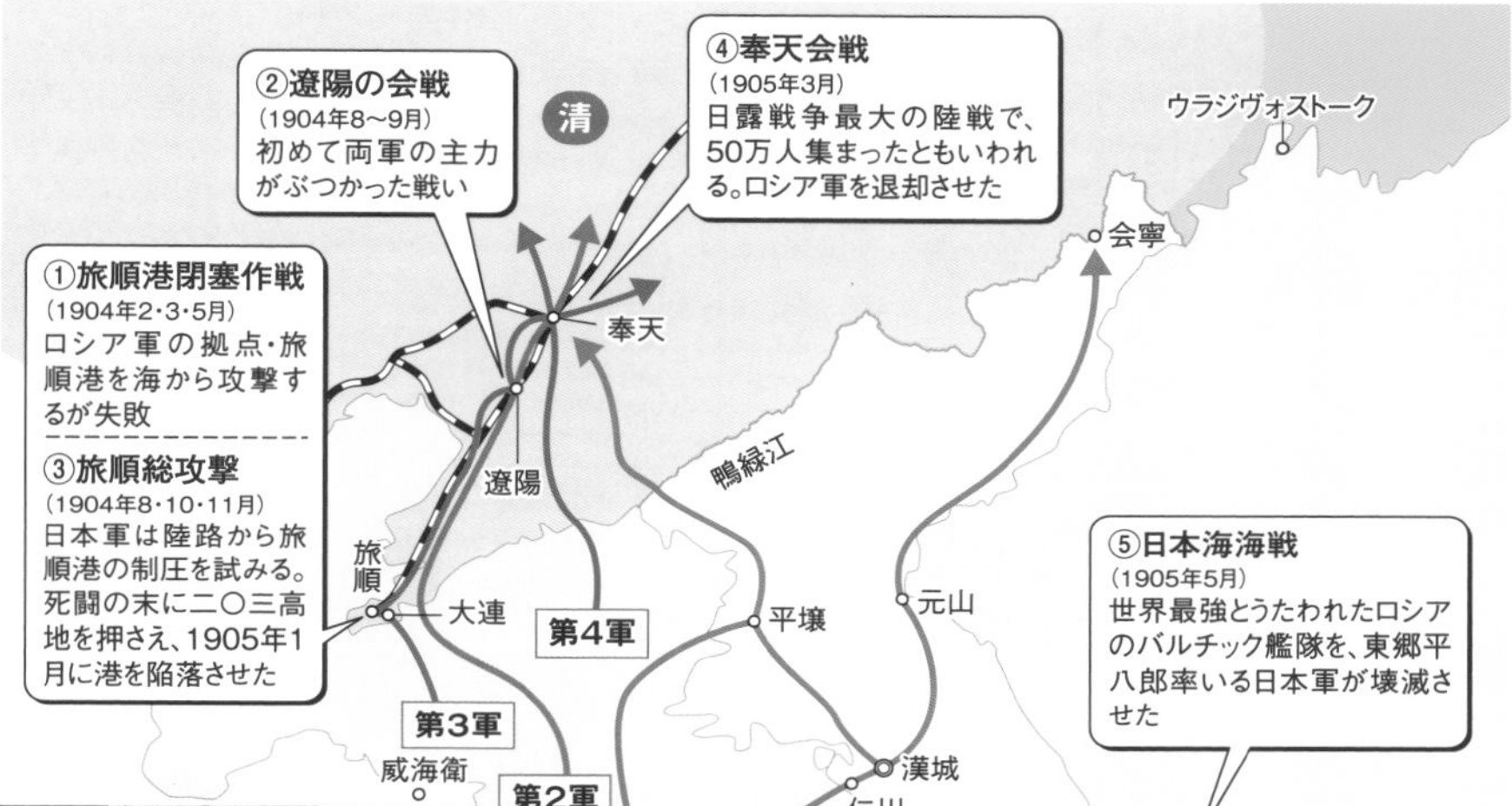

①旅順港閉塞作戦
(1904年2・3・5月)
ロシア軍の拠点・旅順港を海から攻撃するが失敗
③旅順総攻撃
(1904年8・10・11月)
日本軍は陸路から旅順港の制圧を試みる。死闘の末に二〇三高地を押さえ、1905年1月に港を陥落させた
②遼陽の会戦
(1904年8～9月)
初めて両軍の主力がぶつかった戦い
清
④奉天会戦
(1905年3月)
日露戦争最大の陸戦で、50万人集まったともいわれる。ロシア軍を退却させた
ウラジヴォストーク
会寧
奉天
遼陽
鴨緑江
旅順
大連
第4軍
第3軍
威海衛
第2軍
平壌
元山
漢城
仁川
大韓帝国
第1軍
⑤日本海海戦
(1905年5月)
世界最強とうたわれたロシアのバルチック艦隊を、東郷平八郎率いる日本軍が壊滅させた
バルチック艦隊
バルト海リバウ軍港より出港
日本艦隊
鎮海
対馬
日本
下関

三笠艦橋の図

日本海海戦で、旗艦「三笠」から戦況をうかがう東郷平八郎(中央)を描く。左上の「Z旗」には「この戦いに負けたら後はない」という意味が込められている。

三笠保存会蔵

近代日本の勃興期を生き生きと描いた司馬遼太郎の名著『坂の上の雲』

『坂の上の雲』は、明治維新から日露戦争までの近代化の歩みを描いた司馬遼太郎の代表作。愛媛県松山生まれの正《まさ》岡子規《おかしき》(▶P74)と秋山好古《あきやまよしふる》・真之《さねゆき》兄弟が上京し、子規は文学で偉業を成しとげ、秋山兄弟は帝国軍人として戦術を研究し、日露戦争を勝利に導くまでを描く。司馬は日露戦争までの三十余年を「楽天的な時代」ととらえていた。タイトルも坂の上の青空に浮かぶ雲を目指して歩くような時代の高揚感を表現している。清々しい青春群像を描く一方、リアルな戦場の風景、緻密な戦術批評など歴史小説の醍醐味を堪能できる。

坂の上の雲 一
司馬遼太郎

『坂の上の雲』の書影

文春文庫提供

豆知識 当時ロシアの南下政策に苦しめられていたオスマン帝国では、日本海海戦での日本の勝利を受けて子どもに「トーゴー」と名付けるのが流行したという。

◀P82　P62▶

日露戦争後、日本はどのように韓国・満洲に支配を広げたのか？

POINT!

日本は3度の日韓協約によって韓国を統治下に置き、1910年に韓国を併合した。

日韓協約で韓国の内政・軍事を掌握

帝国主義とは武力による植民地の獲得や領土拡張、資本市場の独占などの対外膨張政策を指す概念で、欧米では19世紀末から始まったと考えられている。日本では**日露戦争**後、政治・社会において帝国主義的な傾向が表れ始める。

日本の帝国主義的野心が向けられたのが**韓国**（**大韓帝国**）である。すでに日本と韓国は、日露戦争中に第1次**日韓協約**を結び、日本人顧問を通して韓国の財政・外交に介入していた。

戦争終結後、第2次日韓協約により日本は**漢城**（ソウル）に韓国の外交を統括する**統監府**を置き、**伊藤博文**を初代統監にすえた。そして、韓国皇帝の**高宗**がヨーロッパに密使を送り、日本の韓国支配の不当性を訴えた**ハーグ密使事件**〈1907／明治40〉が発覚すると、政府は高宗を退位させ、第3次日韓協約を結んで内政権を掌握、韓国軍を解散させた。

ロシアと協調し南満洲の権益を確保

第3次日韓協約は事実上の韓国の廃止であった。民衆の反日機運は高まり、**義兵運動**と呼ばれる蜂起が頻発した。反乱の鎮圧に追われる中、**桂太郎**首相は反対した伊藤統監を説得し**韓国併合**を閣議決定。伊藤がハルビンで韓国の運動家・**安重**《あんじゅう》**根**《こん》に暗殺されたのを機に列強の同意を取り、韓国を併合して、統治機関の**朝鮮総督府**を置いた〈1910／明治43〉。

一方、政府はロシアと提携して南満洲にも進出する。遼東半島の租借地である関東州の旅順に関東都督府、大連に**南満洲鉄道**（**満鉄**）を設置し、鉄道・炭鉱を経営して満洲の経済基盤とした。

日露の連携が進んだのは、満洲市場を狙うアメリカの介入を阻むことで利害が一致したためだ。政府は**日露協約**〈1907／明治40〉を結んでロシアと満洲の権益を分け合い、イギリスとの同盟も強化することで列強の支持も得て、南満洲の基盤を固めていった。

人物　**安重根**（1879～1910）

李朝末期の独立の運動家。満洲の都市ハルビンで伊藤博文を銃殺、のちに死刑に処された。韓国では抗日の象徴として英雄視されている。なお伊藤自身は韓国併合には批判的で、あくまで保護国にとどめて置くべきだと主張していた。

＼この時代／

令和	平成	昭和	大正	明治	江戸

2000　1950　1900

日本が韓国を併合するまで

日露戦争に勝利した日本は大陸進出の拠点として韓国を併合した。

1876年　**日朝修好条規**　朝鮮は日本の治外法権を認めるなど、日本に有利な内容だった

朝鮮で親清派と親日派が衝突
1894年　甲午農民戦争を機に日清戦争へ

1895年　下関条約で朝鮮が清から独立
1897年　大韓帝国の成立（親露派政権）

1904年　朝鮮半島の権益をめぐり日露戦争へ

1904年　**第1次日韓協約**　韓国に日本政府推薦の財政・外交顧問を置く

1905年　**第2次日韓協約**　韓国の外交権を奪い、統監府を設置。初代統監は伊藤博文

ハーグ密使事件：韓国皇帝・高宗がオランダのハーグで行われていた万国平和会議に密使を送り、日韓協約の不当性を世界に訴えようとした事件。日本は協約違反として高宗を退位させた

1907年　**第3次日韓協約**　韓国の内政権を接収し、韓国軍を解散させる

義兵運動：解散させられた旧兵士を主とする抗日運動。日本国内で併合派の意見が強まる

伊藤博文暗殺事件：併合への同意後、統監を辞任した伊藤が安重根に暗殺される

1910年　**韓国併合条約**　伊藤の暗殺を受け日本は韓国を併合。統治権を獲得し「朝鮮」と改称させる。また朝鮮総督府を設置

伊藤博文と韓国皇太子
韓国統監となった伊藤博文は、韓国の皇太子・李垠（りぎん）の教育係も務めた。李垠の兄は朝鮮最後の皇帝・純宗である。

COLUMN

日本人移民の増加で反日感情を高めたアメリカ

日露戦争の前後からアメリカでは日本人移民排斥運動が活発になる。アメリカへの日本人移民は明治初頭に始まり、20世紀以降は毎年1万人単位で増えた。それに伴い反日感情は悪化し、特に移民が多かったカリフォルニア州で排斥運動が活発化した。原因は低賃金・長時間で働く日本人のために白人の仕事が減ったことに加え、黄色人種が白人を脅かすという「黄禍論（こうかろん）」の流行により日本への警戒心が高まったことにある。以後、日本人差別は激化の一途をたどり、日米開戦の一因となるのである。

その時世界は？　［1908年］オスマン帝国で青年トルコ革命が勃発しスルタンが倒される

日本は韓国併合の後 朝鮮の統治をどう行ったのか？

朝鮮総督府が置かれたソウル

韓国を併合した日本は、国号を朝鮮に、首都漢城（ソウル）を京城に改称して、朝鮮総督府を置き直接統治にあたった。

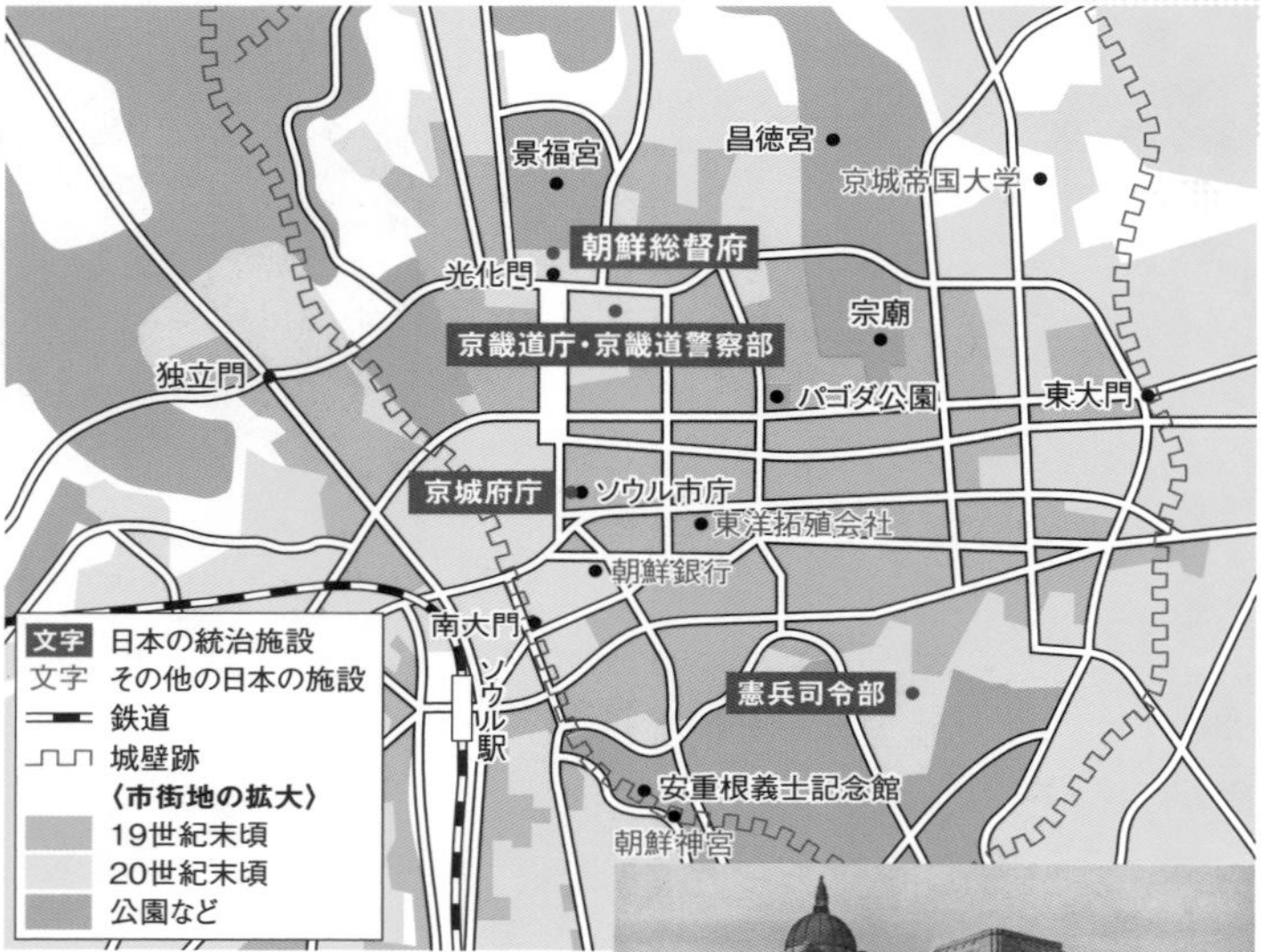

朝鮮総督府（着色写真）

韓国併合をきっかけに創設された、日本の朝鮮支配の中枢となる施設。「総督」をトップに、総務・内務・度支・農商工・司法の5つの部署がつくられた。

武断政治が敷かれた併合当初

韓国で義兵（農民や解散軍人からなる民兵）の**反日闘争**が活発化するのは、韓国軍が解体された第3次日韓協約からである。**義兵運動**は**漢城**（ソウル）から全国に広がり、日本軍との武力衝突は韓国併合まで2800回を超えた。

韓国併合により韓国は日本の植民地となった。「併合」は侵略の色合いを薄めるために、この時初めて使用された造語である。併合条約により、韓国の統治権は永久に日本に譲与することが定められ、国号は**韓国**から**朝鮮**に改称された。**朝鮮総督府**の長官は日本の軍人が務め、警察から一般の役人・教師までサーベルを着用し、憲兵や巡査が目を光らせる武断政治が敷かれた。

日本の皇民化政策

日中戦争を機に日本は皇民化政策を断行。朝鮮人の日本化を進め、戦争に協力させることが目的だった。

日本語を学ぶ朝鮮人

朝鮮人の子どもたちには日本語教育を行い、「自分たちは日本人だ」と意識させた。その他、名前を日本式に変える創氏改名や、国歌「君が代」他の斉唱を行わせた。

朝鮮神宮

皇祖神・天照大神と、明治天皇を祀る神社。朝鮮を鎮守するため創建されたが、皇民化政策で朝鮮人に「国民儀礼」として参拝を強制させる場となった。

KEYPERSON

朝鮮の文化を守った日本人

柳宗悦（1889〔明治22〕～1961〔昭和36〕）

思想家・柳宗悦《やなぎむねよし》は、朝鮮で日本語教師を務めていた友人から手土産で朝鮮陶磁器をもらって以来、朝鮮陶磁器の蒐集家となった。そしてソウルの景福宮内に朝鮮民族美術館を創設し、朝鮮の文化財保護に努めた。また柳は日本の朝鮮植民地化政策を厳しく批判していた。

柳宗悦の肖像

三・一独立運動を機に文化政治へ

総督府は大規模な土地調査を行い、多くの農地や山林を接収して、日本の企業や地主に払い下げた。朝鮮人の経済活動は制限され、**日本資本の進出**が加速する。

第一次世界大戦後、植民地獲得競争の激化の末に大戦が勃発したことで、植民地支配の修正を迫られた。そして、民族自決の機運を背景に朝鮮で**三・一独立運動**が勃発したのを機に、総督府は憲兵警察を廃止し、集会や言論の自由を認める**文化政治**へ転換した。

しかし1931年（昭和6）に**満洲事変**が起こり日中戦争に至ると、統制は再び厳格化。**皇民化政策**が敷かれ、日本風の氏名を使う**創氏改名**や日本語の強要が行われた。

戦後、日本の支配を脱した後も半島南部はアメリカ、北部はソ連に管理され、南北分断の要因となった。

内政

◀P80　P58▶

なぜ桂太郎と西園寺公望の政権交代が続いたのか？

POINT!
藩閥の桂太郎と立憲政友会の西園寺公望が政権交代を繰り返すが政治は安定した。

藩閥勢力と立憲政友会が提携

日露戦争後、**桂太郎**は立憲政友会総裁の**西園寺公望**に首相の座を譲った。桂が第4次伊藤博文内閣に代わって組閣した1901年（明治34）から1913年（大正2）まで、桂と西園寺が交互に政権を担った約10年間を**「桂園《けいえん》時代」**と呼ぶ。

藩閥勢力である桂内閣と政友会が結んだ背景には、日露戦争終結前後の国内情勢があった。政友会の代表・**原敬**は日露戦争後、国民の不満が高まることを予想していた。そこで原は、戦争中から桂首相と会談を重ね、政友会が国民の世論に加担しない見返りとして、政権への参加を希望した。当時、軍部と官僚は藩閥勢力の巨頭・**山県有朋**が掌握し、衆議院の第一党は政友会が占めていた。国会運営を円滑に行うために、藩閥と政党の対立を避けるべきと考えた桂首相は、**政友会との協調**を約束する。

安定した運営だった桂園時代

こうして、藩閥と政友会による政権のたらいまわしが始まった。その仕組みは、政友会内閣の時は桂が軍部や官僚、貴族院をまとめて閣外から援護し、桂内閣では西園寺や原が政友会を率いて内閣を支持するというものだった。

第1次西園寺内閣は積極財政を志向し、民営鉄道をすべて国有化する**鉄道国有法**〈1906／明治39〉を成立させた。第2次桂内閣は**戊申詔書《ぼしんしょうしょ》**の制定や、町村財政の強化（**地方改良運動**）などを推進する。しかし、第2次西園寺内閣が2個師団増設をめぐる軍部との対立から退陣し桂園時代は終わる。

約10年に及ぶ桂園時代は経済・財政政策の違いなどにより対立も多かったが、政局はおおむね安定した。こうした政治状況の中で、満鉄の設立や韓国併合、日英同盟の強化、条約改正などが実現し、**日本の国際的地位は向上**したのである。

用語　戊申詔書

日露戦争後、国民の生活が経済的に厳しくなったのを理由に発令された、国民の心構えを示した詔書。よく働くこと、贅沢を控え節約することの重要性を説いた。他にも桂内閣は地方改良運動の推進など、日露戦争で削がれた国力の回復に努めた。

＼この時代／

令和	平成	昭和	大正	明治	江戸

2000　1950　1900

数々の政策が打ち出され安定した桂園時代

藩閥の桂太郎と政友会の西園寺公望は、日露戦争前後の混乱をおさめるべく、政権交代を繰り返しながら政治を行った。

桂太郎
（1848［弘化4］～1913［大正2］）
長州藩（山口県）出身で、山県有朋の後継者と目された。陸軍の要職を歴任したのち総理大臣となる。

西園寺公望
（1849［嘉永2］～1940［昭和15］）
公家出身。伊藤博文の憲法調査に従い渡欧し出世。伊藤の意志を継いで立憲政友会総裁となる。

1901
第1次桂内閣

1902　日英同盟締結
1904　日露戦争勃発
1905　ポーツマス条約を締結

特徴
対露外交に力を入れるも日露戦争に発展

西園寺を首相に推薦し総辞職

1906
第1次西園寺内閣

1906　韓国統監府開庁
鉄道国有法公布
満鉄の設立

特徴
やや自由主義的な内閣だったため社会運動が盛んになる

財政・社会主義者の取り締まり失敗で総辞職

1908
第2次桂内閣

1908　戊申詔書発布
1909　地方改良運動の推進
1910　大逆事件の検挙開始
韓国併合
1911　工場法の公布

特徴
西園寺内閣の失敗を受け、経済政策と社会運動の取り締まりに尽力

長期政権への批判を受け、政策の成果が出たとして総辞職

1911
第2次西園寺内閣

1912　明治天皇が没する
2個師団増設問題で上原勇作陸相が辞職
→陸軍は次の陸相を決めないストライキを行う

特徴
不況に対応するため財政整理を推進。陸軍の2個師団の増設要求を否決したことが問題に

政党と陸軍の対立を避けるため総辞職

1912
第3次桂内閣

特徴
陸軍を納得させるため閥族を中心とした内閣を組閣

世論が激しく批判し、第1次護憲運動へと発展。
大正政変で総辞職（▶P80）

豆知識　桂と西園寺は、政治家としての立ち位置は真逆だが、プライベートでは仲がよく、妾を連れ立って食事によく行っていたという。

経済

◀P84　P22▶

日清・日露戦争がもたらした日本の産業革命とは？

資本主義が形成されていく

1880年代、日本経済は松方正義大蔵卿の緊縮財政により深刻な不況に陥った（松方デフレ）。だが、日本銀行の設立により貨幣制度が確立すると、物価は安定し輸出も増えて経済は上向いた。好況を背景に鉄道・紡績《ぼうせき》分野で起業が活発化し、機械工業を基盤とする**産業革命**が始まる。

日清戦争後、政府は**貨幣法**（1897／明治30）を制定し、清国から得た賠償金の一部を準備金として、欧米と同じ**金本位制**を導入し、貿易の活性化を図った。鉄道や紡績などで再び企業の勃興が起こり、繊維産業を中心として**資本主義**が確立していく。

産業革命の先頭を切ったのが**紡績業**である。**渋沢栄一**らが設立した大阪紡績会社は、輸入紡績機械・蒸気機関を使った大規模経営に成功し、従来の手紡や人力・水力による綿糸生産を圧倒。綿糸の輸出は急増し19世紀末には輸入を超えた。

日露戦争後に重工業が発展

綿織物業も外国製の大型力織機の導入により活発化し、朝鮮・満洲市場へ進出した。農村でも**豊《とよ》田《だ》佐吉《さきち》**が製作した小型の力織機による小工場生産が活発化し、綿布の輸出が急増。製糸業でも手動の座繰製糸から器械製糸への転換が図られ、20世紀初頭には世界最大の生糸輸出国となった。

重工業では鉱山の機械化が進み、大量の石炭や銅が生産・輸出された。官営の**八幡製鉄所《やはたせいてつじょ》**が設立され、ドイツの技術を導入し、重工業の基礎となる**鉄鋼の国産化**も開始。日露戦争後には造船や工作機械などの分野で世界水準の技術を達成する。

こうして日本の産業は、外国の技術を取り入れて急速に工業化を遂げたが、劣悪な労働環境や環境破壊など負の側面も生まれた。綿織物の原料の綿花や重工業資材の輸入が増えたため貿易赤字も拡大し、深刻な不況に悩まされることとなる。

POINT!

日清・日露戦争を経て産業革命が起こり、製鉄など重工業が日本の主要産業となった。

用語　金本位制

銀行が発行する紙幣の価値を金で測る制度のこと。日本は銀で価値を測る銀本位制を取っていたが、先進国のスタンダードは金本位制だった。日清戦争の賠償金はイギリス金貨で支払われたため、これを元手に金0.75g ＝1円とする金本位制を確立させた。

＼この時代／

令和	平成	昭和	大正	明治	江戸
	2000	1950		1900	

八幡製鉄所

1899年（明治32）に竣工した官営製鉄所。鉄の需要は日露戦争で急増し、鉄鋼業は日本経済を支える一大産業となった。

産業革命を起こした工場・鉄道

日清戦争後、工業の機械化により産業革命が勃発。日露戦争後は重工業も発達し、鉄鋼業や造船・工作機械技術などが発展した。

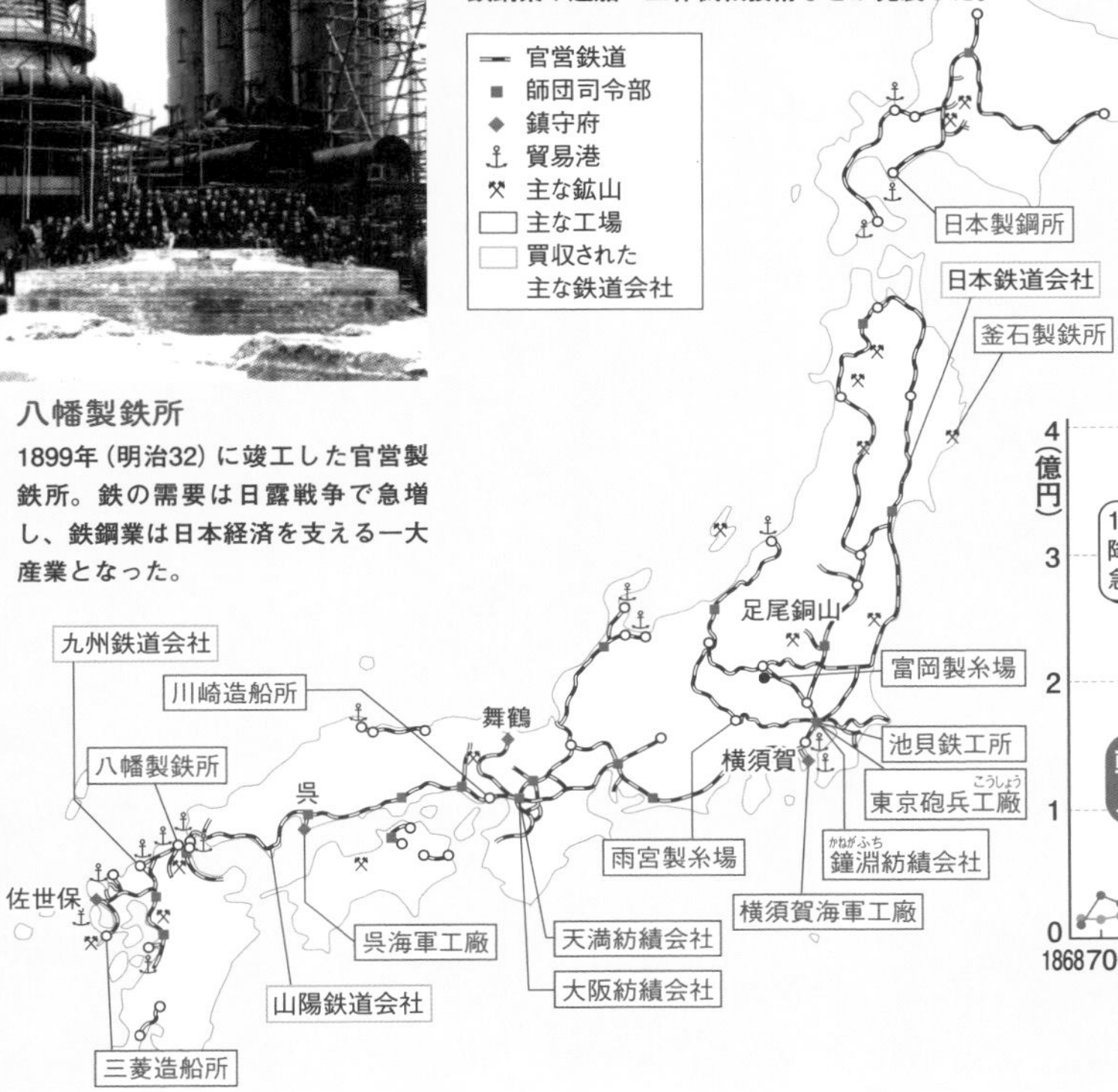

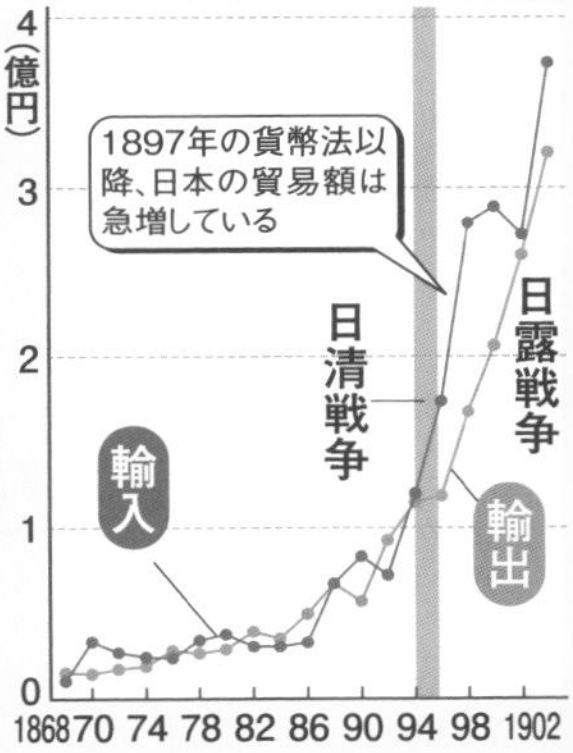

日本人の食生活が変わった明治時代

明治の世は日本人の食生活も変化した。幕末の牛鍋屋を機に肉食の習慣が広まり、西洋料理店が次々と開業。明治後半にはメニューがさらに豊富になり、都市部の飲食店ではオムレツやビフテキなどが出された。1899年には、銀座に初のビヤホールが開業して人気を博した。アメリカから入ったリンゴが青森で栽培されるようになり、台湾からのバナナ・パイナップルの輸入も始まる。都会では白米が主流となるが、農村では麦入り飯が一般的で、地域間の格差は大きかった。

日本初の生ビール販売店、恵比寿ビヤホール。

サッポロビール株式会社蔵

豆知識 東京砲兵工廠は水戸徳川家の上屋敷跡につくられたが1935年に福岡県小倉市に移転。跡地には後楽園球場が整備され、現在は東京ドームが立っている。

産業革命が生んだ負の一面 社会問題と労働運動とは？

POINT!
労働問題が顕在化し労働運動や社会運動が活発化するも、明治政府に制限される。

労働環境の改善を求めた労働組合

資本主義の確立は、様々な社会問題も引き起こした。企業の勃興に伴い、**工場労働者が急増**し、19世紀末には38万人を超えた。繊維業では女性が、重工業や鉱山では男性が多かったが、いずれも、欧米に比べてはるかに安い賃金で長時間労働を強いられ、休日は月2回程度、1日16時間以上の労働も珍しくなかった。生活・衛生環境も劣悪で、寄宿舎暮らしで肺結核にかかる女性も多く、炭鉱夫が虐待を受けることもあった。

産業革命が始まると、労働者たちは労働条件の改善を求めて**ストライキ**を行うようになる。1897年（明治30）には、**高野《たかの》房太郎《ふさたろう》・片山潜《かたやません》**がアメリカの労働運動を模範として**労働組合《ろうどうくみあい》期成会《きせいかい》**を結成。同会の呼びかけにより、鉄工組合を皮切りに次々と労働組合が結成され、各地で待遇改善を求める**労働争議**が起こった。

社会問題となった足尾鉱毒事件

重工業の発達は環境破壊ももたらした。中でも被害が大きかったのが**足尾《あしお》鉱毒《こうどく》事件《じけん》**である。栃木県の足尾銅山は全国の銅生産量の40％を占める優良銅山であったが、銅の精錬によって出る鉱毒が渡良瀬川《わたらせがわ》に大量に流れ込み、農業・漁業に大きな被害を与えた。栃木県選出の衆議院議員・田中正造《たなかしょうぞう》は議会で訴えたが操業停止を認められず、大きな社会問題となった。

社会運動の高まりに対し、政府は**治安警察法《ちあんけいさつほう》**を公布して労働者の団結権やストライキを制限した。一方、労働条件改善の必要性は認め、労働者保護のための**工場法**を制定したが、資本家の反対により内容は不十分なものとなった。労働争議の増加に伴い、社会主義者と警察が衝突して多数の検挙者を出す**赤旗《あかはた》事件《じけん》**が起こるなど社会主義運動が激化し、政府の弾圧も激しさを増していった。

人物 **田中正造**（1841〔天保12〕～1913〔大正2〕）
栃木県議会議長。第1回衆議院議員に選出されると、国会で足尾銅山の公害について演説を行った。1901年には明治天皇の乗る馬車に向かって直訴しようとするが失敗。志半ばで病死した。

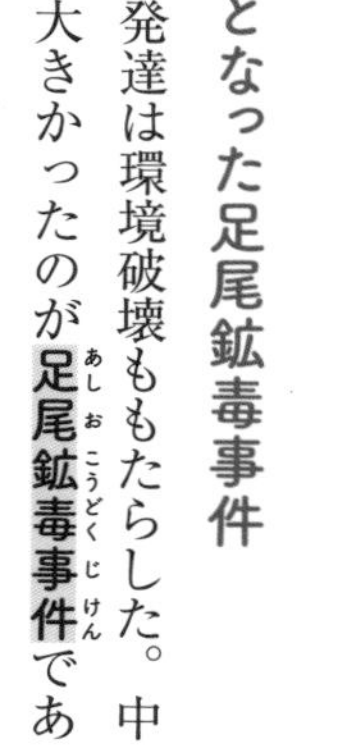

＼この時代／
令和 平成 昭和 大正 明治 江戸
2000 1950 1900

労働運動や社会運動の高まり

日本の工業化が進む中で、社会問題も明らかになり、労働運動や社会運動が起こるようになった。

富岡製糸場の工女

富岡製糸場で働く女性たち。富岡製糸場は民営に払い下げられてから労働時間の長期化が問題となった。

富岡市提供

明治後期

背景　社会問題の顕在化

・低賃金・長時間労働・虐待などを理由にストライキが起こる
・足尾鉱毒事件などの公害が問題視

↓

1897年　高野房太郎・片山潜が労働組合期成会を結成

片山は社会主義運動にも参加

1900年　治安警察法公布
労働運動・社会運動を取り締まる法律。労働組合期成会も消滅にいたる

↓ 影響

労働運動衰退

1901年　社会民主党結成
片山や幸徳秋水が結成した日本初の社会主義政党

影響 → 1904年　結成禁止

1906年　日本社会党結成
憲法の許す範囲内で社会主義の実現を目指すが、翌年には結成禁止を命じられる

1908年　赤旗事件
路上で赤旗を振った社会主義者が逮捕された
1910年　大逆事件
明治天皇暗殺を計画したとして、幸徳秋水ら社会主義者が死刑に処された事件

赤旗事件・大逆事件で社会運動は冬の時代へ (▶P93)

COLUMN

社会主義者が弾圧された「大逆事件」とは？

日清戦争後、日本では人権意識の向上から労働運動が活発化し、その指導理論として社会主義思想が広まっていく。社会主義者の活動は次第に過激化し、1910年(明治43)、爆弾による天皇暗殺計画が発覚。第2次桂内閣は数百人の社会主義者・無政府主義者を検挙した。このうち26人が大逆罪で起訴され、幸徳秋水ら12人が処刑されたが、多くは天皇暗殺計画とは無関係であったという(大逆事件)。これを機に、警視庁に反政府的思想を取り締まる特別高等課(特高)が置かれ、社会主義運動は冬の時代を迎える。

幸徳秋水ら社会民主党の発起人たち。　法政大学大原社会問題研究所蔵

その時世界は？　［1911年］中国で辛亥革命が起こる。翌年、中華民国成立

◀P76　P32▶

夏目漱石や正岡子規らが導いた近代文学はどのように発展した？

POINT!

明治時代は文学も西洋の影響を受けて発展。森鷗外や夏目漱石らの文豪が登場した。

近代文学理論を示した『小説神髄』

文学の分野では、西洋の思想・文化が浸透するにつれ、人間の内面や社会の現実に迫る作品が登場する。そのきっかけとなったのが、**坪内逍遥**《つぼうちしょうよう》の評論**『小説神髄』**《しょうせつしんずい》である。文学は政治・道徳に左右されず、人間の内面や世相をありのままに描くべきであるという**写実主義**を唱え、近代文学理論を方向づけた。これを受け、二葉亭四迷《ふたばていしめい》は『浮雲』で人間の苦悩を言文一致体で描写。『金色夜叉』《こんじきやしゃ》を書いた尾崎紅葉《おざきこうよう》らの**硯友社**《けんゆうしゃ》は、写実主義の小説を盛んに発表し、大衆の支持を得た。

続いて流行したのが西欧思想の影響を受け、人間の感情や個性を重視する**ロマン主義**で、革新的な作品が登場した。島崎藤村《しまざきとうそん》らロマン主義の作家は、雑誌『文学界』を拠点に文芸の自立を主張した。ドイツ帰りの**森鷗外**《もりおうがい》は『舞姫』《まいひめ》など、抒情性あふれる作品で清風を吹き込んだ。

自然主義への反動の中、夏目漱石が登場

日露戦争後は、社会の暗い現実を表現する**自然主義**が流行する。島崎藤村の『破戒』《はかい》、**田山花袋**《たやまかたい》の『蒲団』《ふとん》などの小説の他、**石川啄木**《いしかわたくぼく》は歌集『一握の砂』《いちあく》で現実社会への批判を込めた歌をつづった。

明治末には自然主義への反動から、官能美を追求する**耽美派**や個性や自我を尊重する**白樺派**《しらかば》が登場。**夏目漱石**《なつめそうせき》は『吾輩は猫である』などで知識人の精神を理知的に描き、晩年は則天去私の東洋的な悟りの境地を目指す深遠な作品を残した。

俳句では、**正岡子規**《まさおかしき》が俳誌『ホトトギス』を刊行し俳壇の主流を構築。和歌では**与謝野鉄幹**《よさのてっかん》が雑誌『明星』を刊行。鉄幹の妻・**晶子**《あきこ》は情熱的な歌集『みだれ髪』で一世を風靡した。他にも小説『たけくらべ』を書いた**樋口一葉**《ひぐちいちよう》など、女性文学者も活躍した。

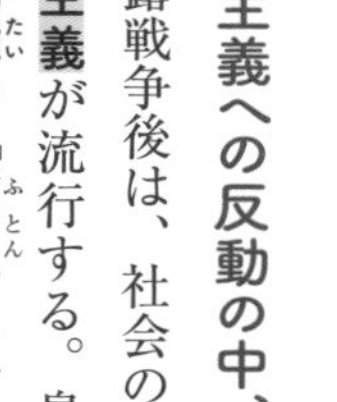

人物　正岡子規（1867〔慶応3〕～1902〔明治35〕）

愛媛県松山市生まれ。大学中退後は新聞記者となり、俳句革新運動を行う。日清戦争の従軍記者となるが、帰国の途中で喀血。口の中が赤いホトトギスになぞらえ「子規（ホトトギス）」を俳号とした。

＼この時代／

令和　平成　昭和　大正　明治　江戸

2000　1950　1900

明治時代の文学の系統

西洋文化の影響を受けて、明治時代には様々な文学の系統が生まれた。

写実主義

社会や人間心理をありのままに写そうとする
・坪内逍遥『小説神髄』
・二葉亭四迷『浮雲』

→ 発展 → **擬古典主義**　／　↓ 発展 → **自然主義**

擬古典主義（← 影響　江戸時代の文学）

写実主義をとりつつも、伝統的な古典文学を尊重。硯友社に代表される
・尾崎紅葉『金色夜叉』
・幸田露伴『五重塔』

自然主義

人間や社会を客観的に描こうとする。私小説のルーツとなる
・島崎藤村『破戒』
・田山花袋『蒲団』

ロマン主義

合理主義を批判し、個性や感情を尊重。雑誌『文学界』に代表される
・森鷗外『舞姫』
・樋口一葉『たけくらべ』

森鷗外
（1862［文久2］～1922［大正11］）

反自然主義（→ 批判 → 自然主義）

自然主義を批判し、創造性を重視。夏目漱石や森鷗外が先駆者となる。その後、人道主義を求めた白樺派や官能美を求める耽美派が生まれた

白樺派
・武者小路実篤『友情』
・志賀直哉『城の崎にて』

耽美派
・谷崎潤一郎『痴人の愛』
・永井荷風『あめりか物語』

夏目漱石
（1867［慶応3］～1916［大正5］）

KEYPERSON

オッペケペー節で一世を風靡した

川上音二郎（1864〔文久4〕～1911〔明治44〕）

川上音二郎はオッペケペー節という風刺歌で一世を風靡した俳優・興行師である。民権思想を大衆に広める壮士芝居に刺激を受けて旗揚げし、探偵劇や戦争劇で当たりをとった。特に劇の幕間に披露したオッペケペー節は「権利・幸福嫌いな人に自由湯（党）をば飲ませたい」など、巧みな言葉と風刺で人気を博した。２度にわたる欧米巡業では彼の妻も舞台に立ち、日本初の女優・マダム貞奴として人気を博した。帰国後はシェイクスピアにも挑戦。女優の養成や帝国座の創設などを行い、大衆演劇である新派劇の基礎を築いた。

川上音二郎とその妻・貞奴の絵葉書。　個人蔵

豆知識　正岡子規と夏目漱石は東京大学予備門時代からの親友同士。漱石が子規の地元松山で教鞭をとった際には、52日間も共同生活を送ったという。

西洋画と日本画が切磋琢磨し発展を遂げた明治時代の画壇

明治時代の美術

明治時代には「西洋画」「日本画」が確立し、多様な作品が生まれた。

西洋画

黒田清輝「湖畔」
清輝が妻をモデルに描いた作品。西洋の画派・印象派のように明るく、湖面を青や黄など複数の色を重ね合わせて表現している。
東京国立博物館蔵／ColBase

日本画

橋本雅邦「龍虎図屏風」のうち「龍図」
吹き荒れる嵐の中で顔を出した龍を描く。主題は日本の伝統的なものだが、波や雲のダイナミックな画風は新しさを感じさせる。　静嘉堂文庫美術館蔵／DNPartcom

西洋画の確立と日本画の再発見

明治初頭、西洋画は写実的技巧を駆使した**高橋由一**《たかはしゆいち》により開拓される。政府もヨーロッパの芸術家を招いて工部美術学校を設置し、西洋美術の移入を図った。一方、フランスで学んだ**黒田清輝**《くろだせいき》は白馬会《はくばかい》を結成。印象派の影響を受けた明るい色調から外光派と呼ばれ、画壇の主流をなした。

一方で、西洋画の流行により、日本の伝統的な絵画技法は一時衰微。しかし、日本古来の美術を高く評価したアメリカ人研究家フェノロサ（▼P43）と弟子の岡倉天心の勧めにより、政府は日本美術を教授する**東京美術学校**を設立する。西洋画との対比から、**「日本画」**という言葉が生まれた。

POINT!
西洋画が発展する一方で、伝統的な「日本画」が確立し、相互に影響を与えた。

＼この時代／
令和｜平成｜昭和｜大正｜明治｜江戸
2000　1950　1900

浮世絵

小林清親「両国花火之図」
明治時代を代表する浮世絵師。花火の逆光で影になっている人々の描写などから、西洋画からの影響がうかがえる。
東京都立中央図書館特別文庫室蔵

高村光雲「老猿」
大鷲との格闘を終えた猿をかたどったもの。飛び立つ大鷲を睨む目線、迫力ある牙、手に握る鷲の羽など、高い写実性が評価された。
東京国立博物館蔵／ColBase

彫刻

横山大観「無我」
大観は東京美術学校の１期生で、岡倉天心や橋本雅邦に学んだ。代表作「無我」は無の境地の擬人化を志した、これまでに例のない作品とされる。
東京国立博物館蔵／ColBase

浮世絵や彫刻も西洋文化が影響

その後、東京美術学校の設立に関わった**狩野芳崖**《かのうほうがい》や**橋本雅邦**《はしもとがほう》により「新日本画」が生まれる。日本画の伝統的な技法に、西洋画の技法が取り入れられたものである。

また、浮世絵にも西洋の技法が取り入れられ、月岡芳年《つきおかよしとし》や小林清親《こばやしきよちか》のように西洋流のデッサンや光彩を取り入れた絵師もいた。

彫刻においても、欧米で学んだ**荻原**《おぎわら》**守衛**《もりえ》らの西洋風彫塑と、**高村光雲**《たかむらこううん》の伝統的な木彫が切磋琢磨した。

このように、西洋美術と日本の伝統美術は競い合うように発展したが、やがて西洋画・日本画・彫刻の3部門からなる**文部省美術展覧会**〈1907／明治40〉が設立され共栄が図られる。西洋美術の流入は、新たな表現技法の獲得とともに、日本美術の価値を再認識し、磨きをかける契機にもなったのである。

豆知識 高村光雲は仏像づくりで学んだ技法に西洋の写実性を組み合わせたことで大成し、「老猿」はシカゴ万国博覧会に出展され賞を受賞した。息子・光太郎は詩人として知られる。

第3章 デモクラシーへの期待

大正

1912年～1926年

時代	年	出来事
大正	1912	明治天皇が崩御。大正天皇が即位、大正に改元される ⬇P90
		美濃部達吉が「天皇機関説」を主張 ⬇P92
		桂内閣が発足 ⬇P80
	1913	第1次護憲運動が起き、桂内閣が退陣（大正政変）⬇P80
	1914	シーメンス事件が起こる ⬇P80
		二科会が結成される ⬇P100
		第一次世界大戦に参戦 ⬇P82
	1915	袁世凱政府に二十一カ条の要求を行う ⬇P82
	1916	吉野作造が「民本主義」を主張 ⬇P92
	1917	石井・ランシング協定締結
	1918	シベリア出兵を行う ⬇P82
		米騒動が全国に広がる ⬇P84
		原敬内閣が発足 ⬇P80
	1919	日本統治下の朝鮮において三・一独立運動が起こる
		ヴェルサイユ条約に調印 ⬇P87

内政	民主主義的な風潮（大正デモクラシー）が高まると、藩閥勢力の内閣を辞職させる大正政変が起こった。政治の主導権は政党を中心とするかたちへ変化し、日本初となる本格的な政党内閣（原内閣）が誕生。普通選挙法の成立も実現した。
国際外交	日英同盟を理由に第一次世界大戦に参戦した日本だが、そこには中国におけるドイツの利権獲得を狙う思惑もあった。戦後は、悲惨な戦争の再発防止のために列強間の協調が目指され、協調外交と軍縮の時代が訪れた。
経済	第一次世界大戦による軍需の急増をきっかけに、それまでの慢性的な不況と財政難から脱した日本は大戦景気ブームに沸いた。一方で、輸出の激増によって大衆は物価の高騰に苦しみ、米騒動が全国に広がった。
社会生活	民衆の政治参加を求める運動が発展。このような大正デモクラシーの風潮は、社会的地位の低かった女性たちに大きな影響を与え、女性解放運動を促した。また大衆文化が花開き、生活は次第に近代・洋風的なものへと変化した。
文化	欧米の文学や思想をもとに、人文・社会科学、自然科学の分野において新しい学問や芸術が誕生した。文学では、欲望や現実の厳しさなどを描く自然主義に代わり、個性や感情を描くロマン主義の作品が人気を博した。

大正	
1920	国際連盟の設立↓P86
	新婦人協会が結成される↓P94
1921	裕仁皇太子（昭和天皇）が欧州を歴訪する↓P91
	赤瀾会が結成される↓P95
	12月、ワシントン会議で4国条約が調印される↓P86
1922	ワシントン海軍軍縮条約に調印↓P87
	全国水平社が設立される
1923	旧帝国ホテル「ライト館」が完成↓P105
	9月、関東大震災が発生↓P102
1924	東京市営バスの誕生↓P97
	第2次護憲運動が起こる↓P88
1925	講談社『キング』創刊↓P101
	ラジオ放送が開始↓P97
	4月、治安維持法が発布↓P88
	5月、普通選挙法が発布↓P88
1926	日本放送協会（のちのNHK）設立

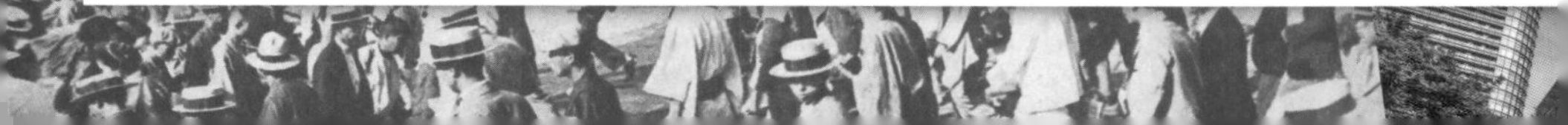

内政

◀P88　P68▶

大正政変は政党政治にどんな影響を及ぼしたのか？

政治の転換点となる大正政変

日露戦争前から続いた桂園《けいえん》時代は大正時代に入り、第3次桂太郎内閣が発足した《1912／大正1》。しかし、これには大きな反発が発生。桂は本来、組閣する立場にない内大臣《ないだいじん》兼侍従長《じじゅうちょう》の職にあったからだ。

「閥族《ばつぞく》打破・憲政擁護」のスローガンのもと、立憲政友会の尾崎行雄《おざきゆきお》や立憲国民党の犬養毅《いぬかいつよし》を中心に倒閣運動が全国に広がった（**第1次護憲運動**）。「閥族打破」とは、藩閥《はんばつ》勢力の後継者として権力を握っていた桂に対する攻撃。藩閥ではなく政党が政治を主導する政党政治の実現を目指したのだ。

一方、桂は新党を組織して倒閣を逃れようとするも、第1次護憲運動は大規模な民衆デモに発展。ついに民衆が議会を包囲したため、桂内閣は退陣した（**大正政変**）《1913／大正2》。大正政変が起きた背景には、日露戦争後、国民が政治について声を上げはじめ、**民主主義的な風潮が色濃くなっていた**ことがあった。

藩閥が弱体化して政党が躍進

桂太郎の新党計画は立憲同志会として結実し、後の二大政党による政党内閣への道を開くことに。続く第1次山本権兵衛《ごんべえ》内閣が**シーメンス事件**で倒れると、立憲同志会を与党とする第2次大隈重信《おおくましげのぶ》内閣、寺内正毅《まさたけ》内閣が続き、ついに**初の本格的な政党内閣である原敬《はらたかし》内閣が発足**した《1918／大正7》。藩閥でも華族でもない原は**「平民宰相《へいみんさいしょう》」**と呼ばれ、国民から歓迎された。

初の本格的政党内閣発足まで明治政府の意思決定を担った薩摩・長州藩出身者による藩閥も消滅し、強大な権力を持った伊藤博文ら元老も次々に消えていった。藩閥や元老の弱まりとともに、政党以外に政治を運用することはできなくなったのだ。

ところが衆議院に議席を有する初の総理大臣である原は、就任3年後に暗殺される。**原の政友会内閣の党利党略に憤激した青年による犯行**だった。

POINT!

大正政変により桂内閣は退陣。藩閥の影響が薄い本格的な政党内閣である原内閣が発足。

人物　**原敬**（1856〔安政3〕～1921〔大正10〕）

南部藩（岩手県）出身。9歳で父を亡くし、12歳で戊辰戦争敗戦を経験。新聞記者を経て官僚として政界に入ると、外務次官時代には陸奥宗光の右腕として不平等条約改正に向け尽力する。爵位を持たない初の総理のため、「平民宰相」のあだ名で親しまれた。

この時代

令和	平成	昭和	大正	明治	江戸

2000　1950　1900

大正政変から原敬内閣へ

桂は藩閥勢力の後継者として批判を浴び、退陣を求める第1次護憲運動が勃発。その6年後に藩閥・華族と無関係の原敬によって内閣が組織されると、「平民宰相」として国民から支持を得た。

桂太郎

桂園時代

密約により、お互いに交代で政権を握る
1901［明治34］～1913［大正2］の約10年間、桂太郎と西園寺公望が政権を交互に担当。

西園寺公望

↓

大正政変が起こる

1912［大正1］12月、第３次桂太郎内閣が組閣
内大臣の立場でありながら首相となる桂に対し、反対運動（第１次護憲運動）が起きる。桂内閣は退陣に追い込まれる（大正政変）。

犬養毅（左）と尾崎行雄（右）
2人を中心とした野党勢力、ジャーナリストに商工業者や都市民衆が加わった。

桂太郎
立憲政友会・立憲国民党の反発に新党（桂の死後に立憲同志会へ）を組織し対抗

VS

尾崎行雄・犬養毅
立憲政友会の尾崎、立憲国民党の犬養が憲政擁護会を組織

↓

原敬内閣が成立

桂太郎退陣後も元老が指名した内閣が続くが、政治参加を求める民衆運動を受けて原敬内閣が成立。

特色
- 初の本格的政党内閣として発足
- 華族・藩閥と無関係の「平民宰相」
- 大戦景気を背景とした積極政策

原敬首相
原は1921年11月4日、東京駅の乗車口で刺殺された。

↓

就任から3年後、原敬は暗殺される

COLUMN

閥族《ばつぞく》打破に一役買ったシーメンス事件

第３次桂内閣の後を継いだのは、薩摩藩出身の海軍大将である山本権兵衛。山本内閣は立憲政友会を与党とするものの、打倒すべき「閥族」によって組織されたのだ。当然のごとく社会には不満の声が渦巻いた。さらに追い打ちをかけるように、外国製の軍艦や兵器の輸入をめぐる海軍高官の一大汚職事件（シーメンス事件）が発覚。山本首相のお膝元である海軍で度重なる汚職が行われていたことで、民衆の抗議行動は再燃。山本内閣は退陣に追い込まれた。シーメンス事件は「閥族」に決定的なダメージを与えることとなった。

東京大学法学部附属明治新聞雑誌文庫蔵

シーメンス事件の風刺画
山本の乗る内閣丸が座礁した様子を表現。

その時世界は？　［1912年］タイタニック号沈没事故が起こる

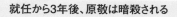

国際・外交

◀P86　P64▶

日本が第一次世界大戦に参戦した本当の理由とは？

POINT!

日英同盟を理由に、中国におけるドイツの利権獲得を狙って第一次世界大戦に参戦。

日本が参戦した本当の理由

日露戦争に勝利して帝国主義を強めた日本。日本を取り巻く国際環境も大きく変化し、ヨーロッパ大陸ではドイツ・オーストリア・イタリアの**三国同盟**と、イギリス・フランス・ロシアの**三国協商**が対立を深めた。そして大正時代の初め、オーストリア皇太子がセルビア青年に殺害されたことをきっかけに、第一次世界大戦は勃発した。

イギリスがドイツに宣戦布告すると、日本も同じくドイツに宣戦布告。日本はイギリスと同盟を結んでいたため、**日英同盟を理由として参戦した**のだ。しかしじつは、日本に参戦の義務はなかった。それでも参戦を決めたのは、中国における勢力拡大を狙っていた日本にとって、第一次大戦は大きなチャンスだったからだ。ヨーロッパ諸国が戦争に気をとられている隙に、**中国に進出してドイツの利権を奪おうという目的があった**のだ。

ドイツ権益の奪取に成功

日本は中国や太平洋のドイツ領を攻撃すると、中国の山東省《さんとうしょう》青島《チンタオ》や、南洋諸島の一部を占領。参戦を主導した加藤高明《たかあき》外務大臣は、北京の袁世凱《えんせいがい》政府に対し**二十一カ条の要求**〈1915／大正4〉を行い、山東省の利権など**ドイツ権益の日本への継承を承認させた**。

戦争が長期化すると国民の不満が爆発したロシアで革命が起こり、世界で初めての**社会主義国家（のちのソヴィエト社会主義共和国連邦）が誕生**。社会主義を危険視した列国は、革命を収めるためシベリア地方に軍隊を派遣した。日本も派兵を行い（**シベリア出兵**〈1918／大正7〉）、大戦終了後も駐兵を続けた。

アメリカの参戦で第一次大戦は協商国側の勝利に終わった。しかし国力を総動員した総力戦で各国は疲弊し、その反省から戦後、**国際協調**が行われた。そして、第一次大戦を利用した日本の進出はアメリカの警戒を呼ぶことになるのだった。

用語　**帝国主義**

19世紀末から第一次世界大戦の時代、欧米列強が世界で植民地を獲得し勢力圏拡大を目指した政策を指す。独占資本主義に入った列強各国が、原料供給地・製品の市場に加え余剰資本の投下先としても植民地を求めたため、世界分割の流れが激化した。

＼この時代／

令和	平成	昭和	大正	明治	江戸

2000　1950　1900

第一次世界大戦への参戦理由とその結果

日英同盟協約と日露協約を結んだ関係上、日本は三国協商の側に立つことに。イギリスがドイツに宣戦布告したことを受け、日英同盟を理由に参戦を決めた。

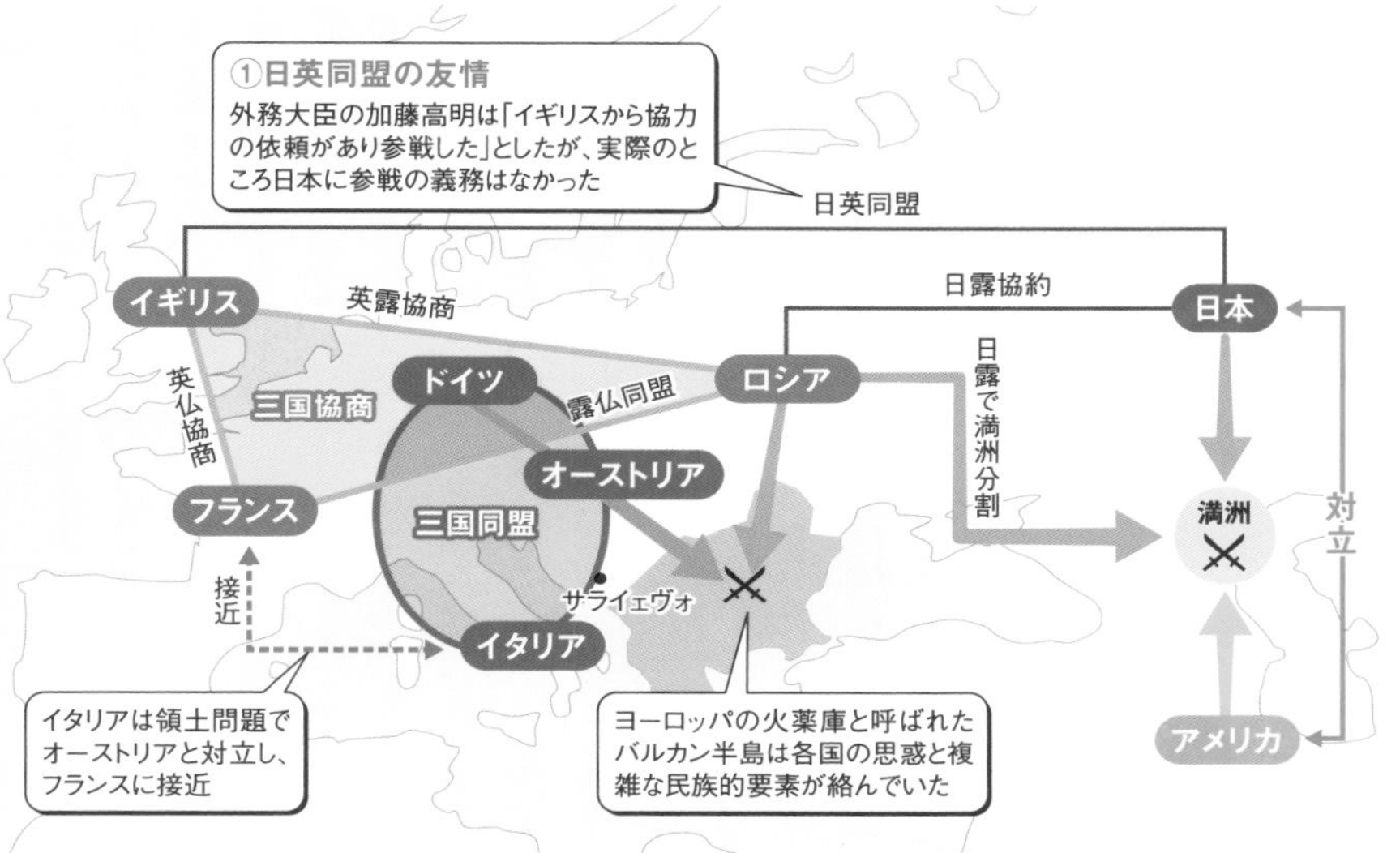

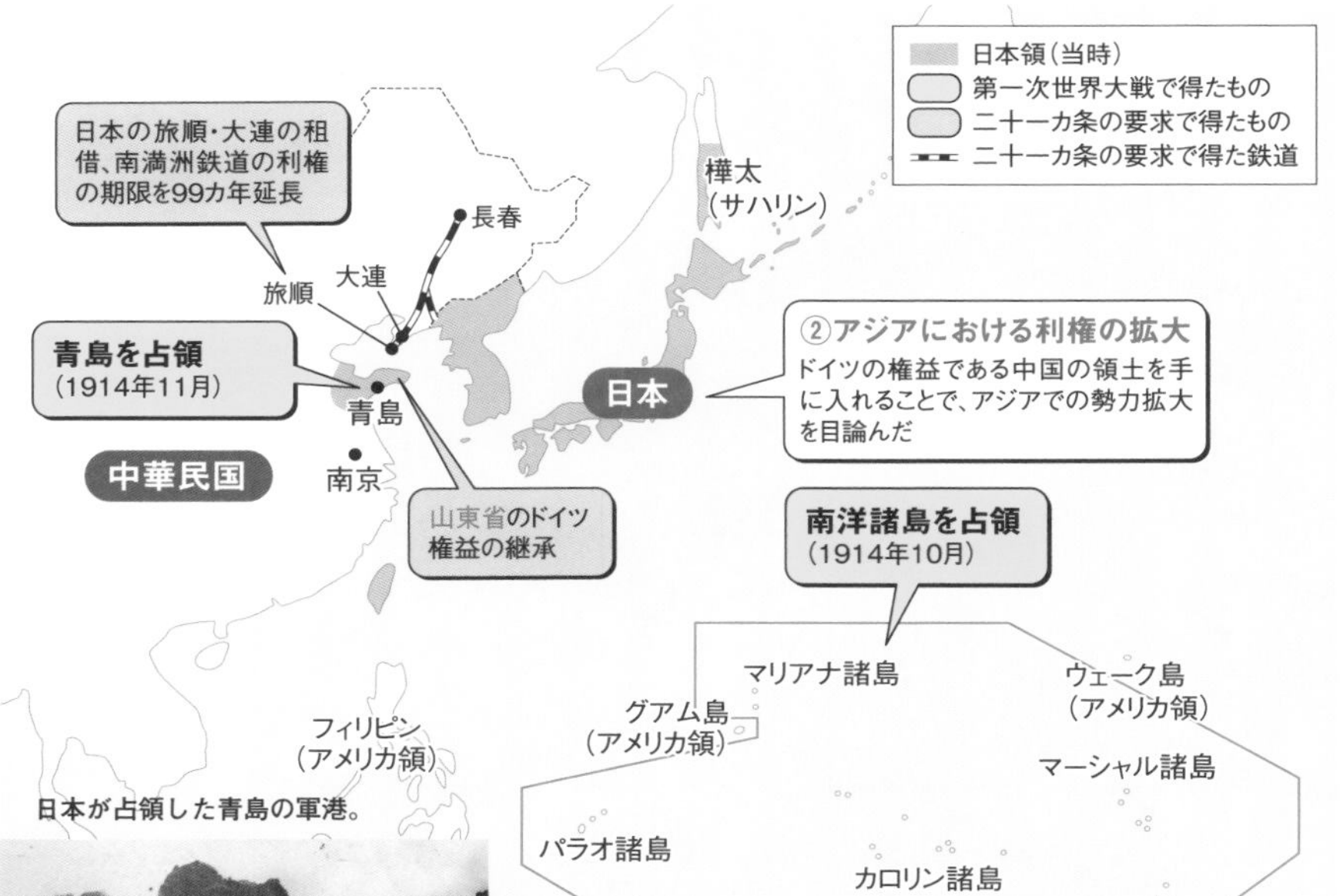

日本が占領した青島の軍港。

豆知識 ドイツ人捕虜として日本の収容所に連行されたローマイヤーによって日本にハムがもたらされた。

◀P110　P70▶

世界大戦後の輸出高により日本に空前の好況が訪れた？

未曽有の大戦景気の到来

明治末期から大正時代の初め、日露戦争時の膨大な借金が重くのしかかったことで、**日本は慢性的な不況と財政危機に悩まされていた**。この不況と財政難を一挙に吹き飛ばすきっかけとなったのが、**第一次世界大戦**だった。

第一次大戦の戦場となったのはヨーロッパ。戦場から遠く離れた日本は、ヨーロッパ列強が戦争で手一杯な隙に中国市場をほぼ独占。さらに戦争でヨーロッパからの輸出がストップすると、全世界に日本の商品を売り込んだ。貿易は大幅な輸出超過となり、鈴木商店などの**多くの商社が成長**した。

軍需が急増し、中でも大戦景気ブームに酔いしれたのが海運業や造船業だ。民間の船舶が軍用として徴発されたため、世界的に船舶不足になっていたことが一因である。海運業や造船業は空前の好況となって**船成金**が続々と生まれた。

物価の高騰に苦しんだ庶民

鉄鋼業や化学工業、繊維産業も勃興し、ついに工業（工場）生産額は農業生産額を追い越した。しかし、空前の好況は成金を生み出す一方で、多くの民衆は物価の高騰に苦しんだ。第一次大戦が長引いて米価が高騰すると、各地で米商人や精米会社が民衆に襲撃される**米騒動**〈1918／大正7〉が起こるまでになった。

こうした**大戦景気の底は浅く、長くは続かなかった**。第一次世界大戦が終了してしばらくすると、日本からの輸出が落ち始めて不況に。モノが売れなくなり、第一次大戦の時に誕生した多くの商社も破綻してしまった。さらに大正末期の**関東大震災**〈1923／大正12〉が追い打ちとなって、日本経済はみるみる不況に陥り、不況の時代へと突入したのだ。

大正時代は大戦景気という未曽有の好景気を経験したものの、**全体を通してみれば低成長時代だった**といえよう。

用語　米騒動

シベリア出兵を見越した投機目当てで米の買い占めが横行し、米価が高騰。同年7月に富山県の漁民・主婦たちを中心に米の買い占め反対運動が起こると、続いて東京や大阪をはじめ、全国38市・153町・177村で約70万人が暴動を起こした。3カ月後に鎮静。

POINT!

日本は債務国から債権国に転じるほどの好景気となったが、その底は浅いものだった。

＼この時代／

令和	平成	昭和	大正	明治	江戸

2000　1950　1900

大戦景気による工業国化とその終わり

大戦景気による貿易額の推移

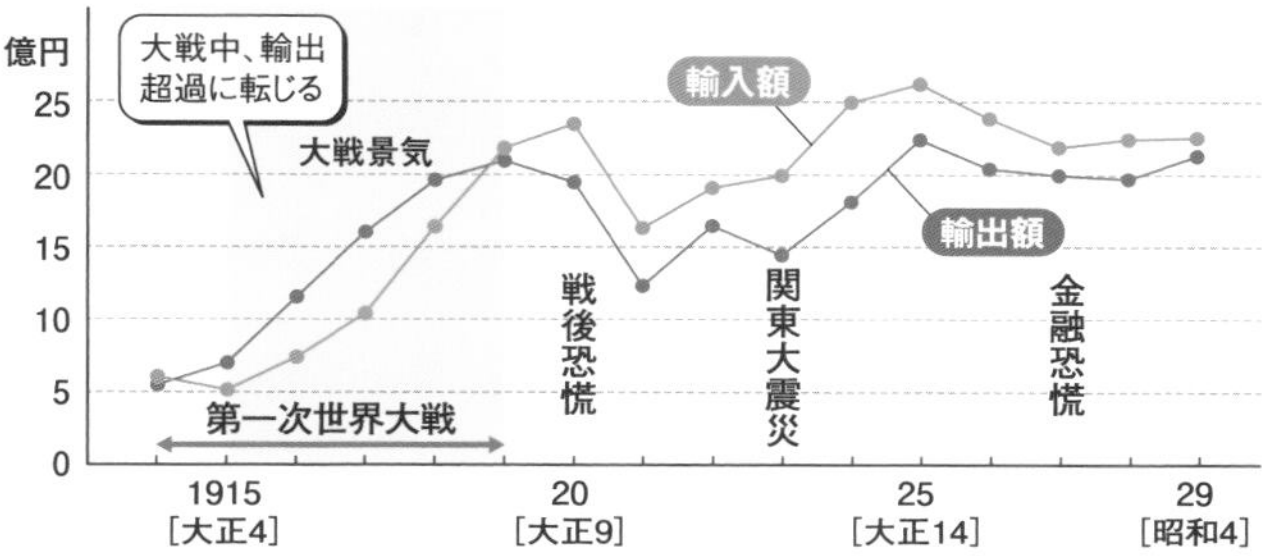

1920年ごろには27億円以上の債権国として成長したが、ヨーロッパ諸国の復興や原材料の輸入増加に伴い、輸出が減少し輸入超過となった。

（『現代日本史資料（上）』東京法令出版より作成）

米騒動の被害

米価の高騰に苦しむ民衆によって、米商などが焼き討ちにあった。写真は襲撃を受け全焼した精米会社。

産業構造の変化

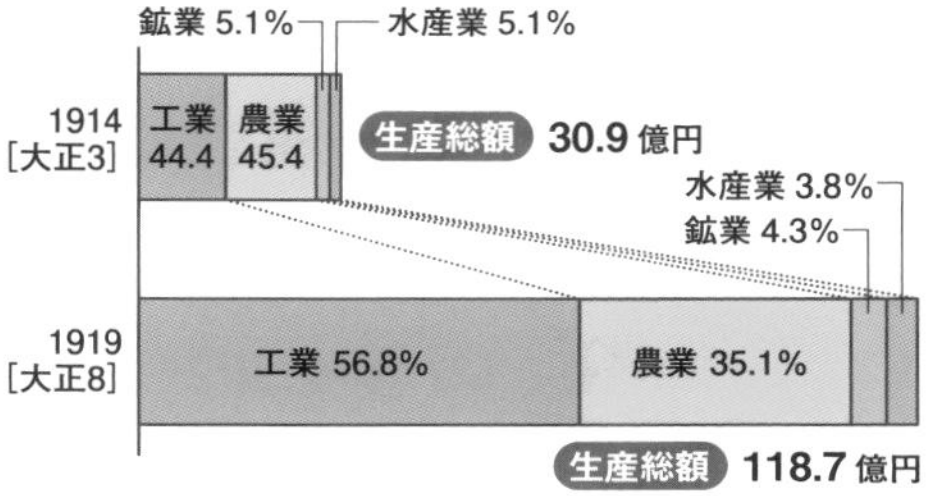

（『日本資本主義発達史年表』より作成）

1914年から1919年までに日本の生産総額は約4倍も成長。工業労働者数は大戦前に比べ1.5倍も増えて150万人に到達し、工業生産額が農業生産額を追い越した。

COLUMN

「成金」たちが残した伝説級のエピソード

第一次大戦で生まれた成金たちは、様々な伝説を残していった。なかでも有名なのが船成金の内田信也だ。軍需を見込んで一隻の汽船を借りて創業したところ大当たり。当時30代の青年だった内田は大豪邸を構え、百畳敷きの大広間で連日のように大宴会を開いて世間を驚かせた。乗りあわせた列車が転覆した時には、「金はいくらでも出す。助けてくれ」と叫んだという。なんとも成金らしいエピソードだ。しかし、戦後はいち早く船舶を売却して破綻を免れた。戦後恐慌の到来をも見越した内田の先見の明は本物だったのだ。

成金を風刺した漫画

靴を探す女に、百円札を燃やして周囲を明るくしている。

和田邦坊「成金栄華時代」灸まん美術館蔵

豆知識 百円紙幣は当時の最高額紙幣であり、現在の20万円以上の価値があった。

◀P112 P82▶

大戦が終わりを迎え協調外交と軍縮の時代が訪れた

深刻な戦禍から平和を求める

4年余りにも及んだ第一次世界大戦は、休戦協定によって終わりを迎えた。新兵器を用いた戦場では、これまでとは桁違いの死傷者を出した。そのため戦争を経験した国々は、二度とこのような戦争を起こさないための知恵を絞るようになった。

休戦の翌年、**パリ講和会議**〈1919／大正8〉が開かれ、日本も五大国（英・米・仏・伊・日）の一員として参加。ドイツに厳しい制裁を科す一方、**国際連盟の設立**が決められ、民族自決の原則によってポーランドなどが新国家として独立した。しかし、民族自決の原則はアジアやアフリカの植民地には適用されなかった。日本は山東省のドイツ権益を引き継いだことから、**中国では激しい反対運動**（**五・四運動**）**が広まった**。このように東アジアの国際情勢が大きく変化していく中で、問題解決に乗り出したのがアメリカだった。

孤立化を避けて協調外交へ

アメリカは世界の強国として、第一次大戦後の国際政治の主導権を握りつつあった。そこで**東アジアの秩序を形成する目的で、ワシントン会議を開催**。海軍軍縮などが話しあわれ、主力艦の保有比率は米・英の各5に対して日本は3とされた。**大国化していく日本を危険な競争相手とみなすようになった**ため、日本を抑制する狙いがあったのだ。

一方、日本では反対の声が噴出したが、これを押し切る形で条約に調印した。要求をのみ込んだ背景には、中国が民族運動の矛先を日本に向けたことで**国際的に孤立の危機**にあったことや、国際連盟の常任理事国として**国際協調路線**に足並みを揃える必要があったからだ。当時の日米経済関係は良好だったことから協調外交は続いた。しかし**世界恐慌**が起きたことで、各国政府も国際協調路線から自国中心へと変更を余儀なくされるのだった。

POINT!

戦争再発防止のため列強間の協調が目指され、戦争の手段となる軍備も制限された。

用語　五・四運動

パリ講和会議において、旧ドイツ権益の返還が認められず、二十一カ条の要求の解消をも拒否されたことを受け、北京の大学生たちが始めた抗議運動のこと。これを受けて中国はヴェルサイユ条約の調印を拒否することとなった。

令和	平成	昭和	大正	明治	江戸
	2000	1950	★この時代	1900	

協調外交と軍縮で抑制された日本

大戦後アメリカのウィルソン大統領の提唱により、協調外交を目指して国際連盟が発足。また、ワシントン海軍軍縮条約や、ロンドン海軍軍縮条約で各国の主力艦や補助艦の保有量が決められ、特に日本に対して勢力拡大の抑制が行われた。

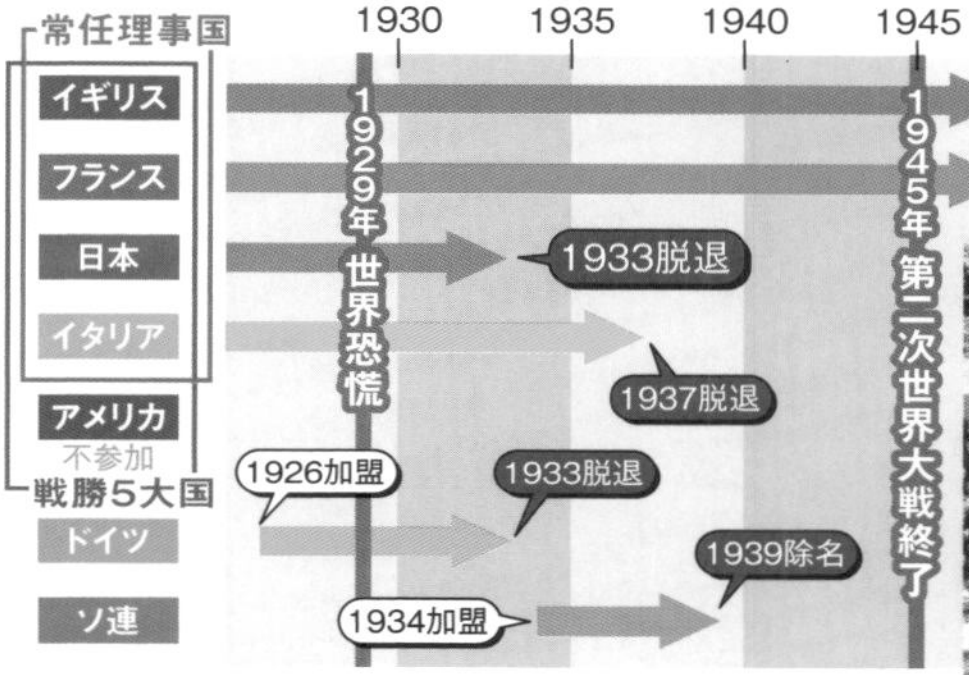

国際連盟の設立（1920年）

史上初の国際平和機構である国際連盟が誕生。提唱国アメリカは、上院の加盟否決により加盟しなかった。

ヴェルサイユ条約（1919年）

条約の調印式はヴェルサイユ宮殿の鏡の間で行われた。

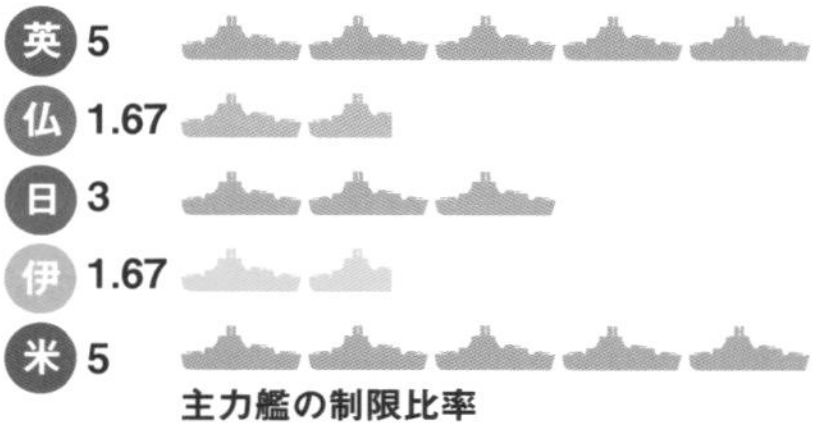

ワシントン海軍軍縮条約（1922年）

1921年から翌年まで行われたワシントン会議では、軍艦（各国の主力艦と航空母艦）の保有量が制限された。

ロンドン海軍軍縮条約（1930年）

巡洋艦（補助艦）の保有量も制限され、大型巡洋艦の割合において日本はアメリカの６割となった。

COLUMN

軍縮によって軍の立場が逆転？大戦後に起きた軍人蔑視

協調外交とそれに伴う軍縮は、軍部の急進派から強く反発を受けた。それでも軍縮の時代がやって来ると、兵力の削減が進んで軍人は失業の不安に悩まされるようになった。世間の目も厳しくなり、軍人が軍服姿で街を歩くこともはばかられる雰囲気が広がったという。日露戦争後の軍人人気の高かった頃に職業軍人を志した将校たちは、手のひらを返すような社会的地位の低下ぶりに失望しただろう。こうした失望や世間への反発が、テロやクーデタで現状を打破しようとする急進派軍人たちの行動につながったのである。

その時世界は？ ［1919年］ガンディーが非暴力不服従の抵抗運動開始

◀P108 P80▶

政党のトップが内閣を組織する「憲政の常道」はどう実現したか？

POINT!
衆議院で最多の議席を占める政党により内閣が組織される「憲政の常道」が8年間続いた。

護憲三派内閣の発足

初の本格的な政党内閣を実現した平民宰相・原敬が暗殺されると、続く立憲政友会の高橋是清《これきよ》内閣は短命に終わった。かわって海軍大将の加藤友三郎が組閣。以後、**約2年間にわたり3代の非政党内閣が続くこととなった。**

その3代目である清浦奎吾《きようらけいご》内閣は、貴族院を中心に構成された。そのため、政党を軽んじた特権階級による超然《ちょうぜん》内閣（議会の支持なしに組織される内閣）とみなされ、批判が噴出。憲政会の加藤高明、革新倶楽部の犬養毅、立憲政友会の高橋是清は**護憲三派を結成**し、世論の支持を後ろ盾に倒閣運動を起こした（**第2次護憲運動**《1924／大正13》）。その結果、清浦内閣は総辞職。第一党となった憲政会総裁の加藤が首相となり、護憲三派を与党とする護憲三派内閣が発足した。加藤は大日本帝国憲法のもと、選挙結果によって首相となった唯一の例となった。

理想とされた「憲政の常道」

護憲三派の一つ立憲政友会は、普通選挙（納税額による選挙権の制限撤廃）は時期尚早と反対の立場をとっていた。しかし、第2次護憲運動を通じて賛成派にまわり、ついに加藤内閣のもとで**男子による普通選挙法が制定**《1925／大正14》された。一方、貧困層にまで選挙権を与えることと抱き合わせで**治安維持法**を制定。反政府運動などを厳しく取り締まった。

普通選挙法の成立後、立憲政友会と立憲民政党（立憲同志会・憲政会の後身）が交互に政権を担当する政党内閣の時代を迎える。議会の多数派の政党によって内閣が組織され、立憲政友会と立憲民政党の**二大政党制**の時代となったのだ。**国民の代表による民主主義的な政治**ということで、この時期の政党政治を「**憲政の常道**」と呼んだ。しかし、五・一五事件（▼P122）で犬養毅内閣が倒れ、憲政の常道も終わりを迎えることになるのだった。

人物 **加藤高明**（1860［安政7］～1926［大正15］）
1913年に立憲同志会の総裁となる。外相を歴任し、二十一カ条の要求提出時の外相も務めた。第2次護憲運動を起こして1924年に首相となり、翌年に普通選挙法、治安維持法、日ソ基本条約を成立させた。妻は三菱財閥の岩崎弥太郎の長女。

＼この時代／
令和 | 平成 | 昭和 | 大正 | 明治 | 江戸
2000 1950 1900

普通選挙法の成立と有権者の拡大

護憲三派による内閣が組織され、普通選挙法が成立。満25歳以上の男性に衆議院議員の選挙権が与えられ、有権者は約4倍に増大した。一方、女性の参政権は戦後以降に実現。

公布年	当時の首相	有権者の資格 年齢	性別	直接国税	有権者数
1889年[明治22年]	黒田清隆《きよたか》	満25歳以上	男	15円以上	45.1万人（1.1%）
1900年[明治33年]	山県有朋《やまがたありとも》	満25歳以上	男	10円以上	98.3万人（2.2%）
1919年[大正8年]	原敬	満25歳以上	男	3円以上	307万人（5.5%）
1925年[大正14年]	加藤高明	満25歳以上	男	制限なし	1240.9万人（20.1%）
1945年[昭和20年]	幣原《しではら》喜重郎《きじゅうろう》	満20歳以上	男女	制限なし	3688万人（50.4%）
2015年[平成27年]	安倍晋三	満18歳以上	男女	制限なし	10620万人（84.8%）

（　）…全人口に対する有権者比率

※第24回参議院議員選挙（2016.7）

「選挙の心得」
普通選挙の実施前に、選挙の啓蒙や選挙違反の防止を呼びかけるために内務省が配布したチラシ。

COLUMN

社会主義運動の取り締まりが活発化

男子普通選挙法と抱き合わせで制定された治安維持法は反政府運動を弾圧する法律で、特に天皇制や私有財産制を否認するような結社を禁じた。いわゆる「アメとムチ」政策とされるが、その背景には第一次世界大戦後に全世界的に激化していた社会主義運動があった。天皇制を否定する共産主義者や無政府主義者が、普通選挙法の実施によって当選することを防ぐ目的があったのだ。しかし、政策に批判的な人を排除しようとする法律は、制定から３年後に改定。自由主義や民主主義までも取り締まる悪法として運用されていった。

口に雨戸
言論や思想の自由を弾圧する政府を風刺した漫画。
北沢楽天筆「楽天漫画集大成」さいたま市立漫画会館蔵

豆知識 高橋是清は親しみやすい人柄やふくよかな見た目から「ダルマ宰相」と呼ばれた。また、通算で7期にもわたって大蔵大臣を務めた。

天皇のイメージを変えた？ 気さくで子煩悩だった大正天皇

家族思いだった大正天皇

大正天皇は側室を持たなかった初めての天皇として有名。また、子育てにも積極的だった。

大正天皇の結婚

（1900〔明治33〕）

結婚の儀に臨む嘉仁《よしひと》皇太子（大正天皇）と九条節子（貞明《ていめい》皇后）。初の神前結婚であった。

どちらも宮内庁提供

大正天皇と皇子たち

大正天皇（右端）が迪宮《みちのみや》さま（のちの昭和天皇）の手を引く様子。左端の侍従が淳宮《あつのみや》さま（のちの秩父宮《ちちぶのみや》）の手を取っている。大正天皇は貞明皇后との間に生まれた4人の皇子たちに愛情を注いだ。

温かい家庭を築いた天皇

明治や昭和に比べ、わずか15年間だった大正時代。しかし短い期間ながら、大正デモクラシーの新たな風が吹き込み、**現代につながる変化が生じた時代**でもあった。

明治天皇が崩御し、大正天皇が即位したのは**32歳の時**。即位の12年前に結婚し、子宝に恵まれていた。大正天皇は子煩悩としても知られ、天皇になるまでの間、**子どもたちとよく遊んだ**という。皇太子時代には家族での食事が終わると居間に移り、節子《さだこ》妃のピアノにあわせ、侍従や女官を交えて全員で合唱することもあったという。天皇が**側室を持たなくなる**のは、大正天皇からである。

韓国行啓《ぎょうけい》（訪問）

皇太子時代、韓国を行啓した大正天皇。韓国皇太子の李垠（りぎん）と記念撮影をする様子。

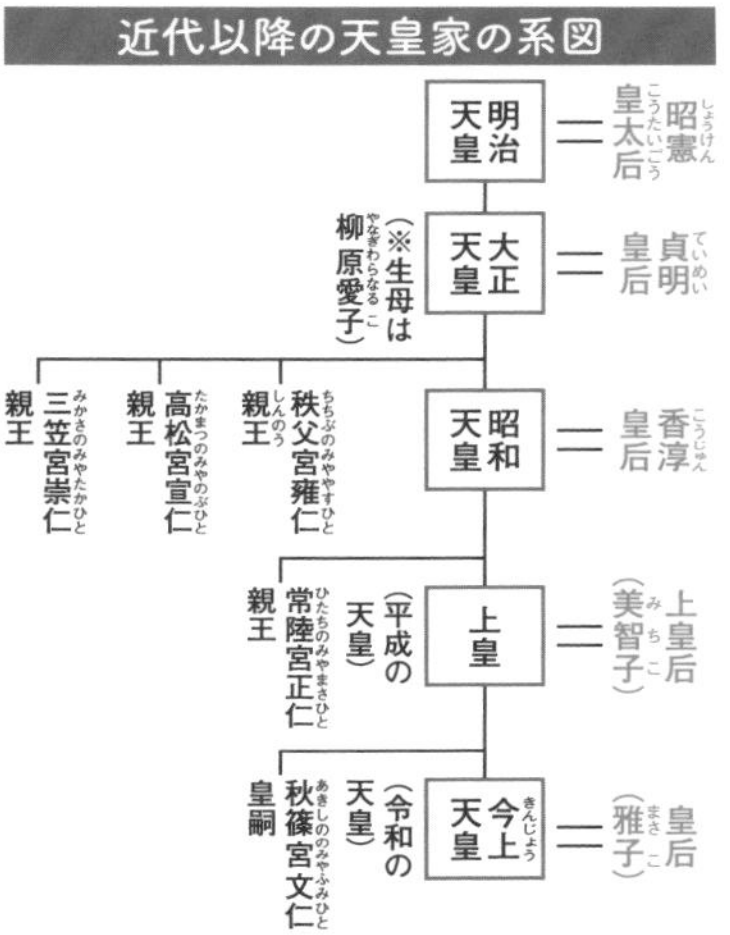

裕仁《ひろひと》皇太子（昭和天皇）の欧州歴訪とその目的

大正天皇の長男である裕仁皇太子は、1921年3月から6カ月にわたりヨーロッパ各国を歴訪した。日本の皇太子がヨーロッパを歴訪したのは初めてのことで、国内でも大きな話題となった。皇太子のうちに見聞を広めることや、第一次世界大戦以降に君主制が崩壊していたヨーロッパで海外王室と交流を深めることを目的とした。

英国に訪問する裕仁皇太子

馬車でバッキンガム宮殿に向かう裕仁皇太子と英国王ジョージ5世。（1921年）

戦後の全国巡幸を先取り

また、皇太子時代には天皇の名代として**地方巡啓**《じゅんけい》を精力的に行った。軍事施設の他、産業施設や学校なども回り、それまでほとんど知られていなかった**生身の身体を国民の前に現した**。さらに、東郷平八郎や桂太郎なども随行し、韓国にも訪問。皇太子が海外に公式訪問した最初の例となった。自由な振る舞いが関係者を慌てさせることもあったが、「現人神」であった明治天皇に対し、あくまで人間として**各地の産業や学芸を奨励する役割**を果たした。

しかし、幼時から病弱であった大正天皇は、即位後も健康がすぐれなかった。そのため長男である**裕仁**《ひろひと》**皇太子（のちの昭和天皇）**を摂政《せっしょう》に置き、大正天皇は本格的な療養生活に入った。ところが体調の回復は叶わず、その5年後、47歳で崩御したのだった。

◀P94　P72▶

大正デモクラシーを支えた民本主義と天皇機関説とは？

政治を動かした大正の民衆運動

明治時代には新聞・雑誌などのジャーナリズムが発展。政治問題などが民衆の間でも大いに論じられるようになった。大正時代には、さらに自由を求める傾向が強まり、**人々は民主主義を求めて運動を起こした**。これが大正デモクラシーである。

大正デモクラシーとは具体的に、民衆のデモで藩閥勢力の内閣を辞職させたこと（大正政変）《1913／大正2》に始まり、日本初の本格的な政党内閣の誕生を経て、普通選挙法の成立にいたるまでの**民主主義的風潮**のことを指す。その理論的支柱となったのが**吉野《よしの》作造《さくぞう》の民本主義《みんぽんしゅぎ》と、美濃部達吉《みのべたつきち》の天皇機関説《てんのうきかんせつ》**だ。

民本主義とは、天皇主権のもとで最大限、国民の権利が守られなければならないとするもの。**天皇の大権**を後ろ盾に民意に反した政治を行っている藩閥などを批判し、普通選挙と政党政治によって民衆の意思を政治に反映させるべきだと主張した。

世界的な社会運動のうねり

次に**天皇機関説とは天皇を国家の機関として考える学説**で、天皇主権説（天皇は国家そのもので、統治権は天皇個人に属する）を批判した。天皇機関説は大日本帝国憲法をできるだけ立憲主義的に解釈したもので、昭和初期まで学界だけでなく政界・官界でも広く認められていた。

また、民主主義思想が拡大した大正デモクラシーでは社会運動も進展。第一次世界大戦がそのきっかけとなった。国民を総動員する総力戦により、諸外国では**国民の政治参加や労働者の権利拡張を求める声が高揚**したのだ。この風潮は日本にも及んだ。こうした革新的な雰囲気の中、「冬の時代」にあった社会主義者たちも活動を再開した。

加えて**男子普通選挙の実現**は、大正デモクラシーの一つの到達点になったと言えよう。一方で、治安維持法《1925／大正14》により社会主義者は厳しく取り締まられた。

用語　天皇の大権

大日本帝国憲法における、天皇の政治上の権限のこと。天皇は統治権のすべてを握るとされ、緊急勅令、条約締結、宣戦、戒厳令、統帥権、憲法改廃権など、その権能は広範囲に及んだ。また、これらは議会の協力なしに行使することができた。

POINT!

民衆の政治参加を求めるデモクラシー思想を根幹に、普選運動や社会運動が進展した。

＼この時代／

令和	平成	昭和	大正	明治	江戸

2000　1950　1900

大正デモクラシーを支えた2つの思想

大正デモクラシーを代表する思想として、吉野作造の提唱した「民本主義」がある。また、民本主義の根幹には美濃部達吉の「天皇機関説」があった。

主権は天皇にあるが、民衆の意向にもとづいた政治が行われるべき

吉野作造
1878［明治11］～1933［昭和8］

共通

大日本帝国憲法に矛盾しない主張

美濃部達吉
1873［明治6］～1948［昭和23］

統治権は法人である国家に帰属する

民本主義

普通選挙や政党内閣などの民主政治を推進

天皇主権の枠の中で最大限国民の権利が守られるべき

↓

東大新人会と黎明会《れいめいかい》を結成
↓
民本主義を広める

← 影響

天皇機関説

藩閥政府による専制政治を否定

天皇をあくまで国家の機関であると考える

↕ 論争

天皇主権説

上杉慎吉らが提唱。天皇の絶対性を主張した。国家の主権・統治権は天皇個人に属するという憲法学説で、天皇は国家と主権を有し、権力の行使に制限のないものとする

COLUMN

社会主義運動の高揚の中弾圧された日本共産党

第一次大戦の末期にロシア革命が起こり、世界で初めての社会主義国家（のちのソ連）が誕生した。この影響で、社会運動における共産主義の影響力が増大。ソ連成立の同年、堺利彦らによって日本共産党がコミンテルン（国際共産党）の指導のもと非合法に結成された。内部対立を繰り返しながらも、共産党系勢力は最初の普通選挙で衆議院に議席を獲得。しかし、これに衝撃を受けた田中義一《ぎいち》内閣は、治安維持法を適用して共産党系活動家を大量に検挙した。さらに翌年の大検挙で党は壊滅的な打撃を受けたのだった。

社会主義弾圧の歴史

1910年　大逆《たいぎゃく》事件
社会主義者・無政府主義者の大弾圧
↓
1917年　ロシア革命
↓
1922年　日本共産党結成
↓
1928年　三・一五事件
田中義一内閣による共産党員の大量検挙
↓
1929年　四・一六事件
日本共産党、壊滅状態となる

豆知識　吉野作造は中国清王朝の権力者である袁世凱の長男の家庭教師をしていた。

◀P96　P92▶

女性の社会的地位の向上を目指した女性解放運動の歩みとは？

新しい風を受けて女性解放へ

大正デモクラシーの新しい風潮は女性たちにも及んだ。社会運動の高まりとともに、**女性たちも差別からの解放に向けて立ち上がった**のだ。

文明開化を迎えた明治時代、女子にも欧米式の高等教育が行われるようになった。しかしその目的は良妻賢母の育成で、良家の子女に限られていた。女性は自由恋愛もままならず、明治民法の家制度（一家の長である戸主が家族を統率する制度）のもと、社会的地位は低いままであった。

こうした状況を女性自らの手で変えようと、明治末年に**平塚らいてう《ちょう》**が中心となり、**日本初の女性文芸誌『青鞜《せいとう》』**〈1911／明治44〉**を創刊**。「元始、女性は太陽であった」という言葉は、抑圧された女性たちに大きな影響を与えた。しかし一方で、「新しい女」として好奇の目でも見られ、伝統的なモラルに反すると非難を浴びたのだった。

女性参政権獲得への長い道のり

らいてうは文芸活動を通じて女性の社会的地位の向上を訴えようとしたが、世間の反応から女性差別の現状を痛感することとなった。

大正時代となり、らいてうは市川房枝《ふさえ》らとともに**日本初の婦人団体「新婦人協会」**〈1920／大正9〉**を結成**。女性の権利擁護に取り組みながら、婦人参政権運動にまい進していく。明治時代に制定された治安警察法第5条では**女性の政治演説会への参加や政治結社への加入を禁止**していたが、新婦人協会は政治演説会への参加禁止の撤廃に成功。しかし、女性の政治結社への加入は認められないままだった。

さらに**女性の選挙権獲得**を目指して、市川房枝らが「婦人参政権獲得期成同盟会」〈1924／大正13〉を結成。翌年には普通選挙法が制定されるも、女性の参政権は認められなかった。その実現は、太平洋戦争終結後まで待たなければならなかった。

POINT!
平塚らいてうらを中心に婦人参政権運動が盛り上がりをみせるが、実現は叶わなかった。

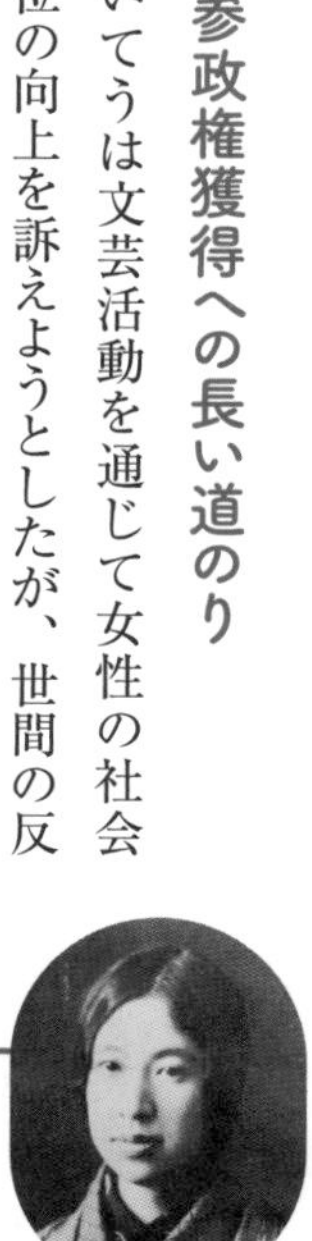

人物　平塚らいてう（ちょう）（1886〔明治19〕～1971〔昭和46〕）
青鞜社を主宰し、女性解放運動を推進。『青鞜』創刊号では女権宣言となる「元始、女性は太陽であった」を執筆。1920年には市川房枝とともに「新婦人協会」を結成し、女性参政権運動に取り組んだ。

＼この時代／

令和	平成	昭和	大正	明治	江戸

2000　1950　1900

女性の権利とその変遷

近現代は、女性たちが次第にその権利を主張し、地位の向上を目指してきた時代といえる。江戸時代には社会的な地位において明確な男女格差があったが、戦後にはついに女性の参政権が認められた。

江戸時代

明確に男女格差が存在
- 私婚の禁止や一夫多妻制
- 刑罰における男女差、女学校の未設立

明治時代

良妻賢母教育の推進と女性による地位向上の主張
- 自由民権運動において女性参政権を要求
- 大日本帝国憲法で家父長制による家族制度が成立（女性に家督相続権なし）

文化
- 与謝野晶子、樋口一葉といった文学者の登場
- 松井須磨子《すまこ》、川上貞奴《さだやっこ》などの女優の活躍

大正時代

女性の地位向上を目指した活動が盛んに
- 普通選挙法成立も、女性の参政権は実現せず
- 職業婦人の増加

文化
- 海外で活躍する女性の登場
- オペラ歌手の三浦環が英国で「蝶々夫人」に出演

昭和時代（戦前）

戦争協力に組み込まれる女性たち
- 軍部の指導により国防婦人会が組織される

文化
- 弁護士法改正で日本初の女性弁護士が誕生

戦後

女性の参政権が実現
- 女性の参政権が認められる
- 女性が国会議員に当選

三浦環
（1884〜1946年）
日本で初めて国際的に活躍したオペラ歌手。世界各地でオペラ「蝶々夫人」の主役を演じ、「マダム・バタフライ」とも称された。

与謝野晶子
（1878〜1942年）
11人の子育ての経験から、夫婦での子育てや女性の経済的自立などを提唱した。『青鞜』で執筆も行った。

『青鞜』創刊号
（1911年）
女性解放の先駆者である平塚らいてうが発起人となって発刊された。日本初の女性誌。

KEY PERSON

無政府主義運動で活動

伊藤野枝《のえ》（1895［明治28］〜1923［大正12］）

女性解放運動は社会主義の立場からも行われた。その一人が「100年早かった女」とも称される伊藤野枝だ。野枝は親が決めた相手と結婚するも9日目に出奔。『青鞜』に参画し、婚姻制度や中絶など女性の問題に鋭く切り込んだ。アナーキストの大杉栄の妻・愛人と四角関係になり社会的に非難されるが、社会主義の婦人団体「赤瀾会《せきらんかい》」を結成するなど、女性解放運動に取り組む。しかし関東大震災の混乱の中、大杉とともに憲兵に連行・殺害されてしまう。28歳の若さだった。

赤瀾会の結成（1921年）
初の女性社会主義団体。弾圧を受け、約1年で解消した。

豆知識 『青鞜』は、らいてうの母親が彼女のために貯めていた結婚資金で刊行された。

◀P102　P94▶

生活・文化の大衆化が進み人々の暮らしはどう変化したのか？

都市

サラリーマンの増加

高等教育が充実した結果、都市部ではサラリーマンの姿が見られるようになった。

食

大正期の飲食店

神戸市にあった丸越本店の食堂。「キリンビール」「うどん」「そば」「寿司」などの看板が並ぶ。

当時のメニュー
ライスカレー
ビフテキ
カツレツ
コロッケ
シチュー
オムレツ
プリン
アイスクリーム
珈琲・紅茶

カルピス®
※「カルピス」はアサヒ飲料株式会社の登録商標です。

栄養菓子（キャラメル）
江崎グリコ提供

食生活の変化

一般家庭にも洋風料理が広がった。

サラリーマンが大量発生

大戦景気をもたらした第一次世界大戦以降、都市化と工業化が進み、**都市への人口集中**が顕著になった。東京や大阪では、会社員・銀行員・公務員など事務系統の職場で働く**俸給《ほうきゅう》生活者（サラリーマン）が大量に出現**した。

これに伴い、女性の社会進出も進展。明治後期以降になると紡績《ぼうせき》業、製糸業に従事する貧困家庭出身の女工が生まれていたが、それに加えて中産階級に属する女性が経済的自立や家計援助の目的から**電話交換手・タイピスト・看護婦（当時の呼称）などの職**に就いた。彼女たちは**「職業婦人」**と呼ばれた。

こうした**新中間層**が担い手となり、文化の大衆化が進んだのだ。

POINT!

教育やメディアの発展を背景に大衆文化が花開き、近代化・洋風化が急速に進んだ。

\この時代/

令和	平成	昭和	大正	明治	江戸

2000　1950　1900

交通

地下鉄のポスター
東京の人口増加に伴い、高速で大人数を輸送するため、浅草・上野間に日本初の地下鉄が開業。(1927年)

地下鉄博物館蔵

バス(集合自動車)の誕生
東京や大阪では私鉄や市電に加えてバスの整備も拡充した。

娯楽

学生野球の発展
新聞の発行部数が増加すると、新聞社は読者の関心を引くため、イベントを主催するようになった。野球大会もその一つ。

劇団と劇場の発展
帝国劇場で1914年6月に興行された黙劇「金色鬼」のバレエ公演の様子。1911年に開場した帝国劇場は、大正時代において東京の名所として人気の場所だった。

大衆文化の発展に教育の功績

文化の大衆化実現の大きな条件の一つが、**教育の普及**だ。大正時代に学校教育制度が全面的に改革され、高等・中等教育機関が拡張。学生数は、明治30年代の約2万人以上から大正末年には13万人以上に急増した。義務教育も普及し、**初等教育における男女の就学率の格差はほぼなくなった**。こうして知識層が拡大し、新中間層が文化の中心的な担い手となったのである。

また、文化の大衆化をいっそう進展させたのが、**ジャーナリズムの発展**だ。有力新聞は発行部数を増やし、大衆商業紙として文化の普及や政治の民衆化に大きな役割を果たした。さらに新しいメディアとして**ラジオが誕生**。新聞報道やラジオ放送などがマスメディアとして発展していくが、同時にセンセーショナルな傾向を強め、政治や社会が情緒に傾く引き金ともなった。

豆知識 1914年に完成したデパート・三越本店の新館には、日本初のエスカレーターが設置された。

深掘り近現代史

新しいライフスタイルを築いた庶民のあこがれ文化住宅とは？

住まい

和洋折衷の建物

川上貞奴と、電力王と称された福沢桃介の家。政界や文化人のサロンとして「二葉御殿」と呼ばれて親しまれた。現在は名古屋市内に移築復元されている。

モダンなライフスタイル

住宅、服装など人々の暮らしに直結する部分でも洋風化が進んだ。

服装

女学生の服装

1925年頃の女学生。着崩れしやすい着物に代わり、女性にも男袴の着用が認められた。

モガ・モボの登場

流行に敏感な若者を中心に、洋服が普及。街では洋装の男女が見られるようになった。

文化住宅を求めて郊外へ

生活様式の西欧化の波は、大正時代には庶民の衣食住にも浸透していった。銀座や心斎橋などの盛り場では、短髪にスカートといった**モガ（モダンガール）**や、**モボ（モダンボーイ）**が街を闊歩。急増したサラリーマンの間でもスーツ姿が一般化した。

比較的裕福なサラリーマンは、広い土地を持つ住居を求めて郊外へ。都心部から郊外へのびる鉄道沿線には、**文化住宅**が建てられた。文化住宅とは、大正時代に中産階級向けにつくられた**和洋折衷の住宅**のこと。玄関脇に訪問客を通す**洋風の応接間**と、東西を貫通する中廊下を特徴に持つ。中廊下を通して各部屋を行き来することができた。

文化住宅の間取り

玄関脇に洋間が備わった構造で、居間やガス・水道も完備した。浴室や、立って作業ができる台所があるのも特徴。

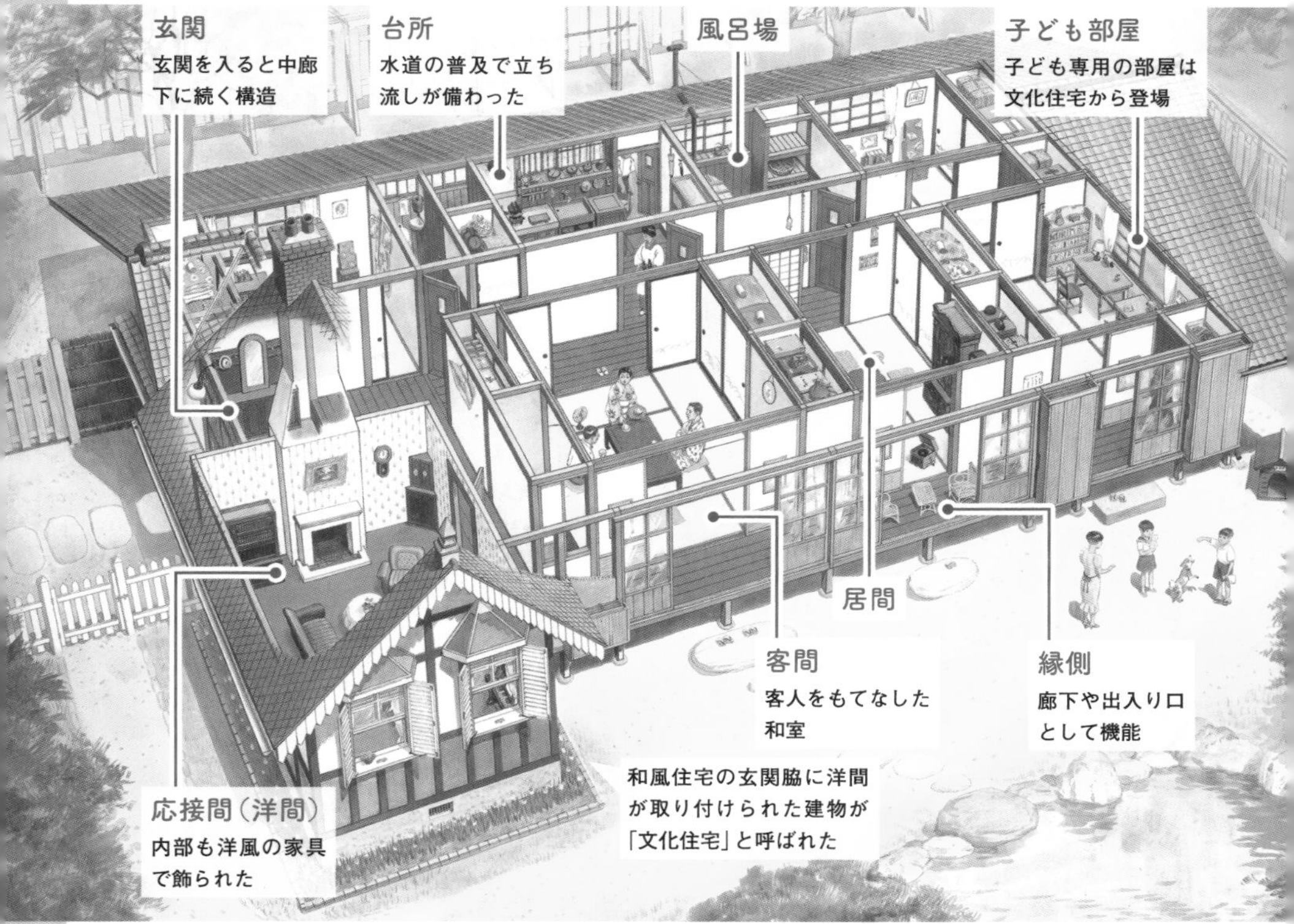

玄関
玄関を入ると中廊下に続く構造
台所
水道の普及で立ち流しが備わった
風呂場
子ども部屋
子ども専用の部屋は文化住宅から登場
居間
客間
客人をもてなした和室
縁側
廊下や出入り口として機能
和風住宅の玄関脇に洋間が取り付けられた建物が「文化住宅」と呼ばれた
応接間(洋間)
内部も洋風の家具で飾られた

モダンな文化住宅/イラスト:歴史復元画家 中西立太 監修:小泉和子

新しいライフスタイルを提供

文化住宅では、テーブルとイスがある洋風の応接間が備えられた。しかし、普段の生活の場では従来の慣習を捨てきれず、南に面する日当たりのよい居間は和室でできていた。居間に隣接する小部屋も和室となり、いつしか「茶の間」と呼ばれ、ちゃぶ台を囲んで一家団らんの場となった。こうした**和洋折衷の文化住宅は、新中間層の新しいライフスタイル**として庶民のあこがれとなったのだ。

和洋折衷の傾向は、住宅に限らず服装においても同様であった。サラリーマンたちは仕事着として洋服を着たが、家に帰れば和服に着替えていた。女性たちの間でも職業婦人や家事の事例から洋装への需要が高まったが、**基本は和装で過ごすことが主流**であった。和装と洋装の着用率が逆転するのは、昭和30年頃になってからである。

文化

◀P160　P76▶

抒情的でロマンチック 人々を魅了した大正ロマンとは？

POINT!

大正デモクラシーの風潮を受け、欧米から取り込まれた様々な学問や芸術が発展した。

自然主義に反する大正文学

大正デモクラシーの風潮のもと、様々な芸術や学問が新しい動きをみせた。文学、特に小説の分野では、**自然主義**に代わって**反自然主義**的な作品が発表されるようになった（▼P74）。

明治時代の終わりに流行した自然主義は、醜い姿も含め人間の内面を描き出す作風が特徴。この自然主義から離れ、**美しさを最重要とする耽美《たんび》派**（谷崎潤一郎《たにざきじゅんいちろう》ら）が誕生。さらに**人道主義・理想主義を掲げた白樺《しらかば》派**（志賀直哉《しがなおや》ら）を中心に、**理知的・理性的な新思潮《しんしちょう》派**（芥川龍之介《あくたがわりゅうのすけ》ら）などが活躍した。

大衆の間では新聞や雑誌に連載された大衆文学が大人気に。大長編小説『大菩薩峠《だいぼさつとうげ》』（中里介山《なかざとかいざん》）をはじめ、現在も愛読者の多い吉川英治《よしかわえいじ》の時代小説や、江戸川乱歩《えどがわらんぽ》の探偵小説が人気を博した。**娯楽雑誌『キング』**は月の発行部数が１００万部を超え、活字文化は大いににぎわった。

大正時代に発展した独自の芸術や思想

美術の分野では、洋画を中心に従来の文展《ぶんてん》（文部省美術展覧会）に対抗する形で、二科会や春陽会などが創立され、岸田劉生《きしだりゅうせい》などが活躍した。

また、大正時代に新しい大衆娯楽として登場したのが映画である。まだ音声の出ない**無声映画**で、当時は活動写真と呼ばれた。映像にあわせて**弁士が画面の情景を説明する仕組み**だ。日活・松竹キネマなどの映画会社が次々と設立され、多くの作品が製作された。

学問の分野にも新しい風が吹き込んだ。天皇機関説が憲法解釈の主流となり、**マルクス主義の影響**が表れるようになった。歴史学においては、津田左右吉《そうきち》が「記紀」の記述が史実ではないことを実証的研究から論じた。しかしアジア・太平洋戦争開戦の前年、皇室の尊厳を傷つけるとして発禁処分を受けるのだった。

用語　白樺派

武者小路実篤、長与善郎、志賀直哉といった学習院出身の青年が創刊した同人雑誌『白樺』を中心とした文学思潮のこと。個人の尊重や自我の確立、生命の創造力などを訴えた。西洋美術を積極的に紹介し、若い芸術家たちにも大きな影響を与えた。

＼この時代／

令和	平成	昭和	大正	明治	江戸

2000　1950　1900

大正時代の学問と芸術

欧米の文学や思想をもとに新しい学問や芸術が発展した。加えて人文・社会科学、自然科学の分野においても日本独自の研究が進んだ。

文学

芥川龍之介

- 耽美派
  谷崎潤一郎
- 白樺派
  志賀直哉
- 新思潮派　芥川龍之介

明治後期から大正時代の始めにかけて耽美派、白樺派が誕生。

自然科学

野口英世

- 医学　野口英世
  （黄熱病《おうねつびょう》研究で活躍）
- 物理学　本多光太郎《ほんだこうたろう》
  （KS磁石鋼を発明）

大戦で薬品などの輸入が途絶え、独自研究が発展。理化学研究所や北里研究所が設立された。

人文・社会科学

柳田国男

- 哲学　西田幾多郎《きたろう》
- 歴史学
  津田左右吉
- 民俗学　柳田国男《やなぎたくにお》

日本独自の哲学体系や、古代史、民衆の生活史などの研究が進んだ。

麗子微笑《れいこびしょう》
（岸田劉生筆 1921年）
岸田はゴッホやセザンヌの影響を受けたのち、北欧ルネサンス期の表現に転じ、内面の神秘性を表現。愛娘の肖像である一連の「麗子像」を制作した。

『キング』創刊号
講談社から発行された身近な大衆娯楽雑誌。

無声映画
『雄呂血《おろち》』（1925年）。音声がなく、活動弁士が場面を説明した。　マツダ映画社提供

KEY PERSON

今に残る数々の事業を創始

小林一三《いちぞう》（1873〔明治6〕～1957〔昭和32〕）

　マイホームを求め郊外から都心へ通勤するサラリーマンに目を付けたのが、実業家の小林一三だ。現在の阪急電鉄を設立後、沿線の土地に住宅地を開発。さらに沿線に百貨店や球場、温泉などレジャー施設も開設した。温泉の集客のために現在の宝塚歌劇団を結成したことでも有名だ。沿線の土地開発とセットで鉄道事業を発展させる宅地開発手法の創始者となり、一大都市圏を形成した。

小林一三
宝塚歌劇場の指定席を一律料金にするなど、客を平等に扱う大衆第一主義の経営を行った。

豆知識　白樺派と交流した陶芸家バーナード・リーチは来日した際に正座が苦痛だったことで、掘り炬燵を発明した。

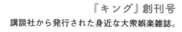

関東大震災による被害と復興を遂げる東京の姿

疑心暗鬼が生んだ悲劇

1923年9月1日午前11時58分、関東地方を突如、マグニチュード7・9の大地震が襲った。死者・行方不明者は、東京・神奈川を中心に10万人以上に達した。**被災者は約340万人**にも及び、その大半は火災によるものだった。昼食を準備する時間帯だったことが災いしたのだ。さらに当時、日本列島近くを台風が通過中で、強風にあおられた猛火がより被害を大きくした。

通信・交通網が麻痺した大混乱の中で、**「朝鮮人が放火した」「朝鮮人が暴動を起こす」といったデマが拡散**。さらに翌日、戒厳令が出されたことで「本当に朝鮮人が暴動を起こすのではないか」とデマを信じる気持ちに拍車がかかった。不安に駆られた人々は、地域ごとに**自警団**を結成。民間の自警団や警官らは朝鮮人と思われる人を次々と捕らえ、暴行を加えたり殺害したりするに及んだ。

根拠のないデマによって殺害された人の数は正確にはわからないが、3000人以上ともいわれる。その中には**中国人や日本人**も含まれていた。関東大震災は地震そのものだけでなく、火災やデマといった二次災害・人災によっても多くの人々が犠牲になってしまったのだ。

防災を備えた東京復興計画

震災後、東京の復興計画が進んだ。銀座方面から東京を南北に抜ける「昭和通り」などの幹線道路が整備され、歩行者の安全を確保する広い道路がつくられた。さらに災害時には避難場所となる「隅田公園」なども整備。また、木造の橋が焼け落ちて多くの犠牲者を出したことから、**隅田川には9本の鉄橋**が架けられた。

震災後も都市化は進んでいった。そして**浅草や銀座の他、新宿**が新たな盛り場として発展していくのである。

POINT!

震災の被害により大規模な復興事業が行われ、今につながる東京の基盤が形成された。

用語　自警団

関東大震災の発生時、朝鮮人が暴動を起こしたとの流言が飛び交い、住民が自発的に組織した団体。「朝鮮人狩り」と称して朝鮮人や中国人を殺害した。もともとは米騒動を契機に警察が民衆を組織化し、各地で自警組織の結成を促したことが始まり。

崩れ落ちた凌雲閣《りょううんかく》

「浅草十二階」と呼ばれた観光名所。8階から上部分が倒壊した。

関東大震災の被害

東京市の焼失範囲

地震発生の時間が昼食時だったため各所で火災が発生し、東京市の広大な範囲が焼失。浅草区、神田区、日本橋区、本所区、京橋区、深川区の市街地はほぼ廃墟と化した。

焼け野原となった日本橋地区

現在の中央区室町から皇居方面を見る。一面焼け野原となり、数棟のビルと山手線の高架がたたずんでいる。

復興と都市化

震災後に約7年かけて大規模な復興事業が行われ、現在の東京の原型となる「帝都復興計画」につながった。

神田川の聖橋《ひじりばし》

震災復興事業として、隅田川の橋とともに多くの橋が再建された。神田川にかかる聖橋もその一つ。

区画整理された日本橋周辺

空から見た日本橋区室町。三越本店の増築工事が完成した1935年頃。手前の道路は現在の中央通り。

その時世界は? ［1922年］ロシア革命後、ソヴィエト社会主義共和国連邦が成立

近代化を象徴する擬洋風建築 今も残る明治・大正の建造物を見る

旧開智学校
1876年築／長野県松本市
文明開化の象徴的な建築物。1963年3月まで校舎として使用された。

旧岩崎邸庭園 洋館
1896年築／東京都台東区
ジョサイア・コンドルの設計により建てられた岩崎家の迎賓館。南側には列柱が並んだベランダを設ける。

コンドル建築

東京復活大聖堂（ニコライ堂）
1891年築／東京都千代田区
正教会の大聖堂。関東大震災で倒壊しており、現在の姿は1929年に修復されたもの。

建築にも文明開化の訪れ

日本の**近代建築の始まりは幕末から**だ。開港以降、外国人が暮らす居留地にはベランダを持つ洋風建築が立ち並んだ。洋風建築を見まねで日本の大工棟梁が建てたものが、**擬洋風建築と呼ばれる建築群**だ。その代表作といえる松本の旧開智学校は、洋風とも和風ともいえない建物。擬洋風建築は、庶民にも最先端の文明開化（▼P32）の息吹を伝えようと各地で建てられた。

しかし、西洋列強に追いつきたい明治政府は「本物」の必要性に気づき、イギリス人の**ジョサイア・コンドル**をお雇い外国人として招へいした。コンドル設計の鹿鳴館などは失われたが、旧岩崎邸などが現存している。

日本人による近代建築

日本銀行本店本館
1896年築／東京都中央区
コンドルの門下生である辰野金吾の設計。ベルギー国立銀行を参考につくられた。

迎賓館赤坂離宮
1909年築／東京都港区
片山東熊により設計された日本で唯一のネオ・バロック様式の宮殿建築物。一番格式高いとされる「朝日の間」は、現在、表敬訪問や首脳会談で使用される。
内閣府迎賓館提供

旧帝国ホテル「ライト館」
1923年築／愛知県犬山市
アメリカ近代建築の巨匠フランク・ロイド・ライトが設計した2代目本館。開業日に関東大震災が起きるも、大きな被害を受けなかった。現在、正面玄関が明治村に移築保存されている。

今も人々を魅了する近代建築

コンドルの門下生である**辰野金吾**《たつのきんご》**や片山東熊**《かたやまとうくま》らは、大型の本格的な西洋建築を設計し技を競った。明治後期にはすでに外国人の助けを必要としないまでに成長したのだ。現存する建築物として、**日本銀行本店本館**（辰野金吾設計）、**迎賓館赤坂離宮**《げいひんかんあかさかりきゅう》（旧東宮御所《とうぐうごしょ》、片山東熊設計）が名高い。レンガ造の**東京駅**も辰野による設計だ。また伊東忠太《いとうちゅうた》は伝統様式を進化させ、石の校倉造《あぜくらづくり》による明治神宮宝物殿の設計を指導した。

一方、近代建築の巨匠フランク・ロイド・ライトも日本で腕をふるい、「東洋の宝石」と称された**旧帝国ホテル**を設計。設計はのちに弟子の遠藤新《えんどうあらた》に引き継がれ、１９２３年に完成した。関東大震災に耐えたホテルは、１９６８年に老朽化と地盤沈下を理由に取り壊されるも、正面玄関のみ移築され、その美しさを今に伝えている。

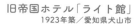

日支両軍衝突画報

第4章
軍部の進出と戦争への道

昭和前期
1926年～1945年

東太平洋の敵根拠地を強襲
ミッドウェー沖に大海戦
アリューシャン列島猛攻
陸軍部隊も協力要所を奪取
米空母二隻撃沈
わが二空母、一巡艦に損害
太平洋の戦局此一戦に決す

時代	年	出来事
昭和	1926	大正天皇が崩御される。昭和天皇が即位、昭和に改元 ⬇P124
	1927	金融恐慌が起こる ⬇P110
	1928	張作霖爆殺事件 ⬇P112
	1929	世界恐慌が始まる ⬇P110
	1930	ロンドン海軍軍縮条約 ⬇P112
	1931	関東軍が満洲事変を起こす ⬇P114
	1932	五・一五事件で犬養毅首相が殺害 ⬇P122
	1933	国際連盟から脱退 ⬇P114
	1934	日本労働組合全国評議会が結成
	1935	天皇機関説事件 ⬇P124
	1936	陸軍青年将校らによるクーデタ(二・二六事件) ⬇P122
	1937	盧溝橋事件 ⬇P126
		日中戦争が起きる ⬇P126
	1938	国家総動員法発令 ⬇P128

内政	昭和初期は二大政党制による「憲政の常道」が確立した。一方で金権政治が民衆の不信感を招き、五・一五事件により政党内閣は終焉。軍部の影響力が高まり、太平洋戦争直前には政党は解散して大政翼賛会が結成された。
国際外交	関東軍が主導した満洲事変によって満洲国が建国。その後起こった日中戦争と仏印進駐によって米英との関係が急速に悪化し、日本は開戦を決定（太平洋戦争）。1945年の終戦まで泥沼の戦いが続いた。
経済	世界恐慌の余波で昭和恐慌に陥るも、金輸出再禁止や重化学工業の振興によりこれを脱出。しかし対米依存は高まり、関係悪化によって貿易規制を受けると、戦前・戦中を通じて資源不足に悩まされることになる。
社会生活	ラジオや新聞は満洲事変など軍部の動向をセンセーショナルに報道し、国内世論に大きな影響力を及ぼした。国家総動員法成立後は軍需品の生産が優先され、民衆の物資不足を補うため切符制や配給制が導入された。
文化	戦時中は文化面でも統制が強まり、政府は出版物や映画の内容を検閲し、戦意高揚のための映画や戦争画が制作するようになった。英米の文化や英語の使用も規制されるようになる。また、本土空襲では多くの文化財が失われた。

昭和		
1939	第二次世界大戦が勃発	
1940	9月、日本軍、北部仏印に進駐	P132
	9月、日独伊三国同盟を締結	P132
	10月、大政翼賛会が結成	P130
1941	国民学校令が公布される	
	日ソ中立条約が締結	P132
	真珠湾攻撃により、太平洋戦争が勃発	P134
1942	ミッドウェー海戦に敗北	P134
1943	学徒出陣が始まる	P136
1944	サイパンで日本軍全滅	P138
1945	3月、東京大空襲	P138
	4月、米軍が沖縄本島に上陸	P138
	8月6日、広島に原爆が落とされる	P138
	8月9日、長崎に原爆が落とされる	P138
	8月14日、ポツダム宣言を受諾	P138

昭和デモクラシーは なぜ長持ちしなかったのか？

昭和に引き継がれた憲政の常道

大正末年、大正デモクラシーの風を受け、憲政会《けんせいかい》の総裁である加藤高明を首相とする内閣が発足。以後、昭和の初めまで、二大政党である立憲《りっけん》政友会《せいゆうかい》と憲政会（のちの立憲民政党）の総裁が交代で内閣を組織する**「憲政の常道」**の時代となる。

加藤内閣は普通選挙を求める声に応えて、ついに**普通選挙法**を制定。満25歳以上の男性が衆議院議員の選挙権を持つことになり、有権者は約4倍に増加した（▼P89）。しかし女性には参政権が認められなかった。そして抱き合わせで**治安維持法**も制定。昭和に入り最初に行われた普通選挙〈1928／昭和3〉で無産政党から当選者が出たことにより、これを警戒した**田中義一《ぎいち》内閣**は治安維持法を適用して共産党系活動家を大量に検挙した。当初は社会主義運動の激化に対応したものだったが、のちには**反政府的な言動の弾圧**に用いられるようになった。

金権政治に堕ちた政党政治

政党政治が行われる一方で、有権者が拡大したことで政党は多額の選挙資金が必要になった。そのため政党政治家は、財界との結びつきをますます深くしていった。これにより政党政治は**「金権政治」**に毒されているというマイナスイメージが増大。さらに政権をめぐりスキャンダル合戦に明け暮れ、汚職事件も重なって国民からは不信を招くことになった。また、軍部などの反政党勢力が**「政党政治の腐敗」**を盛んに批判したことで、政党政治の打倒を目指す動きが活発になった。

ついに海軍青年将校の一団によって犬養毅《いぬかいつよし》首相が射殺され（**五・一五事件**）〈1932／昭和7〉、政党内閣の時代は終わりを告げた（▼P122）。そして挙国一致内閣の時代へ突入する。大正デモクラシーに続く**「昭和デモクラシー」**は、政治の腐敗が国民の不信と軍部の台頭を招き、長続きせず幕を閉じたのだった。

POINT!

昭和初期まで政党による政権交代が続いたが、汚職やスキャンダルも相次いだ。

用語　無産政党

労働者や農民などのプロレタリアート（労働者階級、無産階級）の利害を代表する政党のこと。日本共産党（▶P93）は非合法組織であったのに対し、初の合法的な無産政党として労働農民党が1926年（大正15）に結成された。

＼この時代／

令和	平成	昭和	大正	明治	江戸

2000　1950　1900

政党による政権交代が続いた「憲政の常道」

それまでは元老が次期首相候補を天皇に推挙するかたちで首相が決定していたが、政党勢力はこれを批判し、衆議院の多数党の党首を首相に推挙することが「憲政の常道」であると主張した。

総理 清浦奎吾（元枢密院議長） ⬅元老が推薦
・護憲三派は「超然内閣」と批判（第２次護憲運動）

↓

総選挙で護憲三派が圧勝

↓

1924.6 三派→憲政会 **総理** 加藤高明
・大日本帝国憲法下で選挙結果により首相となった唯一の例

1926.1 憲政会 **総理** 若槻礼次郎
・昭和天皇即位。金融恐慌

1927.4 立憲政友会 **総理** 田中義一
・第１回普通選挙実施

1929.7 立憲民政党 **総理** 浜口雄幸
・昭和恐慌。ロンドン海軍軍縮条約

1931.4 立憲民政党 **総理** 若槻礼次郎
・満洲事変勃発により総辞職

1931.12 立憲政友会 **総理** 犬養毅
・五・一五事件により首相死亡

1932.5

↓

総理 斎藤実（海軍軍人） ⬅元老が推薦

「憲政の常道」は8年で崩壊

護憲三派

護憲三派は結束して清浦内閣を打倒し、加藤高明内閣を発足させた。

加藤高明（憲政会）

若槻礼次郎（憲政会）

田中義一（立憲政友会）

浜口雄幸（立憲民政党）

犬養毅（立憲政友会）

KEY PERSON

金権政治を痛烈に批判
吉野作造（1878〔明治11〕〜1933〔昭和8〕）

　吉野作造は大正時代の初期に民本主義を唱え、大正デモクラシーをけん引した人物。天皇主権を認めた上で、政治は民衆の利益を図らなければならないとして、政党内閣制の実現と普通選挙の実施を目指した。ところがいざ実現してみると、政党政治家は「金権政治」に陥り国民の信頼を失っていった。失望した吉野は、「今日の選挙で一番強く物を言うのは金の力と権力だ」と痛烈に批判。そして政治腐敗の根本的な責任は金の力と権力に負け、踏みにじられた選挙民にあるとして、国民の「道徳的覚醒」を強く主張したのだった。

吉野作造

その時世界は?　［1926年］中国で蔣介石が北伐開始。翌年に南京政府成立

戦後恐慌、金融恐慌、昭和恐慌——恐慌が起こった理由とその対応

失言が招いた金融恐慌

第一次大戦後は**戦後恐慌**となり、慢性的な不況が続いていた。追い打ちをかけるように打撃を与えたのが、大正末年に発生した関東大震災だ。

昭和に入り、**震災手形**（震災で支払い不能になった手形）を処理すべく、第1次若槻礼次郎内閣は法案を議会にはかった。ところがその最中、片岡直《なお》温《はる》蔵相がある銀行を「破綻した」と誤って発言。預金者たちは、預金を引き出そうと銀行に殺到した（取り付け騒ぎ）。これにより銀行の破産や会社の倒産が連鎖的に起こり、**金融恐慌**《1927／昭和2》が始まった。

若槻内閣が総辞職すると田中義一内閣が成立。**高橋是清《これきよ》蔵相**が金融恐慌からの脱出に手腕を振るう。高橋蔵相は、3週間の**モラトリアム**（支払猶予令）を出して全国の銀行を一時休業。日本銀行から多額の非常貸し出しを行って、全国的に広がった金融恐慌をどうにか鎮めることに成功した。

二重の打撃を受けた昭和恐慌

一応の収束をみた金融恐慌だったが、中小の銀行に不安を抱えるようになった国民は、預金を大銀行に集中。また、1920年代の慢性的な不況の中で企業の独占・集中は進み、四大財閥（三井・三菱・住友・安田）は**コンツェルン（企業連合）**的多角経営で戦前の経済界を支配するようになった。

長引く不況に対し、続く浜口雄幸《おさち》内閣は根本的に日本経済を立て直そうとする。一時的に輸出は減るが、その後の産業合理化と輸出促進を目的に**金の輸出を解禁**した。ところが、その前年に起きたアメリカの株価大暴落をきっかけとした**世界恐慌**の影響が日本へも波及。日本の金解禁は「嵐の中で雨戸を開ける」状態となり、輸出は著しく減少。深刻な**昭和恐慌**に陥った。そして世界恐慌に見舞われた各国政府は自国中心の対応によって危機を乗り越えようとするのだった（▼P120）。

POINT!

相次いで起こった経済危機は時の政権にダメージを与え、一方で財閥の支配が進んだ。

用語　財閥

大資本家で多角的事業経営を行う企業体や一族を指す造語。家族や同族による支配が特徴であり、明治後期以降、株式所有を通じて多数の企業を支配するコンツェルン（企業連合）によって市場経済に占める割合が増していった。

＼この時代／

令和	平成	昭和	大正	明治	江戸

2000　1950　1900

大正から昭和初期の経済状況

大正後期以降の恐慌により日本経済は低迷が続き、国民生活にも影響が及んだ。

大戦景気

1920 戦後恐慌

原因 列強の生産力が回復し、輸出が後退して株価が暴落

対策 日本銀行が救済資金を貸し出し沈静化

1923 震災恐慌

原因 震災により銀行の手形が決済不能となる

対策 モラトリアム公布。震災手形分の特別融資

1927 金融恐慌

原因 片岡蔵相が危機的状況にあった東京渡辺銀行を「破綻した」と発言。翌日、取り付け騒ぎとなる

対策 3週間のモラトリアム（支払猶予令）を実施

財閥系の銀行に預金が集中

1929 世界恐慌

1929年、アメリカでの株価大暴落が波及し、世界的な経済恐慌が起こる

1930 昭和恐慌

原因 金輸出解禁で大量の金が海外に流出。輸出激減、物価急落、企業倒産やリストラの増大

対策 金輸出の再禁止。公共事業と軍事予算で需要を拡大

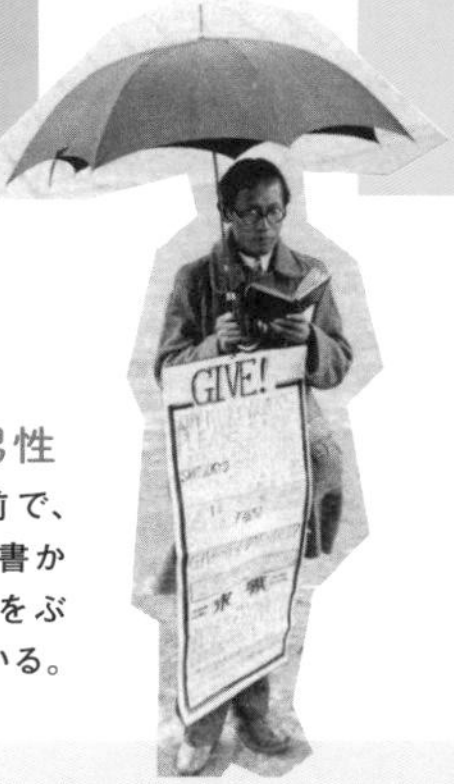

昭和恐慌で職を求める男性

大阪・梅田駅前で、日本語と英語で書かれた求職の看板をぶら下げて立っている。

金融恐慌での取り付け騒ぎ

休業明けの日、東京中野銀行前で払い戻しを待つ預金者の行列。

COLUMN

困窮する農村と経済格差の広がり

昭和恐慌は農村に壊滅的な打撃をもたらした。大正時代には農作物と工業製品との価格差が拡大していたが、恐慌により米や農作物の価格が下落。都市に出稼ぎに出た失業者も戻ってきて生活は苦しくなった。さらに冷害が加わり、娘の身売りや欠食児童が社会問題に。こうした農村の惨状を受け、農本主義者や軍部の青年将校たちは国家改造運動を企て、三井財閥などを攻撃。恐慌と格差への不満は、軍部の台頭を招く一因ともなった。

豆知識 浜口雄幸はその見た目から「ライオン宰相」のあだ名で呼ばれた。また、東京駅で狙撃されたときには「男子の本懐です」と答えたとされる。

◀P114　P86▶

なぜ、第一次大戦後の協調外交は挫折してしまったのか？

POINT!
大戦後、軍縮条約などによる協調外交が進むが、軍部の独断専行も目につくようになる。

協調外交から始まった昭和

第一次大戦後、世界では軍縮と協調外交の時代が訪れた。日本も**幣原喜重郎《しではらきじゅうろう》外相**のもと、協調外交を本格的に展開。幣原外交は中国への干渉を抑制して、経済的利益を追求しようとするものだ。協調外交は昭和に入っても引き続き行われた。

ところが**国民革命軍の蔣介石《しょうかいせき》**が中国を統一すべく軍事行動を強化（北伐《ほくばつ》）〈1926／大正15〜〉すると、国内では中国在留日本人の保護のため出兵し、満洲における権益を守ろうという意見が続出。幣原外交を続ける第1次若槻礼次郎内閣はこれを拒否し、**内政不干渉**を貫いた。しかし陸軍や中国に利権を持つ実業家たちからは「軟弱外交」と非難を受け、不満の種を残すことになった。続く田中義一内閣も欧米諸国に対しては協調外交を受け継いだが、中国に対しては**強硬（積極）外交**へ転換。3度にわたり山東出兵を実行し、**張作霖《ちょうさくりん》爆殺事件**も起きた。

「軟弱外交」へ反発する動き

再び幣原外相を起用した**浜口雄幸内閣**は、協調外交を復活。中国に関税自主権を認め、**ロンドン海軍軍縮条約**を結んだ。ところが軍部の反対を押し切って兵力量を決定したのは**「統帥権《とうすいけん》の干犯《かんぱん》」**として、激しく非難されることに。浜口首相は右翼青年から狙撃され〈1930／昭和5〉、内閣は総辞職となった。

一方、中国を統一した蔣介石の国民政府は強い外交方針をとるようになり、幣原外交は国内の反対派から再び「軟弱外交」という非難を受け、行き詰まっていった。政府は協調外交を模索するも、**満洲事変《まんしゅうじへん》**〈1931／昭和6〉が勃発。協調外交は海外情勢の変化と国内世論の板挟みに加え、急進派軍人たちが引き起こした満洲事変によって挫折してしまった。

各国も世界恐慌を乗り切るため、国際協調から**自国中心主義的対応**へと変更。軍拡により自国の安全保障を確立する現実主義が台頭していく。

用語　張作霖爆殺事件

中国東北部（満洲）を支配する張作霖と日本は協力関係にあったが、北伐で張が蔣介石に敗北したことを受け、すでに満洲支配を画策していた関東軍は列車ごと張を爆殺した。日本では事件の真相は公表されず、「満洲某重大事件」として報道された。

国際協調・軍縮の時代とその終焉

幣原外交による協調外交は、統帥権干犯問題と満洲事変により破綻を迎える。

協調外交

ワシントン海軍軍縮条約（1922／▼P87）
- 主力艦の保有量を制限

九カ国条約（1922）
- 中国の領土と主権の尊重、門戸開放を確認

幣原喜重郎外相（加藤／若槻内閣）
- 中国への内政不干渉政策 北伐に対しても傍観
- 中国での日本商品の不買運動が広がる
- ソ連との国交樹立。北樺太から撤退

強硬外交

田中義一内閣（外相を兼ねる）
- 中国本土から満蒙を分離するため張作霖を支持
- 北伐の進展に際し、日本人保護を名目に山東出兵
- 日米英で補助艦制限を目指すも不成立

張作霖爆殺事件
→ 田中内閣総辞職

協調外交

幣原喜重郎外相（浜口内閣）
- 中国への内政不干渉政策
- 中国に条件つきで関税自主権を認める
- ロンドン海軍軍縮条約調印

統帥権干犯問題
→ 浜口首相狙撃事件

満洲事変
→ **協調外交破綻**

張作霖爆殺事件の現場
田中首相は事件を起こした関東軍に対し軽い処分ですませるも、これを知った昭和天皇から叱責され、総辞職に追い込まれた。

幣原喜重郎
（1872〔明治5〕～1951〔昭和26〕）
対中国内政不干渉、対英米協調主義を推進。終戦後の1945年10月に首相就任。

COLUMN

軍部台頭の理屈となった「統帥権干犯問題」

統帥権とは、軍隊を動かす権限のこと。大日本帝国憲法では天皇が大元帥として陸海軍の統帥権を持つ。それを助ける機関として参謀本部や軍令部があり、内閣や議会はこれに口出しできなかった（統帥権の独立）。浜口雄幸内閣が統帥権干犯問題で総辞職すると、軍部はしばしば「統帥権の独立」を理由に軍事問題に対する政府の介入を拒否し、政府の統制を離れて行動するようになる。第2次若槻内閣の満洲事変の不拡大方針も統帥権干犯問題で妨げられた。

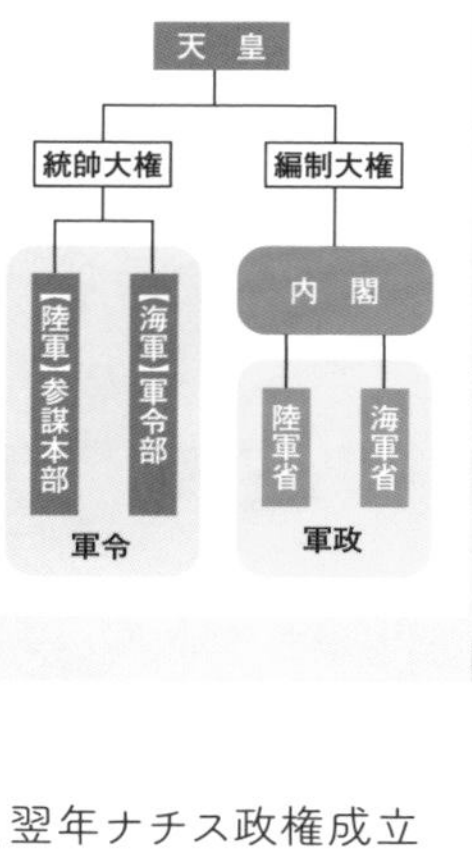

その時世界は？ ［1932年］ヒトラー率いるナチ党が第一党に。翌年ナチス政権成立

◀P126　P112▶

なぜ、関東軍は政府の意に反して満洲事変を起こしたのか？

「満蒙の危機」を叫んだ軍部

1931年（昭和6）9月、奉天郊外の柳条湖で南満洲鉄道が爆破された。満洲に駐屯する**関東軍**は、これを中国の仕業とし軍事行動を開始。しかし爆破したのは関東軍であり自作自演だった。これが**満洲事変**の始まりである。

事変の背景には、中国情勢の変化に対する危機感があった。中国では蔣介石による統一が完了し、権益奪回を目指す運動が活発化していた。そのため**満蒙**（満洲及び内モンゴル）における日本の権益が危ういと判断され、関東軍参謀の**石原莞爾**らを中心として計画が進められていったのだ。

事変の3年前には、満蒙の支配を企てた関東軍が軍閥・張作霖を爆殺。関東軍は以前から日本の「軟弱外交」に強い不満を抱き、対満蒙強硬論の急先鋒となっていた。また関東軍司令官は天皇に直隷したことが、暴走を許す一因にもなった。

実らなかった政党内閣の抵抗

満洲事変に際し、第2次若槻礼次郎内閣は**不拡大方針**を発表。内閣は参謀本部と連携して関東軍を抑制したが、**関東軍はこれを無視して戦線を拡大**していった。続いて犬養毅内閣が発足すると、中国との直接交渉を目指し、引き続き事変の収拾へ。しかし、陸軍大臣と参謀本部次長に関東軍に好意的な**皇道《こうどう》派**が就任し、関東軍の抑制は事実上不可能となる。関東軍は日本の自由となる独立国を中国につくろうと画策。満洲全域を占有して**「満洲国」**をつくりあげた。犬養首相は満洲国の承認を拒み続けたが、五・一五事件で暗殺された。

国際連盟の**リットン調査団**が報告書を公表する直前、斎藤実内閣は満洲国を承認。国連総会で対日非難決議案が採択されると、唯一反対票を投じた日本は**国際連盟脱退**（1933／昭和8）を通告した。日本は国際社会から孤立していき、日中戦争へ突き進んでいく。

POINT!

関東軍は独断で満洲事変を実行。満洲建国により日本は国際連盟を脱退する。

用語　関東軍

日露戦争後に得た中国の関東州と南満洲鉄道の守備を目的とした陸軍の在外部隊。日本国内の地域名である「関東」とは関係ない。現地の参謀らが政府の不拡大方針を無視して独自に軍事行動を強行するようになり、軍部台頭の契機の一つとなった。

＼この時代／

令和　平成　昭和　大正　明治　江戸

2000　1950　1900

関東軍による満洲での武力行使

石原莞爾らを中心に計画された満洲事変は新聞などのメディアでも好意的に取り上げられ、「満蒙は日本の生命線」として世論の強い支持を得ることとなった。

石原莞爾

(1889〔明治22〕～1949〔昭和24〕)

関東軍参謀。石原は対ソ連戦争に備えるために満豪を領有する必要があると訴えた。

守れ満蒙―帝國の生命線

日本民族の血と汗の結晶！ 特殊權益

權益蹂躪と排日

満洲事變導火線

何故日本は起つた？

この暴戻の事實を見よ

關東州の租借

誘因

遠因

満洲事変を伝える新聞

「守れ満蒙 帝国の生命線」「日本民族の血と汗の結晶！特殊権益」と、熱狂的に伝えている。

新京(長春)の関東軍司令部

城郭風の屋根を持つ(帝冠様式)。現・中国共産党吉林省委員会庁舎。

国際連盟脱退と孤立化

リットン調査団は満洲事変を日本の侵略と報告。日本は国際連盟を脱退し国際的な孤立を強めていく。

リットン調査団

国際連盟はイギリス人のリットンを団長とする調査団を派遣。日本で政府や軍部などと面会後、中国に渡り各都市を視察、そして満洲で約1カ月に及ぶ調査を行った。

国際連盟で演説する松岡洋右

全権の松岡洋右は日本の立場を訴えるも、対日非難決議案は圧倒的多数で採択され、代表団は退場。日本は連盟脱退を通告した。

豆知識 国際連盟は理事会において調査団の派遣を決定。調査団は満洲国が民族の意思で独立したわけではなく、中国主権のもとで自治政府を樹立すべきと報告・提案した。

「五族協和」、「王道楽土」を掲げた日本の傀儡《かいらい》国家・満洲国の実態とは？

「日本の生命線」となった満洲

終戦までの13年間、中国東北部に存在した**「満洲国」**。満洲事変によって日本の関東軍がつくりあげた国は、どのようなものだったのだろうか。

満洲国があった場所は19世紀半ばまでほぼ無人の荒野だった。日露戦争後、日本は南満洲に権益を獲得。満洲は日本の資源庫として、また特にソ連に対する国防的な意味も含めて**「日本の生命線」**と呼ばれるようになる。

満洲国の独立を宣言させた関東軍は、国のトップに清の最後の皇帝である溥儀《ふぎ》を据えた。清は元をたどれば満洲にいた満洲族（女真族）が建てた国。改めて満洲族のための国家を建設するという、名目上の君主だった。

日本による満洲国の統治

「王道楽土（理想国家）」のイメージが訴求されたが、実際は日本人優位の国家運営が行われた。

「五族協和」を謳うポスター
右から日本人・モンゴル人・満洲人・朝鮮人・漢人の５族が、平等に協力しあう国家であることが訴えられている。

名古屋市博物館蔵

満洲開拓青少年義勇隊
日本を旅立つ少年たち。日中戦争が始まると満洲国内は労働力不足に陥り、全国で選抜された16〜19歳の青少年らが開拓民として満洲に送られた。

満洲国の構成民族
1937年頃の民族の割合。多くの日本人が満洲に移民したが、割合では最も少なかった。

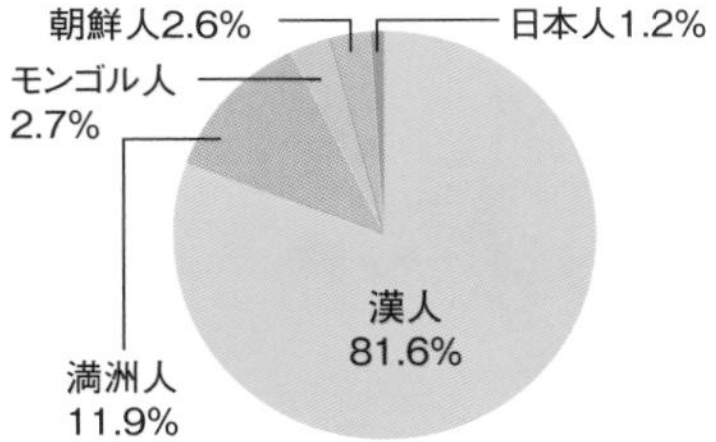

満洲支配の歴史

清による支配

清を興した満洲族の故地として特別扱いされ、皇帝の離宮である瀋陽故宮が置かれた。ロシアとは何度か国境紛争が勃発。

↓

1900 ロシアによる軍事占拠

アロー戦争後に外満洲がロシアに割譲。1900年の義和団事件ではロシアが満洲を軍事占拠する。朝鮮半島に進出していた日本の脅威となる。

↓

1905 日本が南満洲の権益を得る

日露戦争後のポーツマス条約で、日本は旅順・大連の租借権と南満洲鉄道付属地の利権を得る。

↓

1931 満洲事変と満洲国建国

関東軍は柳条湖事件を契機に満洲全域を占領。翌年に日本の傀儡である満洲国を建国。

↓

1945 ソ連の占領を経て中国領に

第二次世界大戦終結直前にソ連軍が満洲に侵攻。翌年にソ連軍が撤退し中国の領土となる。

李香蘭
（1920〔大正9〕～2014〔平成26〕）
中国語にも長け、国策映画などを通じて大スターとなった李香蘭。戦後は山口淑子の本名で活躍し、参議院議員にも当選した。

KEY PERSON

“ラストエンペラー”の波乱の生涯

愛新覚羅 溥儀（1906～1967）

わずか３歳で清の最後の皇帝（宣統帝《せんとうてい》）となった溥儀。辛亥《しんがい》革命によって退位するが、26歳の時に満洲国の執政に就任。帝政移行とともに再び皇帝（康徳帝《こうとくてい》）となったが、その立場はお飾りにすぎなかった。終戦により溥儀は日本への亡命を試みるが、ソ連軍の捕虜となってしまう。戦後、身柄を引き渡された中国で戦争犯罪人の罪に問われたが、特赦により釈放。最後は北京市内で一市民として、歴史の荒波に翻弄された人生に幕を閉じた。

満洲国皇帝時代の溥儀。

華々しさの裏に関東軍の影

満洲国の国是は、**「五族協和」**と**「王道楽土」**。**日本人・漢人・満洲人・朝鮮人・モンゴル人の五族**が協和し合い、儒教の仁で統治する「王道」によって理想の楽土を築こうというもの。当時人口が増加していた日本にとって、満洲国は魅力的な移民先となった。日本国内から22万人を超す開拓団、10人万を超す義勇兵が満洲に移民している。

中国東北部は石炭などの資源があったため、企業の進出が相次いだ。**満洲映画協会**という映画会社もつくられ、**李香蘭《りこうらん》**のように日中両国で絶大な人気を得るスターも誕生した。

多民族の共存を謳った満洲国だが、実際は関東軍が駐留し、日本人の官吏が任命されて軍事・外交・行政の実権を掌握した。満洲国は事実上、日本人の指導で国政が行われる**傀儡《かいらい》国家**だったのである。

◀P128 P102▶

満洲事変後、メディアや世論はなぜ軍部支持に傾いたのか？

POINT!

ラジオや新聞は視聴者・部数を伸ばすため、軍部の行動を熱狂的に支持した。

メディア主導で軍部支持へ

大正時代を通じて**ラジオ**と**新聞**は民衆に浸透していき、マスメディアとして急速に発展した。大正末年に東京・大阪・名古屋で開始されたラジオ放送は、放送網を全国へ拡大。また発行部数を伸ばし大衆化した新聞は、センセーショナルな傾向を強めていった。そして満洲事変の勃発を機に、**国内世論の形成に大きな影響力**を発揮していく。

大新聞は鉄道爆破を中国側の仕業と断定的に報道し、**満洲事変支持**のキャンペーンを展開。本当は自作自演から始まった**日本軍（関東軍）の侵略行為を熱狂的に賛美**した。新聞各紙は速報合戦を繰り広げ、満洲各地を占領する関東軍の様子が伝えられると、昭和恐慌に苦しむ国民は「快進撃」に熱狂していった。また、ラジオも負けじと速報を放送。出征した兵士の安否を気づかう人々がニュースに耳を傾け、契約者は100万人を超えた。

軍部支持の背景に不況の影

当時の第2次若槻礼次郎内閣は、満洲事変が始まると不拡大の方針を発表した。しかしメディアと世論の多くは**軍の行動を支持**。メディアと世論の後押しを受けて、関東軍は政府の不拡大方針を無視して**軍事行動を拡大**し続けていった。

満洲事変勃発の翌年、軍人・農村青年らの反乱であり、犬養毅首相を射殺した五・一五事件が発生。翌年に新聞記事が解禁されると、首謀者たちは**国民的な英雄**に祭り上げられた。その背景には、昭和恐慌下の農村の困窮があった。首謀者たちは農村の救済のために立ち上がり、直接行動に訴えたのだと同情的な世論が盛り上がった。

こうした世論をいち早く利用したのが軍部だった。腐敗した政党や財界に対し、**日本を憂える軍人というイメージ**を強調。国民は政党よりも軍部を支持するようになっていったのだった。

用語　ラジオ放送

1925（大正14）年3月22日午前9時30分に東京・芝浦から発信されたのが日本初のラジオ放送となる。放送局は当初、東京・大阪・名古屋にあったが翌年には日本放送協会（NHK）へと統合された。人気の番組は中学野球（現高校野球）や大相撲などであった。

令和	平成	昭和	大正	明治	江戸
	2000	1950	＼この時代／	1900	

世論を導いたラジオと新聞の報道合戦

ラジオ・新聞などのメディアは、戦争拡大に伴って政府から厳しい言論統制や弾圧などを受ける一方、満洲事変や五・一五事件などで軍部を支持し、民衆の戦意を高揚させるような報道を積極的に行った側面もある。

ラジオと新聞の普及率

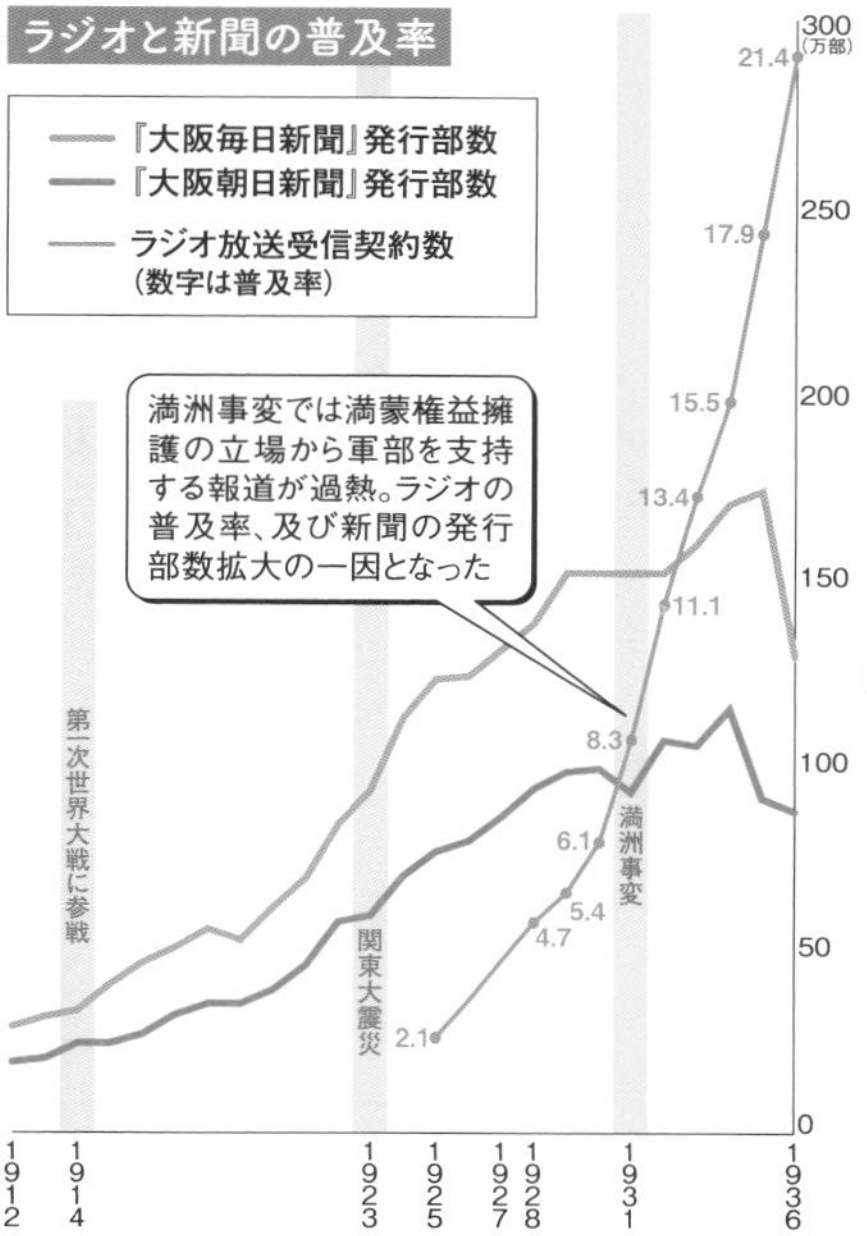

新中間層の拡大とともに、ラジオを購入する家庭が増加。2%程度でスタートした普及率は満洲事変翌年に10%を突破し、1944年（昭和19）には50%に達していた。

家庭の娯楽となったラジオ。

満洲事変を伝える号外新聞

『東京朝日新聞』1931年9月19日と20日の号外。特派員の撮影であり、速報記事であることを強調している。

格差社会を背景にしたプロレタリア文学

大正時代には、大正デモクラシーで盛んになった社会運動や、第一次世界大戦後の不況を背景にプロレタリア文学が登場。格差をなくし弱者を守るという社会主義の立場から芸術運動を展開し、思想界に大きな影響を与えた。その半面、政治を芸術に優先させる理論から、芸術独自の価値を失わせる結果に。政府による取り締まりの強化もあって、昭和に入ると衰えていった。また社会主義運動が衰退した理由の一つとして、革命を求めたインテリ層と、自身が豊かになれば保守化することもある大衆との離反が指摘されている。

小林多喜二
（1903［明治36］～1933［昭和8］）
『蟹工船』などで知られるプロレタリア文学の代表的作家。労働運動に関わり非合法の共産党に入党。特高警察に逮捕され獄死した。

豆知識 現在の全国高校野球大会につながる全国中等学校優勝野球大会が開始したのは1915年。1927年からはラジオの実況中継がスタート。これは日本初のスポーツ中継番組だった。

経済

◀P168　P110▶

昭和恐慌から脱するため どんな対策がとられたのか？

世界恐慌が招いた世界の分断

1929年（昭和4）に**世界恐慌**が始まり、影響を受けた各国は対応に追われた。

アメリカでは、F・D・ローズヴェルト大統領が**ニューディール政策**を指導し、積極的な公共事業などで経済の復興を目指した。一方、イギリスやフランスは**ブロック経済**によって恐慌を乗り切ろうとした。自国の植民地や友好国を、高額な関税によって囲い込む政策である。また、社会主義のため計画経済を行っていたソ連は、恐慌の影響が少なかった。

一方、植民地の少なかったドイツ、イタリア、日本は対外的な侵略を強めた。イタリアのムッソリーニ、ドイツのヒトラーは、**ファシズム**（**全体主義**）とよばれる独裁体制を築く。こうして**日独伊**の枢軸国と、**米英仏ソ**の連合国という対立の図式ができていく。

財界と軍部の結合が強まる

日本では、浜口雄幸内閣による金本位制への復帰（金解禁）が世界恐慌の打撃を増幅させ、**昭和恐慌**に陥った。犬養毅内閣で蔵相となった高橋是清は、金輸出を再禁止して金本位制を離脱〈1931／昭和6〉。**赤字国債を発行**して積極財政を行った。

金輸出再禁止により、円の価値は大幅に下落した。しかし、輸出に有利な円安になったのが幸いし、綿織物などの部門で輸出が拡大した。ただし、石油や屑鉄などの輸入は多く、**アメリカへの依存度は高い**ままだった。

また、金輸出再禁止の同年には**重要産業統制法**を制定し、企業を保護して産業を振興した。これにより、日本はいち早く恐慌前の水準を回復し、**重化学工業中心**の経済に転換した。一方、軍部と密接な関係を持つ新興財閥が登場するなど、**軍部や政府と経済界との結びつき**は強まっていった。

POINT!

世界恐慌の影響で昭和恐慌が勃発。重工業などの保護により他国に先駆けて回復した。

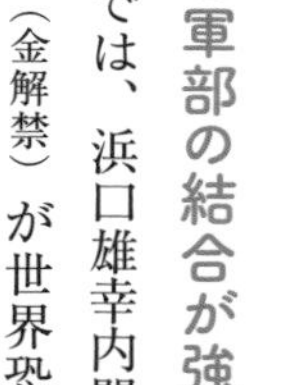

人物　**高橋是清**（1854［嘉永7］～1936［昭和11］）

まだ江戸時代だった青年期にヘボン塾に学び、アメリカに留学。第20代総理大臣となるも、大蔵大臣としての評価が高い。昭和恐慌への対応は経済学者ケインズの理論に似たもので、「東洋のケインズ」と呼ばれた。

\この時代/

令和	平成	昭和	大正	明治	江戸

2000　1950　1900

ブロック経済圏と日本の経済政策

各国が恐慌のあおりを受ける中、日本は著しい経済回復を果たした。

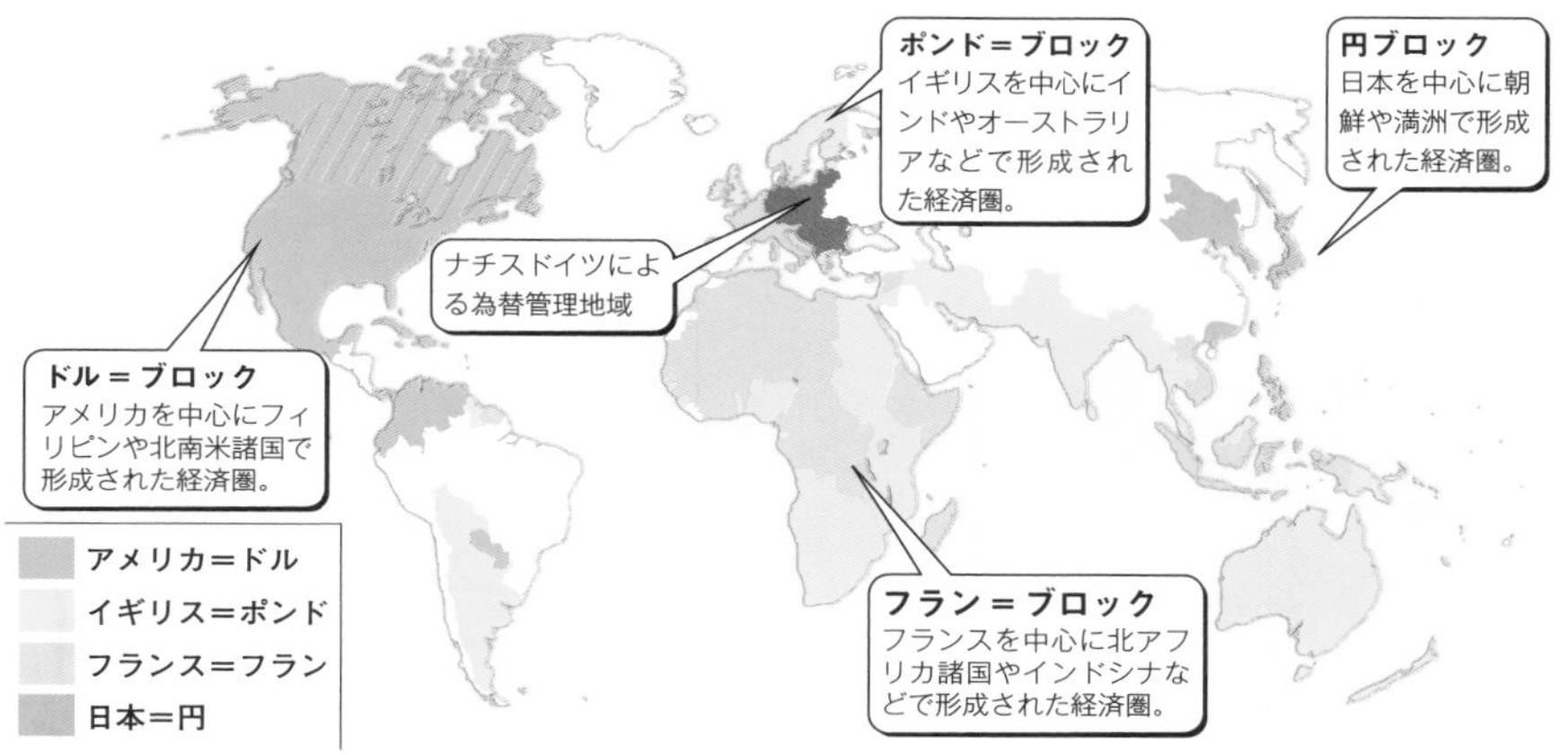

重化学工業の発達

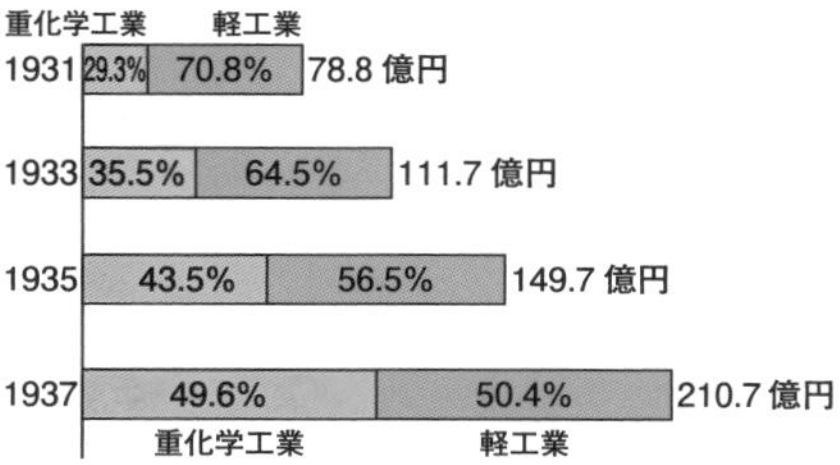

生産指数に見る各国の経済回復

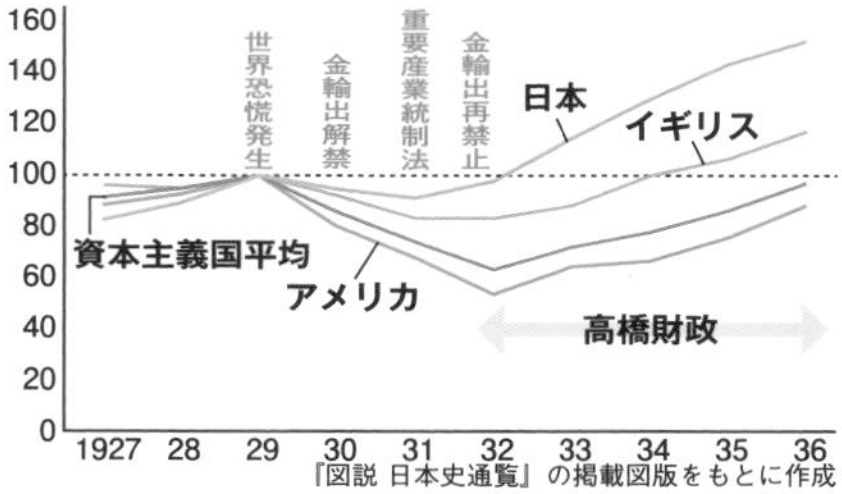

『図説 日本史通覧』の掲載図版をもとに作成

国家改造を唱えた思想家

北一輝 (1883〔明治6〕～1937〔昭和12〕)

北一輝といえば、昭和期に広範な影響力を持った国家主義思想家として知られる。しかし、『日本改造法案大綱』といった著書にみる彼の思想は、国家社会主義の側面もあった。北は天皇主導によるクーデタによって既存の支配層を排除し、国家改造を説いた。一方、天皇は国家の最高機関の一構成員にすぎないとの考えを思想の基盤に置いていた。北は二・二六事件に参加しなかったにもかかわらず、青年将校の理論的支柱として裁かれ、死刑判決を受けた。

北一輝

その時世界は?　〔1936年〕スペイン内戦勃発。左派政府と反乱軍の戦い

内政

◀P130 P108▶

五・一五事件と二・二六事件が軍部の台頭を招いたのはなぜか？

POINT!

二・二六事件で反乱部隊が一時東京を占拠。鎮圧されるも軍部台頭の契機となる。

政党政治を潰した二つの事件

軍部が台頭し政治的発言力を増す契機になったのが、五・一五事件と二・二六事件である。

昭和恐慌などをきっかけに、軍人や右翼思想家らの間で**国家改造運動**への期待が高まっていた。既存の政党や財閥を除去し、日本政治の行きづまりを打破しようとしたのである。そうした空気感を背景に海軍の青年将校らが決起して、立憲政友会内閣の**犬養毅首相**を射殺したのが**五・一五事件**〈1932／昭和7〉であった。世論の同情もあり、実行犯への処罰は最高で禁固15年と軽いものだった。

元老の西園寺公望は、後継の首相として穏健派の海軍軍人・斎藤実を指名。ここに、政党内閣制は8年で崩壊した。斎藤内閣は二大政党出身者を入閣させた「**挙国一致内閣**」であり、この時点では政党内閣復活の芽も残っていた。だが、二・二六事件によりその可能性はついえてしまう。

昭和天皇の意志で鎮圧されるも…

当時、陸軍内部では**皇道派**と**統制《とうせい》派**の対立が起きていた。支配層を打倒し、天皇親政を実現（昭和維新）しようとするのが皇道派である。一方、統制派は皇道派を危険視し、陸軍を統制して来るべき総力戦体制をつくろうと考えていた。

1936年（昭和11）2月26日、**北一輝《きたいっき》**（▼P121）の強い影響を受けた皇道派の一部青年将校らがクーデタを起こす（**二・二六事件**）。約1400人の兵が首相官邸や警視庁を襲撃。岡田啓介《おかだけいすけ》首相は難を逃れたが、高橋是清蔵相、斎藤実内大臣、統制派と見られた渡辺錠太郎教育総監らが殺害された。しかし、反乱は**昭和天皇の強い意志**もあって、4日間で鎮圧される。

同年には**軍部大臣現役武官制《げんえきぶかんせい》**（▼P128）が復活し、軍部の政治介入は一層強まる。また、陸軍は**東条英機《とうじょうひでき》**ら統制派が主導権を確立した。

用語　挙国一致内閣

五・一五事件を受けて首相に就いた斎藤実は「挙国一致」を掲げ、政党や軍部、官僚がバランスよく組閣する内閣を立ち上げた。ここに政党政治は終焉を迎え、以降は挙国一致内閣が継続する。大政翼賛会（▶P130）以降の内閣も広義の挙国一致内閣と見なされる。

この時代

令和	平成	昭和	大正	明治	江戸

2000　1950　1900

首都機能が一時占拠された二・二六事件

陸軍皇道派の一部青年将校らは、天皇親政を目指してクーデタを決起し、高橋蔵相や斎藤前首相、渡辺教育総監らを殺害。首相官邸を含む国政の中枢を４日間にわたり占拠するも、最後は厳罰を求める天皇の指示もあり鎮圧された。

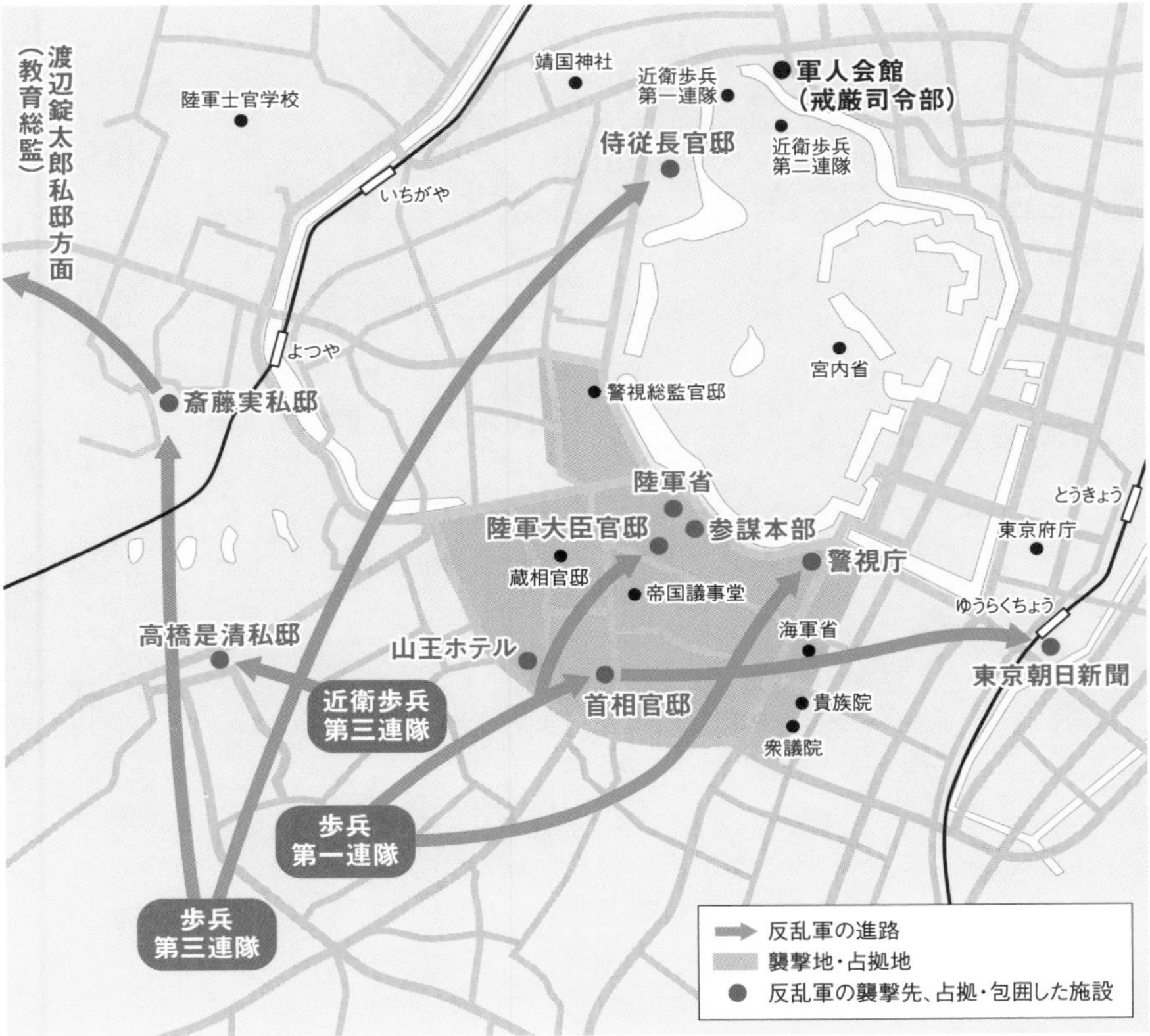

銃剣を手にして拠点を出立する反乱部隊。

反乱部隊に対してラジオで帰還を呼びかけるアナウンサー。

軍部による政治介入が強くなり 苦悩し続けた昭和天皇

昭和天皇の姿勢

立憲君主制の原則を守り、政府や国の方針に対して基本的には拒否しない姿勢をとり続けた。

海軍の礼装姿の昭和天皇
（1901［明治34］～1989［昭和64］）
National Archives

主な事件	昭和天皇の考え・発言内容
満洲事変	事件をこれ以上拡大させないとする政府の方針は結構である。その後、拡大を続ける状況に、「軍部を抑えよ」と話す。
天皇機関説問題	岡田啓介に「機関説でいいではないか」、鈴木貫太郎に「美濃部はけっして不忠ではない」と語る。
二・二六事件	決起部隊を暴徒と呼び、「朕自ら近衛師団を率いてこれが鎮定にのぞまん」と鎮圧を厳命。
盧溝橋事件	「外交交渉で問題を解決してはどうか」と近衛文麿に語る。
日米開戦	開戦はやむを得ないとしたが、「よもの海みなはらからと思ふ世に など波風のたちさわぐらむ」と平和への希望を明治天皇の歌に託す。

天皇機関説を支持した天皇

大日本帝国憲法下では国家元首だった昭和天皇。しかし、皇太子時代に欧州を歴訪し、イギリス国王ジョージ5世の影響を受けた昭和天皇は、イギリス流の立憲君主制を志向していた。

明治憲法をそのまま読む限り、天皇は絶大な権力を持っている。だが、昭和天皇は元老の助言に従って首相を任命し、個人的に反対であっても内閣などの決定には裁可を与えた。

天皇の姿勢の根拠になったのが、憲法学者の美濃部《みのべ》達吉《たつきち》が唱えた天皇機関説である。統治権は天皇ではなく国家に属し、天皇は国家の最高機関であるというもので、戦前の政党政治の理論的な支柱となった。

大本営政府連絡会議

1942年12月10日の会議で、初めて御前会議形式で行われた。

【国務】内閣
総理大臣
陸軍大臣
海軍大臣
関係閣僚など

【統帥】大本営
陸軍
参謀総長
（参謀次長）
海軍
軍令部総長
（軍令部次長）
※陸・海軍ともに会議には次長が参加していた。

大本営政府連絡会議

決定事項を政策にするには閣議の承認が必要

改称
1944年、戦争指導の一元化を図るため設立

最高戦争指導会議
参謀総長、軍令部総長、内閣総理大臣、外務大臣、陸軍大臣、海軍大臣がメンバー。議題に応じてその他、国務大臣などが参加し、重要案件は天皇が臨席した。

天皇が出席した主な会議

天皇が参加した会議の決定は、閣議の承認を経て正式に政策となる。

御前会議

天皇臨席のもとで、開戦や講和、戦略や対外政策決定などの重要な国務を決定した。

枢密院

議会や内閣から独立した天皇の諮問機関。40歳以上の元勲などから選ばれた。

大本営政府連絡会議

大本営設置後に国務と統帥の統合を目指して設置。特に重要な場合は天皇が臨席した。

御前会議に臨席する昭和天皇。

閲兵を行う昭和天皇。 National Archives

例外的に天皇が下した決定

しかし昭和10年（1935）になると、天皇機関説は不敬であるとして攻撃の対象となる。岡田啓介内閣は、国体明徴《こくたいめいちょう》声明《せいめい》〈1935／昭和10〉を出して天皇機関説及び政党内閣の正当性を否定してしまった。

二・二六事件では、天皇が反乱鎮圧の強い意志を示したことで、青年将校らの投降につながった。天皇はさらに陸軍の責任を追及するも、徹底した処分はなされなかった。

日中戦争が始まった年〈1937／昭和12〉には、政府と軍が協議する「大本営政府連絡会議」が発足。連絡会議には、天皇立ち会いのもと行われる「御前会議《ごぜんかいぎ》」もあったが、この場で天皇が意見するのは政治的に好ましくないとされた。

軍の政治介入が強まる一方、天皇が政治に口出しするのは非常に困難だった。数少ない例外が、二・二六事件の鎮圧や終戦の決定だったといえる。

国際・外交

◀P132　P114▶

日中戦争はなぜ泥沼の戦いとなったのか？

POINT!

政府の不拡大方針を無視した日本軍は、北京や上海などを攻撃。中国全土に戦火を広げた。

一発の銃弾から全面戦争へ

満洲事変によって満洲国〈1932/昭和7〉を建国した後、日本軍はさらに中国への侵略の度合いを強めていた。その延長上に起きたのが**日中戦争**である。

当時の中国では、**中国国民党と中国共産党の間で内戦**が続いていた。これにつけこんだ関東軍は、華北を支配下に置こうとする**華北分離工作**〈1933年/昭和8〜〉を進める。中国民衆は反発を強め、国民党と共産党の間に連携の機運が生まれていた。

1937年（昭和12）7月7日、北京郊外の盧《ろ》溝橋《こうきょう》で、日中両軍が偶発的に衝突した（**盧溝橋事件**）。1901年（明治34）に結ばれた北京議定書にもとづき、北京には日本軍が駐留していたのである。現地では停戦協定が成立したが、近衛文麿《このえふみまろ》内閣は派兵を決定する。国民政府も徹底抗戦の構えを見せ、共産党との第2次国共合作《こっきょうがっさく》を成立させる。日中は全面戦争に突入したのである。

中国全土の支配には失敗

日本は優勢に戦いを進め、12月には国民政府の首都・南京〈1937/昭和12〉を占領した。この際、多数の民間人や捕虜が殺害される**南京事件**が起きている。

首都を失った国民政府だったが、拠点を漢口《かんこう》・重慶《じゅうけい》と内陸に移し、抵抗を続けた。一方、和平工作が不調に終わると、近衛内閣は**「爾後《じご》、国民政府を対手《あいて》とせず」**という声明（第1次近衛声明）を発し、講和の窓口を閉ざしてしまった。

日本の支配は主要都市と交通路という「点と線」の支配にとどまり、広大な農村までは支配できなかった。また、中国が国共合作によって予想外の抵抗を見せ、**日中戦争は泥沼化**した。日本は傀儡の**汪兆銘政府**《おうちょうめい》〈1940/昭和15〉をつくって講和を成立させようとしたが、中国民衆の支持を得られず失敗した。

日本は、中国との戦争が続く中で太平洋戦争に突入。敗戦によって日中戦争も終結した。

用語　南京事件

日本軍が当時の中国の首都である南京を占領した直後の1937年12月、中国人捕虜や住民に対して、暴行・略奪・虐殺を起こしたとされる事件。死者は数万とも30万ともいわれる。虐殺行為の規模などについて、議論が続いている事件である。

＼この時代／ ★

令和　平成　昭和　大正　明治　江戸

2000　1950　1900

宣戦布告をせず日本軍が戦争開始

盧溝橋事件以降、拡大を続ける日本軍の行動に対し政府は宣戦布告を検討するが、中立国のアメリカから鉄などの物資を輸入できなくなることを懸念し、戦争手前の「事変」という形式に留めた。

中国国内の動き

1935 国民党 ← 共産党

抗日統一戦線を呼びかける（八・一宣言）

1936.12

蔣介石

西安事件

日本に不抵抗主義をとる蔣介石が、内戦停止などを求める東北軍に監禁される。

1937.9
第2次国共合作

国民党 ＝ 共産党（協力）

国民党 →（分裂）→ 汪兆銘政府 →（接近）→ 北部仏印占領

日本の大陸進出

1932
満洲国建国

↓

1933
国際連盟脱退

関東軍による華北分離工策

1937.7
盧溝橋事件

1937.8
中華民国軍と軍事衝突

日中戦争に突入

1937.12
南京占領

1938
武漢三鎮（武昌・漢口・漢陽）占領

1940.9
北部仏印占領

KEYPERSON

ソヴィエト連邦のスパイ

リヒャルト・ゾルゲ（1895～1944）

ドイツ人の父とロシア人の母を持つゾルゲは、ソ連共産党に入党して諜報員となった。1933年（昭和８）にドイツ人新聞記者を装って来日したゾルゲは、軍事機密を含む日本の情報をソ連に流した。ゾルゲの主要な協力者が、著名なジャーナリストであった尾崎秀実《おざきほつみ》である。彼は近衛文麿のブレーンでもあり、重要な情報を集めることができた。ゾルゲの報告のお陰で、ソ連はドイツとの戦いに注力できたとされる。しかし、ゾルゲと協力者たちは1941年（昭和16）に逮捕され、ゾルゲと尾崎には死刑が言い渡された。

ゾルゲの外国通信員の身分証明票。

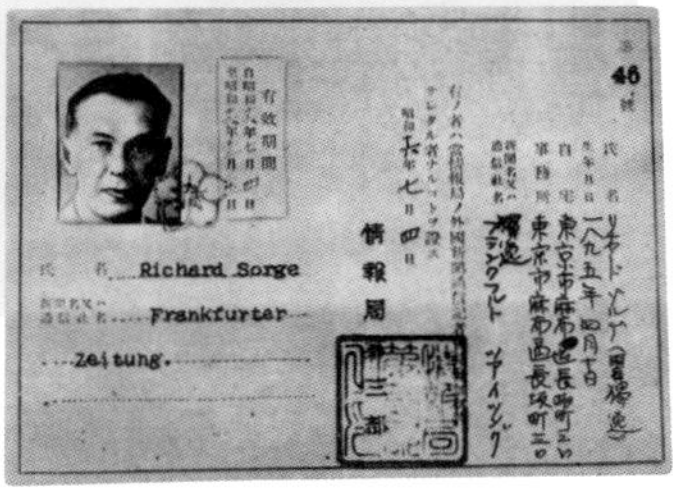

その時世界は? ［1937年］イタリアが国際連盟を脱退

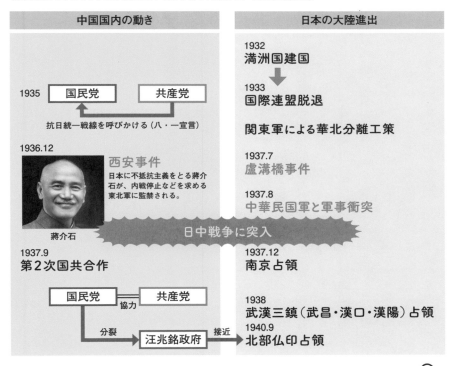

国家総動員体制がもたらした戦争中心の国民生活とは？

経済を統制した軍部と官僚

二・二六事件によって岡田啓介内閣は総辞職。続く広田弘毅《ひろたこうき》内閣は、陸軍の要求を受け入れて**軍部大臣現役武官制を復活**させ、軍事予算を増額するなど軍部の発言力が強まった。

陸軍を掌握した統制派は、緊迫する国際情勢の中で、総力戦体制の構築を目指した。その矢先に日中戦争が始まり、国家総動員体制の確立が決定的となる。1938年（昭和13）に成立した**国家総動員法**では、政府は戦争に必要な物資や労働力を、議会の承認なしで動員できるようになった。翌年には同法にもとづいて**国民徴用令**が出され、軍需産業への一般国民の動員が可能になった。

国家総動員体制の確立では、軍部だけでなく「革新官僚」も大きな役割を果たした。商工省の岸信介《きしのぶすけ》をはじめとする経済官僚で、軍部と協力して経済統制の実務を担った。

戦時下でも重視された娯楽

戦時体制では、金属・機械などの**軍需品の生産が優先**され、財閥系の大企業が恩恵を受けた。一方、繊維品などの**民生品の生産量は落ち込んだ。**物資不足に対応するため、砂糖や衣料などの**切符制**、米などの**配給制**が導入された。

また、近衛文麿内閣は日中戦争の初期から、国民精神総動員運動を展開した。節約や国産品の使用など、国民に戦争協力を促した運動である。資本家と労働組合は一体となって戦争に協力するため、産業報国会を結成した。**社会主義・自由主義者への弾圧など、思想統制**も強まっていく。

文化も戦争の影響を受けた。政府は出版物や映画などを統制したが、同時に国民に娯楽を提供する重要性も理解していた。日本軍の活躍を描いた映画や愛国歌などが、戦時下の庶民の娯楽として消費されたのである。

POINT!

国をあげて戦争に向かうために、物資や労力などを政府が統制。国民にも協力が求められた。

用語　軍部大臣現役武官制

内閣の陸・海軍大臣は現役の軍人から選ばなければならないとする制度。陸・海軍が大臣を出すことを固辞すれば内閣は成立しないため、軍の発言力は一層強まった。元は日清戦争後に成立した制度で、大正時代には現役軍人でなくても大臣になれるよう改正されていた。

戦争を中心とした国民生活

国家総動員法により、国民生活のすべてが戦争を中心にまわるようになる。

仕事

内閣情報部刊行の『写真週報』に掲載された特集。百貨店や内閣などで働く女性を紹介している。

配給

物資不足により、米や砂糖、衣類などは切符や通帳で配給されるようになる。

国民服

男性はすべての場所で着用できるカーキ色の服(国民服)が推奨され、女性はモンペに着物が標準服となった。

映画

1941年、新宿松竹館に並ぶ人々(右)と当時の上映プログラム『Takachiho News』No.35』(左)。政府から認定されたニュース映画の上映が義務づけられていた。

国立映画アーカイブ提供(右)、広島市公文書館蔵(左)

芸術家たちが魂を込めた戦意高揚のための「戦争画」

第二次世界大戦期、国民の戦意高揚を目的として多くの戦争画(戦争記録画)が描かれた。戦時に物資が不足する中、美術団体は物資を確保するため積極的に政府に協力したのである。戦争画はプロパガンダではあるが、芸術性の強い作品もあって評価が難しい。「乳白色の肌」の美しい裸婦像で知られる藤《ふじ》田《た》嗣治《つぐはる》もまた、従軍画家となった一人だ。藤田の代表的な戦争画である「アッツ島玉砕」は、悲劇的な敗北を描いているが、同時に殉教者のような神々しさがあり、展覧会場で拝む人までいたという。

藤田豊四郎「落下傘」。落下傘部隊は近代戦の花形のため、戦争画の題材に好まれた。

秋田県立近代美術館蔵

◀P144　P122▶

なぜ政党が解散して大政翼賛会ができたのか？

ソ連に対抗する構想は挫折

国際情勢が緊迫する中、日本の外交方針は迷走を続けた。ドイツへの接近は陸軍が主導したが、海軍は反対するなど、日本政府内で外交方針が統一できなかったのである。

日本はソ連に対抗するため**日独伊防共協定**〈1937／昭和12〉を締結。日本政府内では、これを軍事同盟に強化する議論がなされていた。しかし、突如として**独ソ不可侵条約**〈1939／昭和14〉が結ばれ、衝撃を受けた平沼騏一郎《ひらぬまきいちろう》内閣が総辞職する。同時期、日本軍は**ノモンハン事件**（満洲国とモンゴルの国境紛争）でソ連軍に敗北し、ソ連と対決する構想は挫折した。

独ソ不可侵条約締結のわずか1週間後の9月1日、ドイツがポーランドに侵攻し、**第二次世界大戦**が始まった。阿部信行《あべのぶゆき》・米内光政《よないみつまさ》内閣は大戦に介入しなかったが、ドイツが優勢に戦いを進めると、国内では三国同盟論が強まった。

近衛内閣が指導した新体制運動とは

日本では、元首相の近衛文麿が、既成政党の支配を打破して新しい政治体制をつくろうという**新体制運動**〈1940／昭和15〉を起こした。この頃、**軍部は親英米の米内首相に不満**を持っており、倒閣運動を展開。陸軍は陸相を辞任させた上に後任を出さず、米内内閣を総辞職に追い込んだ。そして運動の指導者である**近衛文麿が首相に再登板**〈1940／昭和15〉する。国民や軍部の強い期待を背景として、主要な政党は自ら解散し、**大政翼賛会**が結成された。

大政翼賛会の結成は、日本ファシズム体制の確立と評されることもある。だが、一党独裁の政権は、帝国憲法の天皇大権に反してしまうため、政党ではなく「公事結社」として組織された。日本ではヒトラーやムッソリーニのような独裁者が登場しなかった点で、ドイツやイタリアにおける**ファシズムとは異なっている**。

POINT!
すべての政党が解散して大政翼賛会が設立された。議会は戦争協力のための機関となった。

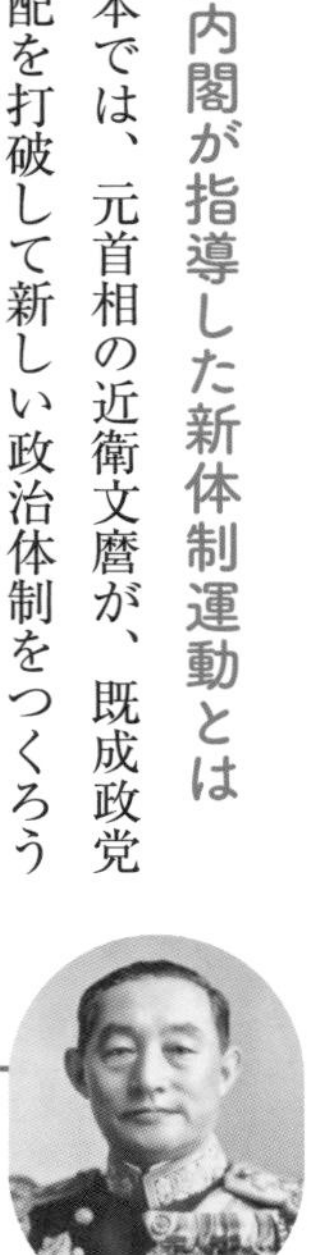

人物　**米内光政**（1880〔明治13〕～1948〔昭和23〕）
盛岡出身。最後の海軍大臣。日中戦争では不拡大論を唱え、日独伊三国同盟や対米戦争開戦に最後まで反対した穏健派。終戦を主導した鈴木貫太郎内閣では戦争終結や海軍解体に尽力した。

この時代★
令和｜平成｜昭和｜大正｜明治｜江戸
2000　1950　1900

戦争遂行のための新しい体制

大政翼賛会は関係団体6団体を傘下に収め、町内会なども取り込んで民衆を戦争協力体制に組み込んだ。

大政翼賛会
総裁＝首相兼任

中央本部
事務局
↓
道府県支部長
（知事）
↓
市町村支部長
（市町村長）
↓

- 都市部：町内会 ― 隣組（隣保班）
- 農村部：部落会 ― 隣組（隣保班）

傘下団体

- **大日本産業報国会**〈全国の主要な工場、事業所に設立された労働組織〉
- **大日本婦人会**〈20歳以上の女性を強制加入。貯蓄奨励や防空訓練などに動員〉
- **大日本青少年団**〈国民学校3年生以上25歳までの男女で結成〉
- **農業報国連盟**〈農業分野において組織された団体〉
- **商業報国会**〈商業分野において組織された団体〉
- **日本海運報国団**〈海運分野において組織された団体〉
- **大日本翼賛壮年団**〈大政翼賛運動の実践部隊〉

大政翼賛会
一元的な戦争指導体制を築くため、ナチスドイツの体制を参考に組織された。

軍事費の増大

軍事費増大のため紙幣を乱発、インフレとなった。

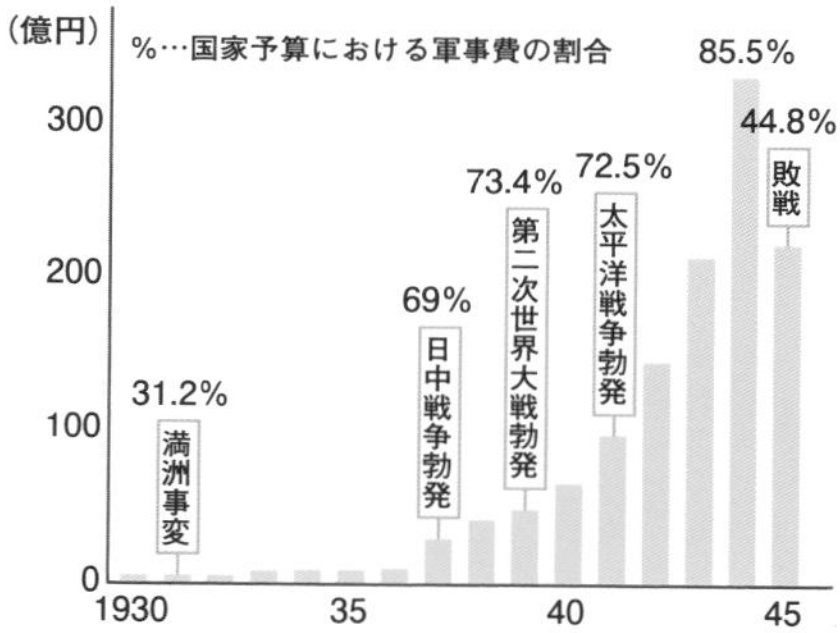

現代の町内会につながる大政翼賛会を支えた隣組

大政翼賛会は内閣総理大臣を総裁とする組織である。傘下の様々な組織に政府の指示をいきわたらせる上意下達のための機関であった。大政翼賛会の組織の末端には、住民を編成した町内会や部落会、隣組《となりぐみ》があった。都市部で組織されたのが町内会、農村で組織されたのが部落会、それらの下の最小単位が隣組である。配給や防空訓練などの活動で戦時体制を支え、住民の相互監視も行われた。これらは終戦後にGHQの命令で廃止されたが、名前を変えて存続した例も多く、現在の「町内会」につながっている。

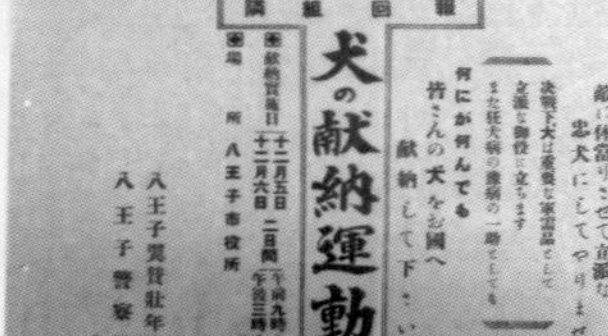

犬の供出を求める隣組回報。
八王子市郷土資料館蔵

豆知識 隣組は向こう3軒両隣を目安に1グループが5～20軒。東京市は1939年8月から「東京市隣組回覧板」を各組に配布し、月2回発行の「回報」を挟んで戸別に回した。回覧板の始まりである。

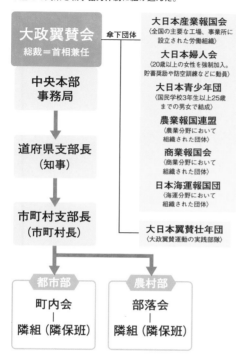

◀P134　P126▶

日本とアメリカの戦争は避けられなかったのか？

日本はなぜ南方進出にこだわったか

日本が南方に進出して米英との対立を深めた背景には、日中戦争の行き詰まりがある。日本は、連合国が東南アジアなどから蒋介石《しょうかいせき》を支援した**「援蒋ルート」の遮断**が必要だと考えた。また、**南方の豊富な資源**も魅力的であった。

ヨーロッパ戦線では、ドイツがオランダ、フランスなどを占領する。このため、フランス領インドシナ、オランダ領東インドなどの植民地に支配の空白が生じた。1940年（昭和15）9月、**日独伊三国同盟**の締結と**北部仏印進駐**が行われ、米英との関係を大きく悪化させたのである。

また、同盟を主導した**松岡洋右**《まつおかようすけ》外相は、ソ連も加えた「四国協商」によってアメリカを牽制しようとし、1941年（昭和16）4月、**日ソ中立条約**を結んだ。この頃には日米交渉も始まっており、アメリカも譲歩する気配を見せていた。

北進か南進かで揺れる日本

ところが、同年6月にドイツが独ソ不可侵条約を破棄して独ソ戦が勃発。日本が期待していた**四国協商論は頓挫**《とんざ》した。7月に開かれた御前会議では、「対英米開戦を覚悟して南進。情勢が有利になれば対ソ戦」という無理のある方針が決定された。さらに、日本軍は**南部仏印進駐**を決行。植民地フィリピンを脅かされる形になったアメリカは、**石油禁輸と対日資産凍結**で応えた。

以後、「石油を断たれればジリ貧に陥る」という陸軍の主戦論が力を増す。9月の御前会議では「10月上旬までに日米交渉が成功しなければ開戦」という帝国国策遂行要領が決定された。結果的に妥協はできず、10月に近衛内閣が総辞職し、陸軍の**東条英機**《とうじょうひでき》**が組閣**。11月26日、アメリカ側から提示された対日提案である「ハル＝ノート」を最後通牒と受けとめた日本は、**開戦を決定**した。

POINT!

開戦前は和戦両様の準備が進められていたが、日米交渉が行き詰まり開戦が決断された。

用語　援蒋ルート

アメリカ・イギリス・ソ連などが、重慶の蒋介石政権を助けるための物資援助ルートのこと。仏印から粤漢（えつかん）鉄道にいたる仏印ルート、ラングーンから昆明にいたるビルマルート、アルマータから西安にいたる新疆（西北）ルートなどがあった。

＼この時代／

令和	平成	昭和	大正	明治	江戸

2000　1950　1900

開戦に反対だった昭和天皇

昭和天皇は対米戦争に慎重だったが、日米交渉の決裂により開戦が決定された。

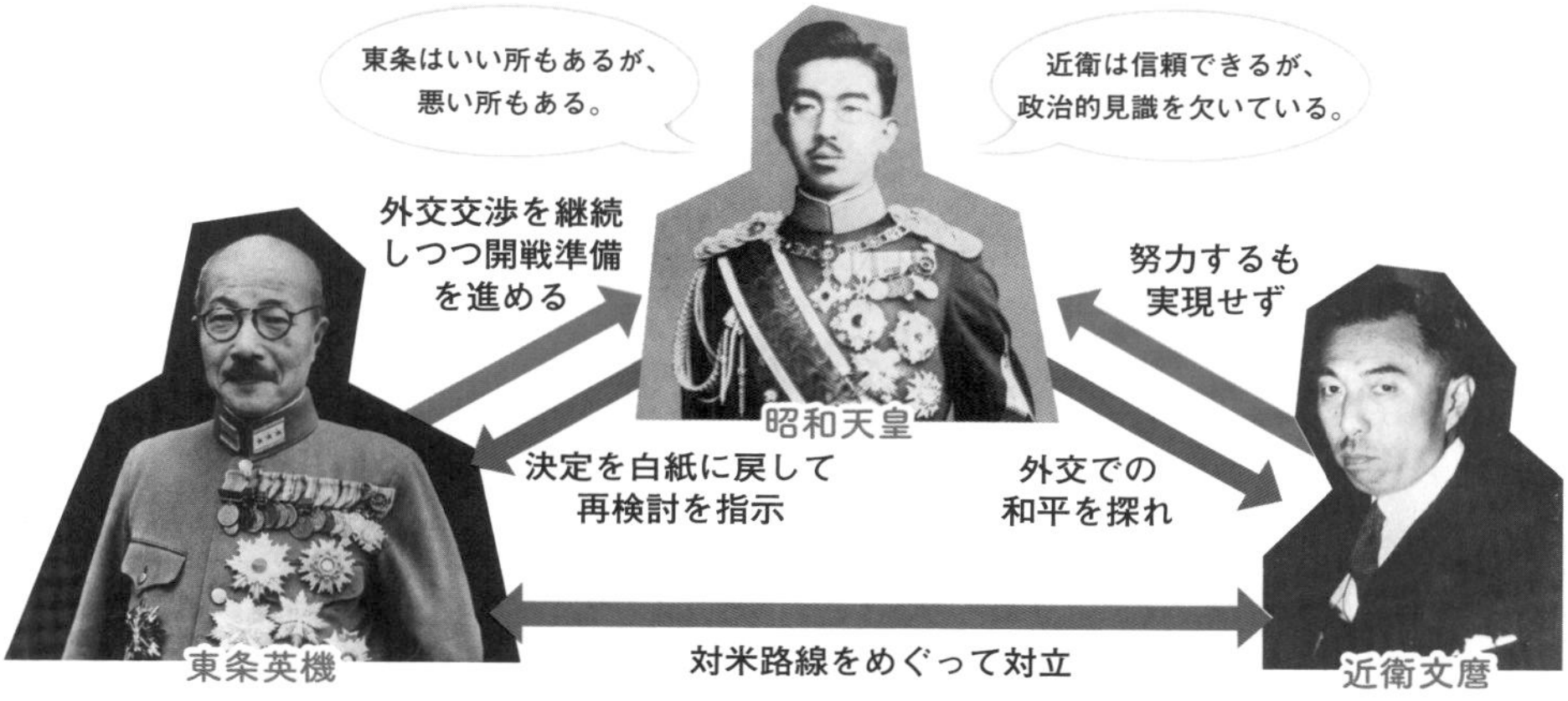

各国からの輸入割合（1940）

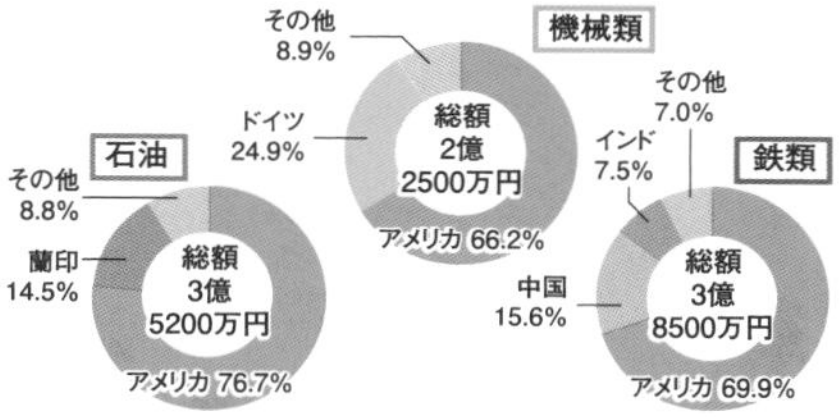

1940年のデータ。日本は石油、機械類、鉄類の約70%をアメリカからの輸入に頼っていた。

「最新日本史図表」（第一学習社）掲載の図版をもとに作成

実質GDP（国内総生産）の比較（1940）

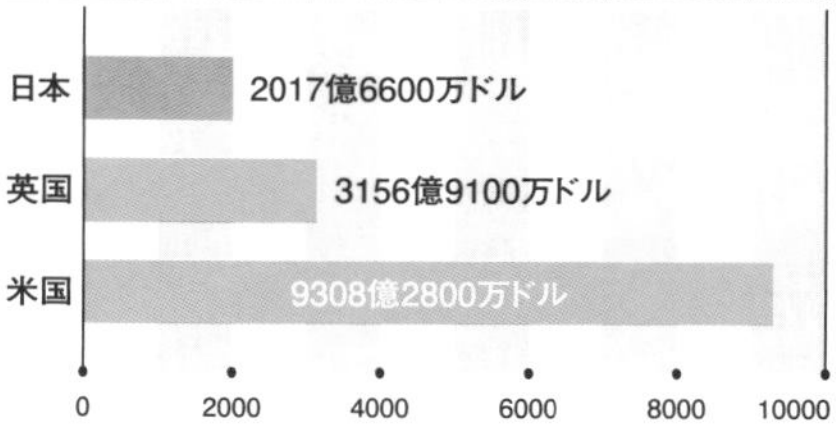

1940年の実質 GDP（国内総生産）の比較。アメリカは日本の約4.6倍、イギリスは日本の約1.6倍だった。

「データで見る太平洋戦争」（毎日新聞出版）掲載の図版をもとに作成

絶大な人気を誇った貴公子

近衛文麿（1891〔明治 24〕～ 1945〔昭和 20〕）

近衛文麿の生まれた近衛家は五摂家の一つで、藤原氏の中でも最も高い家柄を誇る。文麿は幼少期に父を亡くし、巨額の借金が家に残った。父の死後、周囲の人間が手のひらを返すように冷たくなったことが、彼の人格形成に大きく影響したという。政治の道に進むことが宿命づけられていた近衛は、青年貴族として国民に清冽なイメージを与え、人気を博した。一方、二・二六事件後に受けた最初の組閣の大命を辞退するなど、権力への執着は薄く、決断力や突破力にも欠けた。戦後、逮捕命令が発出された直後に服毒自殺をとげる。

豆知識 日本に通称ハル=ノートを提案したコーデル・ハルは、国際連合の創設に尽力し、1945年にノーベル平和賞を受賞。国連の父と称される。

◀P138　P132▶

東アジアの侵略を目的とした大東亜共栄圏の理想と実態

POINT!
戦争の行き詰まりを打開するため、日本は「大東亜共栄圏」のスローガンを打ち出す。

開戦当初は連戦連勝だった

1941年（昭和16）12月8日、日本陸軍が**英領マレー半島に奇襲上陸**した。同日、日本海軍の空母機動部隊がハワイの**真珠湾を奇襲攻撃**する。この時をもって太平洋戦争が勃発。日本とアメリカが第二次世界大戦に参戦することになった。

日本が展開した南方作戦の目的は、まず英領マレー半島と米領フィリピンを占領し、**石油の豊富なオランダ領東インドを攻略**するというものだった。真珠湾攻撃は、米艦隊に打撃を与え、南方作戦を阻止できなくする目的があった。

日本軍は、開戦からわずか2カ月余りでマレー半島南端のシンガポールを陥落させるなど、**緒戦で勝利を重ねた**。しかし1942年（昭和17）6月、米軍飛行場のあるミッドウェー島の攻略を目指した日本の機動部隊が大敗を喫する。この**ミッドウェー海戦**が、戦局の転換点となった。

日本はアジアを解放したのか

日本は、どのようなイデオロギーを掲げてアジア諸国侵略を正当化したのか。日中戦争中、終結の見通しを失った第1次近衛内閣は、戦争遂行の目的として**「東亜新秩序」**の建設を打ち出した。さらに、北部仏印進駐と同時期、アジア・太平洋諸地域を欧米の植民地主義から解放するという**「大東亜共栄圏」**というスローガンが登場する。松岡洋右外相が提唱したとされる。

確かに、日本はイギリスやオランダなどの列強を東南アジアから追い出した。しかし、フィリピンはすでにアメリカから独立を約束されており、日本軍の襲来で独立が遠のいている。日本の南方作戦の狙いはあくまで**資源の収奪**であった。

占領地では現地人の強制労働などが行われ、シンガポールでは**華僑《かきょう》の虐殺**も起きた。こうした過酷な支配は、現地人の抗日運動を引き起こした。

人物　**松岡洋右**（1880［明治13］～1946［昭和21］）

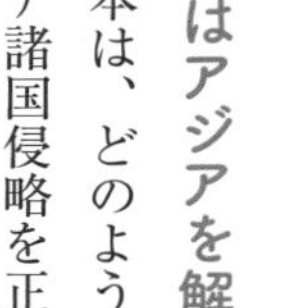

山口県出身。オレゴン州立大学法学部卒。帰国後、外務省に入省。その後、政治家に転身する。日本の国際連盟脱退の時には首席全権として出席。外相時代は日独伊三国同盟、日ソ中立条約を締結させた。

\この時代/

令和	平成	昭和	大正	明治	江戸

2000　1950　1900

真珠湾攻撃

攻撃を受けて炎上するアメリカ太平洋艦縁の戦艦アリゾナ。ハワイ時間では12月7日日曜日の午前7時55分、真珠湾攻撃が始まった。

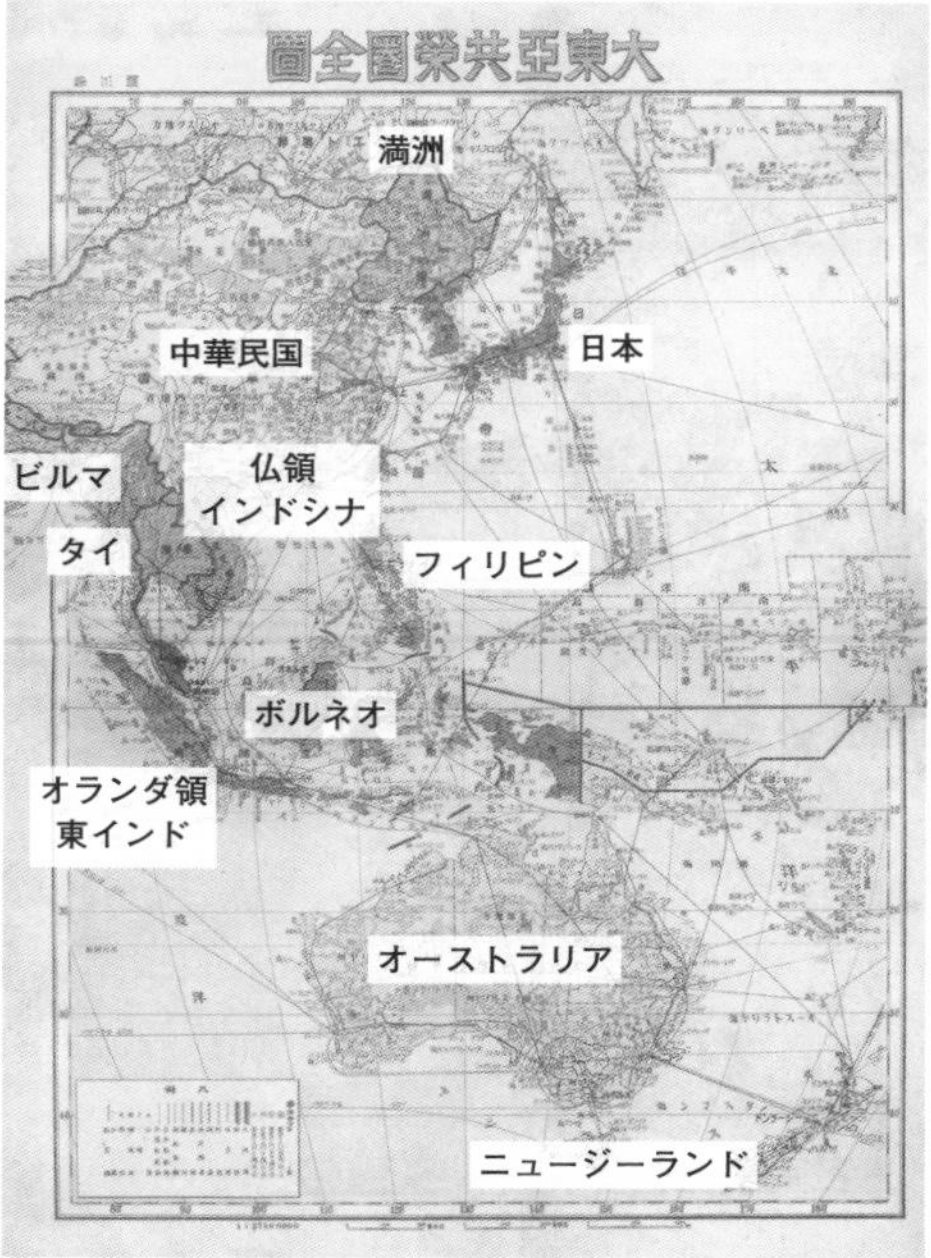

大東亜共栄圏

日本、満洲、中国を中心に、仏領インドシナやタイ、ビルマなどのアジア地域に加え、オーストラリアやニュージーランドまで大東亜共栄圏に含まれた。

大東亜会議の参加者

1943年に東京で開かれた大東亜会議には、満洲国、中華民国、タイ、フィリピン、ビルマ、インドの首脳が参加。この時、マレーやインドネシアの代表は呼ばれなかった。

「先の大戦」の呼称をめぐる議論

日本が１９４５年（昭和20）まで連合国と戦った戦争は「太平洋戦争」「大東亜戦争」など、正式な呼称がいまだ定まっていない。首相の談話などでは「先の大戦」といった曖昧な表現が使われる。「大東亜戦争」の呼称は開戦直後に正式に閣議決定されたが、イデオロギー性が強すぎる点は否めない。一方、日米の戦いに焦点を当てた「太平洋戦争」という呼び名も、交戦中から使われていた。近年では、日米戦争のみならずアジア全体に広がった戦闘にも注目した「アジア・太平洋戦争」という呼称も増えてきている。

豆知識 研究では否定されているが、ローズヴェルト大統領は真珠湾攻撃を事前に知っており、第二次世界大戦参戦のため、あえて日本に攻撃させたとする陰謀論がある。

銃後に置かれた国民生活はどんなものだったのか？

POINT!
生活のすべてを戦争のために捧げたため、戦時下の日本の生活水準は低下した。

統制経済が生活を直撃した

1940年（昭和15）の時点で、**アメリカのGDP（国内総生産）は日本の約4・6倍**であった。日本は国力にそぐわない対英米戦争を遂行するため、民需生産を切り詰めて軍需産業に物資を動員した。その結果、鉄鋼などの重化学工業の比重が高まる一方、**国民生活の水準は低下**し続けた。

食料や生活必需品の**配給制・切符制**は日中戦争中から始まった。大戦末期には物資不足が顕著になり、主食の米の配給にイモや雑穀などが混ぜられた。**金属製品などの物資供出**も行われた。

文科系や一部理系の大学生などを戦地に動員する**学徒出陣**、女性や学生を軍需工場で働かせる**勤労動員**も実施された。戦前の日本では「女性は家を守る」という価値観が根強かったが、戦争によって多くの女性労働者が生み出され、結果的に**女性の社会進出を促した**という見方もできる。

戦時経済が崩壊した理由

戦時の経済に大きな打撃を与えたのは、**政府の予想を超える船舶の喪失**だった。日本が徴用した民間船は、ほとんど護衛もないまま輸送任務に従事し、多くが米軍に撃沈された。南方からの海上輸送が困難になったため、**鉄鉱石や石油などの資源不足が深刻**になった。

1944年（昭和19）7月にはサイパン島が陥落し、本土空襲が激化した。都市部の児童が集団で地方に避難する**学童疎開**も行われた。

文化面でも、アメリカ映画やジャズといった英米の文化が規制され、英語が「敵性語」として排除の対象となった。戦局が悪化してからは、「鬼畜米英」のスローガンも登場する。

戦時下の日本は、総じて国民生活を犠牲にしていた。植民地や占領地では、さらに生活水準の低下が厳しかったことも指摘されている。

用語　敵性語
敵性語の言い換えは強制ではなく自主的な規制運動だったが、ゴルフは「打球」、コスモスは「秋桜」、乗り物のハンドルは「走行転把」、シチズン時計は「大日本時計」、野球用語のストライクは「よし1本」、アウトは「ひけ」などと、様々な分野で排斥が進んだ。

＼この時代／
令和 | 平成 | 昭和 | 大正 | 明治 | 江戸
2000　1950　1900

銃弾の検査を行う女子挺身隊
主に未婚女性で構成された女子挺身隊は、労働力不足を補うために軍需工場などで働いた。

学童疎開のための専用列車
地方に縁故のない児童は、集団疎開の措置がとられた。

ぜいたくは敵だ

日々の生活を制限された人々は、軍隊を支えるため協力し続けた。

戦時下の代用品
資源不足により、鮭の皮でつくられた子どもの靴と陶器製の地雷と手榴弾。
世田谷区立平和資料館蔵

戦局の悪化をごまかした「大本営発表」とは

大本営とは、天皇に直属する日本軍の最高司令部である。陸軍及び海軍の報道部がメディアに向けて行う戦況の発表が「大本営発表」だ。開戦当初は日本軍の勝利を比較的正確に報じ、国民を熱狂させた。しかし、戦局が悪化すると世論への悪影響を恐れ、戦果をごまかすようになる。例えばミッドウェー海戦で、日本は空母4隻を失う惨敗を喫したが、大本営は戦果を過大に、損害を過小に発表した。さらにガダルカナル島からの撤退は「転進」、アッツ島での守備隊全滅は「玉砕」と言い換えられたのである。

朝日新聞
東太平洋の敵根據地を強襲
ミツドウエー沖に大海戦
アリユーシヤン列島猛攻
陸軍部隊も協力要所を奪取
米空母二隻撃沈（エンタープライズ・ホーネット型）
わが二空母、一巡艦に損害
太平洋の戦局此一戦に決す

事実と異なったミッドウェーの戦果を伝える1942年6月11日の朝日新聞。

◀P154 P134▶

本土空襲・沖縄戦・原爆投下――日本がたどった敗戦への道

始まった連合国の反撃

日本軍は1942年（昭和17）夏頃までは優勢で、アジア・太平洋の広大な地域を占領していた。しかし、ミッドウェー海戦での大敗を契機として**連合軍の反攻**が始まった。

日本はアメリカとオーストラリアを分断するため、ガダルカナル島に飛行場を建設しようとした。これを阻止したい米軍が同島に上陸し、激しい攻防戦が繰り広げられる。6カ月の戦闘の末に日本は撤退を決断したが、**戦死者の約7割は補給が断たれたことによる餓死者や病死者**だった。戦死者に占める餓死・病死者の割合は高く、**兵站を軽視する日本軍の体質**を物語っている。

米軍に押されはじめた日本は、防衛ラインを後退させ「**絶対国防圏**」を設定した。しかし、1944年（昭和19）7月にその一角であるサイパン島が陥落し、**東条内閣は総辞職**に追い込まれた。

遅きに失した終戦の決断

サイパン島陥落の結果、日本の本土は米軍の大型爆撃機「B－29」の飛行圏内に入り、**日本の主要都市の空襲が可能**になった。10月には、フィリピン奪還を目指す米艦隊と日本の連合艦隊の間でレイテ沖海戦が起きた。連合艦隊は壊滅し、海軍は組織的行動が不可能となった。

日本の敗北は決定的になったが、終戦の判断は遅れ、犠牲は増え続けた。1945年（昭和20）4月、米軍は沖縄本島に上陸した。日本軍は本土決戦の時間稼ぎをするため、**沖縄を「捨て石」として持久戦を展開**する。これにより、沖縄戦では約12万人の民間人が犠牲になった。

8月には**広島・長崎に原爆が投下**され、さらにソ連が対日参戦した。これを受け、日本は**ポツダム宣言を受諾**して降伏。満洲事変から数えて足かけ15年にわたる戦争が終わった。

POINT!
劣勢となった日本軍は絶対防衛圏を定めて徹底抗戦を行い、多大な犠牲を生んだ。

用語 ポツダム宣言
1945年7月、ベルリン郊外のポツダムで、トルーマン（米）、チャーチル（英）、スターリン（ソ）が、欧州の戦後処理と対日終戦を協議。その後、米・英・中の3カ国で日本に降伏を勧告。軍国主義の駆逐、武装解除、領土の制限や占領などの条件を伝えた。

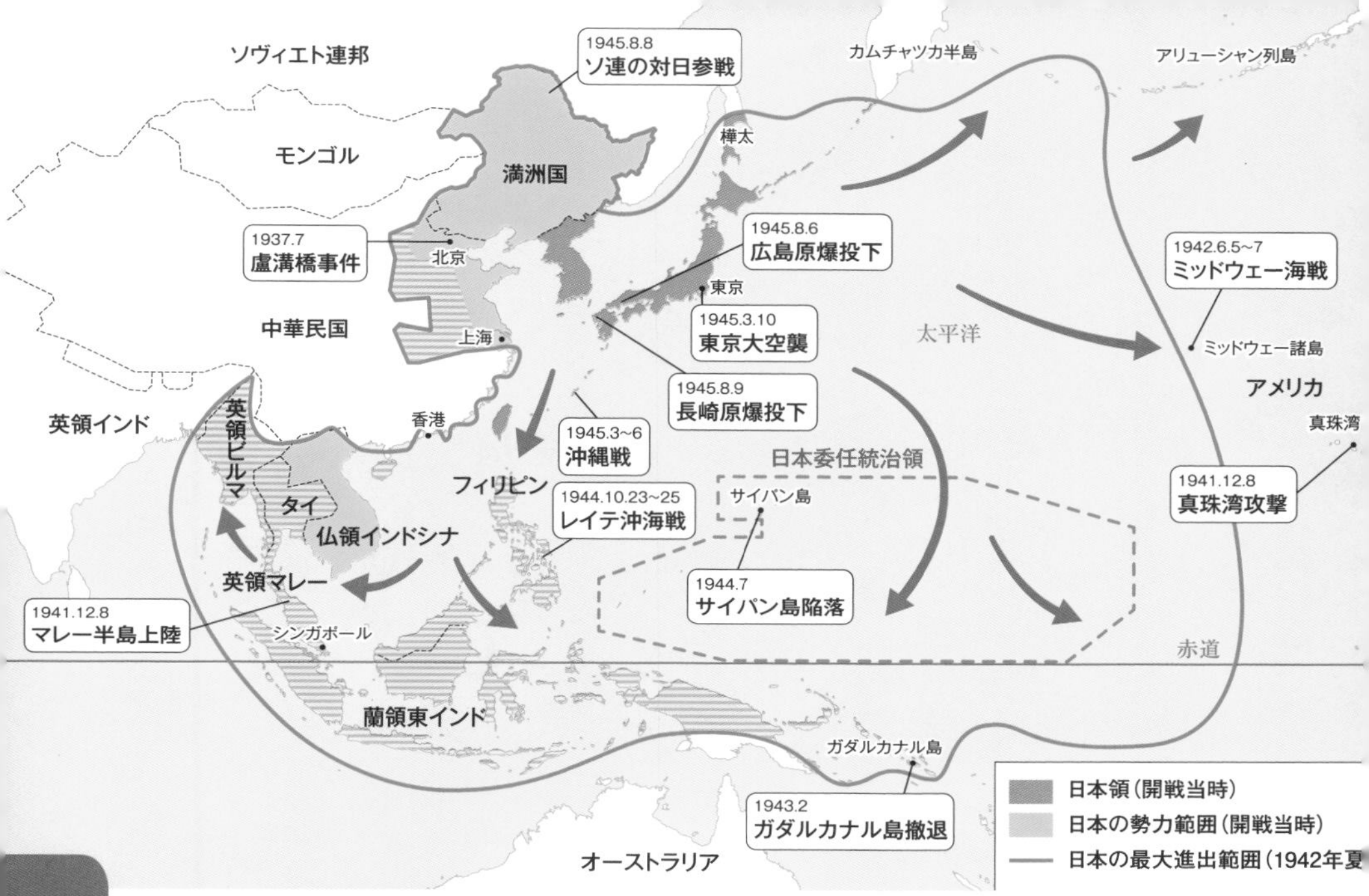

広島に投下された原子爆弾。

東京大空襲の視察をする昭和天皇。

太平洋戦争が終わった「終戦の日」はいつなのか？

日本では、8月15日が終戦の日とされる。だが、日本政府が昭和天皇の「聖断」を受け、ポツダム宣言受諾を連合国に通告したのは8月14日である。翌日に昭和天皇が国民にラジオ放送で終戦を発表したため、一般国民にはこの日が「終戦の日」として刻み込まれているのである。一方、国際的には9月2日（日本の代表が米軍艦ミズーリ号で降伏文書に調印した）が第二次世界大戦の終結日とされている。なお、ソ連は日本が降伏して戦闘を停止した後も千島列島への侵攻を続け、北方領土の占領が始まった。

その時世界は？ ［1945年］2月、ヤルタで連合国首脳会談実施。5月、ドイツ降伏

空襲で失われてしまった貴重な城郭建築や文化財

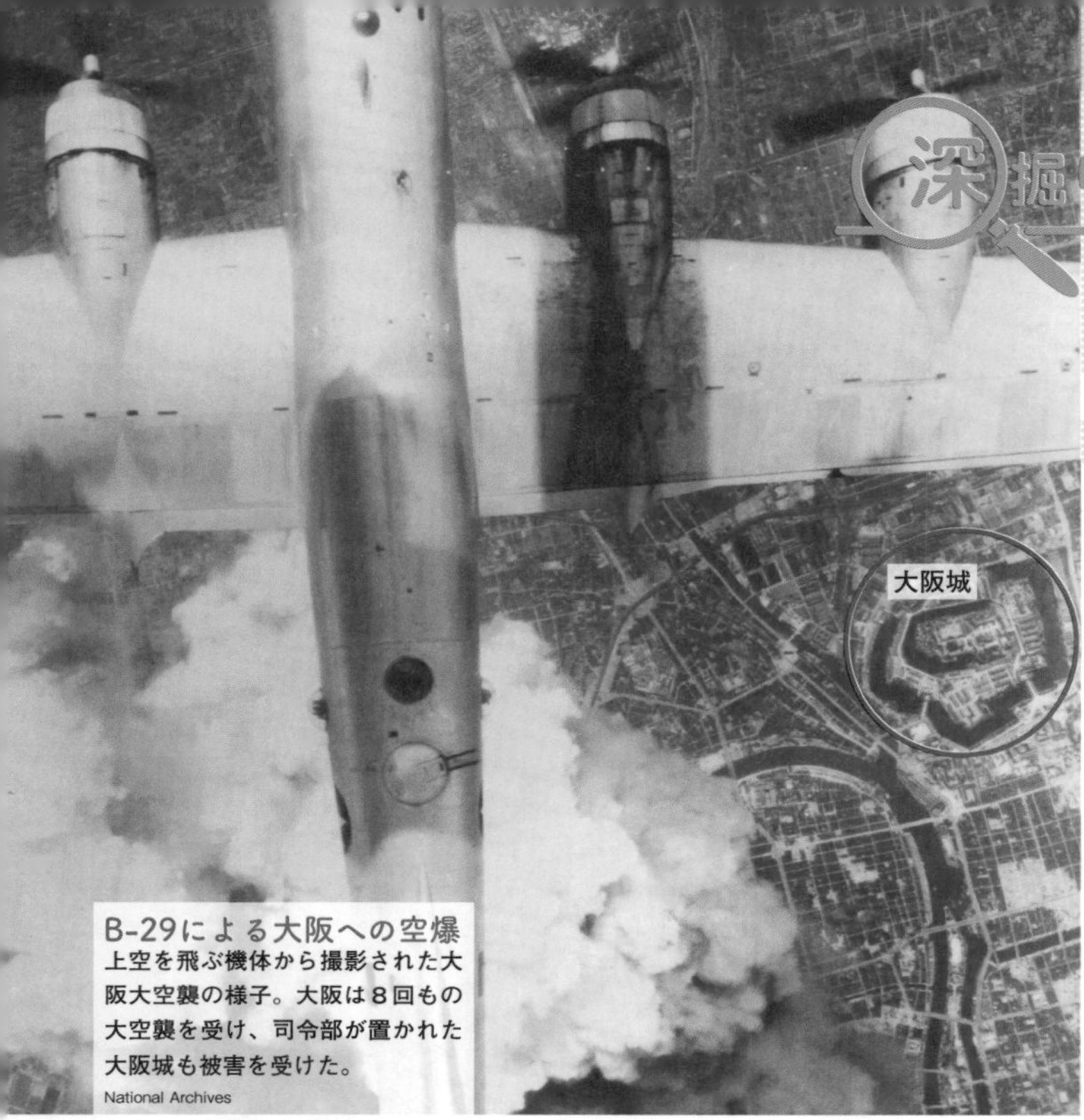

B-29による大阪への空爆
上空を飛ぶ機体から撮影された大阪大空襲の様子。大阪は８回もの大空襲を受け、司令部が置かれた大阪城も被害を受けた。
National Archives

本土空襲における文化財の被害

本土空襲では多くの人命とともに、貴重な文物や城郭建築が数多く失われた。

被災都市	200 以上
被災戸数	約 223 万戸
被災人口	約 970 万人
死者	約 56 万人
負傷者	約 30 万人

人命にとどまらない損失

日本政府の発表によれば、日中戦争から太平洋戦争までに、日本の軍人・軍属の約230万人（うち朝鮮人・台湾人約５万人）と民間人約80万人、計約310万人が死亡したという。この数字はよく引用されるが、すべての被害を拾えているわけではなく、実際にはもっと多い可能性が高い。

米軍は約10万人、英軍も約３万人の死者を出した。中国などアジアにおける被害はもっと深刻で、約２０００万人が犠牲になったと推測される。

失われたのは人命だけでなく、貴重な建築物や美術品も失われた。とりわけ、１９４４年後半以降に本格化した本土空襲での被害が深刻だった。

原爆で倒壊した広島城
一発の原爆により、旧国宝の天守をはじめほぼすべての建造物が倒壊。城の建材はバラックなどに利用された。 米軍撮影／広島平和記念資料館提供

平将門の首桶
御神体として所蔵していた築土神社が東京大空襲で全焼。

名古屋空襲を記録する会提供

炎上する名古屋城天守
名古屋空襲により炎上する天守。空襲対策のために最上層に設けられた足場から引火して炎上した。

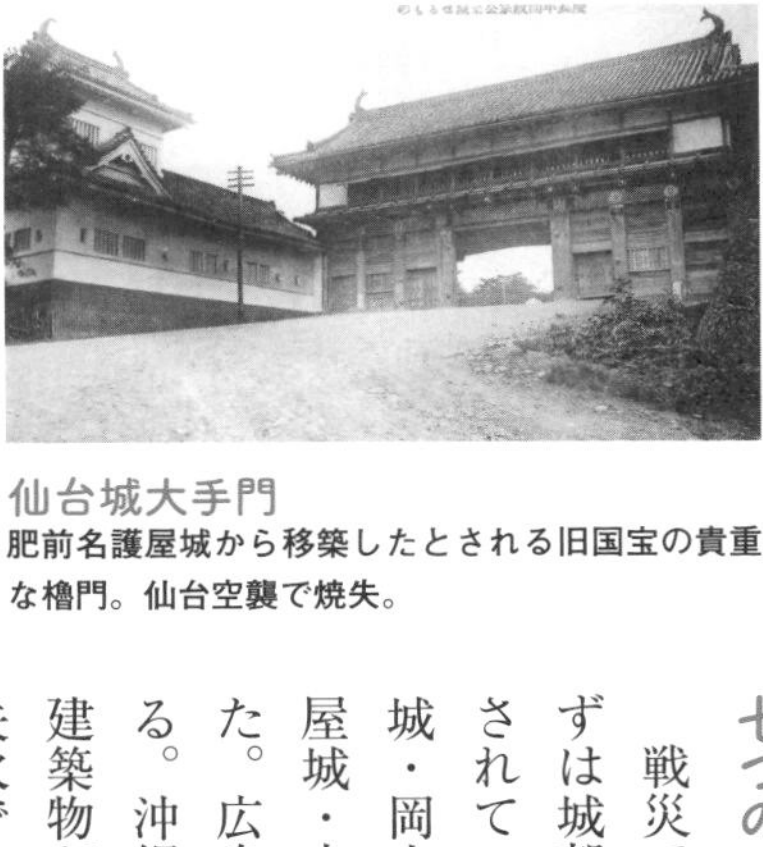

仙台城大手門
肥前名護屋城から移築したとされる旧国宝の貴重な櫓門。仙台空襲で焼失。

七つの天守が空襲で焼失

戦災で失われた文化財といえば、まずは城郭建築が挙げられる。各地に残されていた天守のうち、福山城・広島城・岡山城・和歌山城・大垣城・名古屋城・水戸城の7天守が永久に失われた。広島城は原爆投下による被害である。沖縄戦では、守礼門など首里城の建築物が焼失。戦後の占領期、米軍の失火で失われた大阪城紀州御殿のような例もある。「町の誇り」である城を失った地元民への心理的打撃も大きかったが、戦後には名古屋城や広島城、岡山城などの天守が再建され、復興のシンボルとなった。

美術品の損害も多い。「天下三名槍」のひとつと称される「御手杵の槍」は、1945年5月に東京を襲った山の手大空襲で焼失した。他、徳川家の菩提寺・寛永寺に伝わる「徳川家康像」などが被災している。

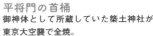

第5章 復興から高度経済成長へ

昭和中期

1945年〜1970年代

時代	年	出来事
昭和	1945	6月、沖縄がアメリカの占領下に置かれる P180
		8月、ポツダム宣言を受諾し、GHQによる占領政策が始まる P144
		12月、衆議院議員選挙法改正 P149
	1946	1月、天皇が「人間宣言」を行う P144
		2月、全国巡幸がはじまる P150
		11月、日本国憲法が公布される P148
	1947	教育基本法が公布される P152
	1948	東京裁判の判決が下る P144
	1949	美空ひばりの「悲しき口笛」が全国で大ヒットを記録 P161
	1950	朝鮮戦争に伴い警察予備隊が設置される P156
	1951	サンフランシスコ平和条約・日米安全保障条約に調印 P158
	1953	テレビ放送開始 P172
	1954	防衛庁・自衛隊発足 P157
	1955	55年体制の成立 P162
		高度経済成長が始まる P168
	1956	10月、日ソ共同宣言に調印 P158

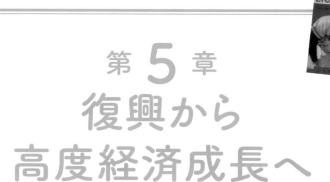

内政	GHQに占領された日本では、日本国憲法の制定や、様々な戦後政策が行われた。また、戦時中に解散していた政党も次々と復活。1955年以降は、自民党が与党を、社会党が野党第一党を担う55年体制が始まる。
国際外交	米ソ冷戦が始まり、初の代理戦争である朝鮮戦争が勃発。アメリカは日本の独立と再軍備を急がせ、社会主義勢力の防波堤にしようとした。1952年、日本は主権を回復したが、日米安全保障条約により米軍は駐留し続けた。
経済	深刻な物資不足により、戦後の国民生活は非常に苦しいものだった。しかし奇跡的な復興により、戦後不況を乗り越えて高度経済成長期に突入すると「一億総中流」が実現。アメリカに次ぐ世界第2位の経済大国となった。
社会生活	家庭電化製品の普及により、人々の生活の質は大きく向上した。消費熱も高まりを見せ、「消費は美徳」とする大量生産・大量消費の風潮が生まれた。その一方で、経済成長の負の側面である公害問題が深刻化した。
文化	戦後の民主化により思想や言論の自由が認められるようになると、文化・芸術活動が活気づき、敗戦に沈む日本人を元気づけた。またテレビや雑誌などのマスメディアの発展が、文化の大衆化・多様化を促した。

昭和	
1956	12月、日本が国際連合に加盟 P158
1960	岸内閣が日米新安保条約に調印 P164
	民主社会党が結成 P162
1961	農業基本法制定
1964	海外への旅行が自由化される
	東京オリンピックが開催 P176
	OECD（経済協力開発機構）加盟
1965	日韓基本条約に調印
1966	自動車、カラーテレビ、クーラーの3Cが普及する P170
1967	公害対策基本法制定 P174
	12月、非核三原則表明
1968	東大紛争が起こる P179
	小笠原諸島返還実現 P158
1969	日米共同声明
1970	大阪万博が開催される P177
1972	2月、あさま山荘事件が起きる P178
	5月、沖縄がアメリカから返還される P181

内政

◀P148　P130▶

GHQは戦後の日本をどのような国にしたかったのか？

連合国は日本をどう占領したのか

〈1945/昭和20〉無条件降伏した日本は植民地を放棄し、連合国の占領を受けた。米英仏ソ4カ国が共同で軍政を敷いたドイツとは異なり、日本は**連合国軍最高司令官総司令部**（**GHQ**）が日本政府に指令を下して実行させる間接統治であった。また、実質的にアメリカの単独統治で、南西諸島と小笠原諸島についてはアメリカの直接軍政下に置かれた。

マッカーサー元帥を最高司令官として占領を開始したGHQは、日本が以後アメリカの脅威にならないよう、民主化と非武装化を進めようとした。1945年10月には、**人権指令**によって治安維持法の廃止などが行われた。さらにマッカーサーは**幣原《しではら》喜《き》重郎《じゅうろう》首相**に対し、「①婦人参政権、②労働組合の結成奨励、③教育の自由主義化、④秘密警察の廃止、⑤経済の民主化」を指示した。いわゆる**五大改革指令**である。

戦争指導者の責任を追及

さらにGHQは日本の陸海軍を解体し、戦争時の指導者の多くを逮捕。通常の戦争犯罪に問われたBC級戦犯に対し、「平和に対する罪」「人道に対する罪」を問われた人々をA級戦犯という。**極東国際軍事裁判**（**東京裁判**）ではA級戦犯として28人が起訴され、**東条英機《とうじょうひでき》元首相ら7人が死刑判決**を受けた。BC級戦犯も、各地の法廷で984人が死刑となっている。戦時に指導的な地位にあった者の公職追放も行われた。

GHQの改革は宗教にも及んだ。明治維新後、政府は国家神道にもとづいて国民を教化した。これが天皇崇拝と軍国主義化の要因になったとして、GHQは**国家と神道の分離を指令**した。また、昭和天皇の戦争責任を追及せず、**昭和天皇は1946年1月1日に「人間宣言」を行い**、自らの神としての性格を否定した。

POINT!

GHQの占領政策によって、日本の民主化と非武装化が進められ、戦犯は処罰された。

人物　**マッカーサー**（1880～1964）

アメリカ陸軍元帥。太平洋戦争で対日戦を指揮し、戦後は連合国軍最高司令官として日本占領を行った。朝鮮戦争では国連軍最高司令官となるが、作戦をめぐりトルーマン大統領と対立し解任された。

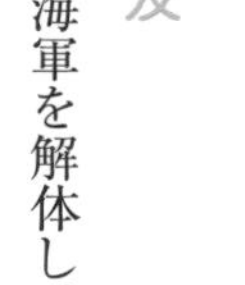

\この時代/

令和	平成	昭和	大正	明治	江戸

2000　1950　1900

本土と沖縄で異なった統治方法

日本本土では、アメリカが主導するGHQが日本政府に指令を出して政策を進める、間接統治がとられた。一方、沖縄や小笠原諸島ではアメリカによる直接統治が行われた。

本土の統治

1952年にサンフランシスコ平和条約が発効され、GHQは撤退、本土は独立を回復した。

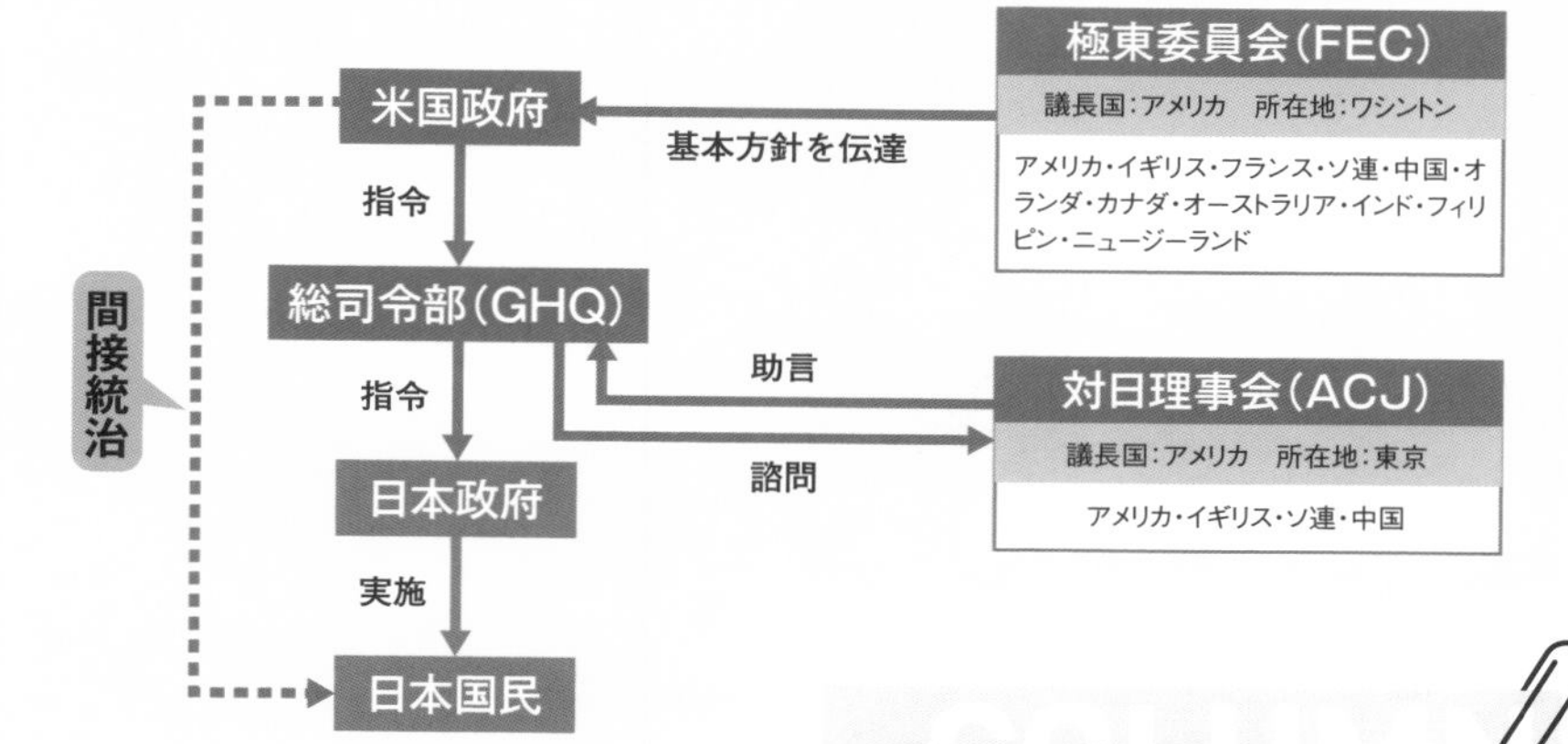

沖縄の統治

沖縄では米軍政府（のちに米国民政府）による直接統治が行われた。1952年に琉球政府が設置されたが、依然としてアメリカの統治下にあった。

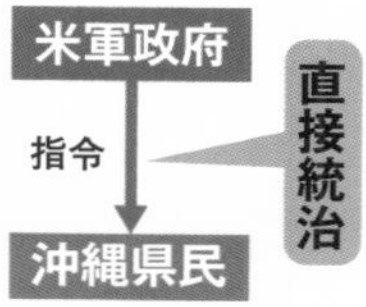

極東国際軍事裁判の様子

A級戦犯とされた東条英機ら元指導者が被告席に座り、ヘッドホンで発言を聴いている。

COLUMN 戦前と戦後は「断絶」しているのか

戦後の占領期には多くの改革が行われたため、一般には戦前と戦後には大きな断絶があるとみなされている。しかし、領域によっては戦前と戦後の連続性に着目した研究もある。「総力戦体制論」という見方がそれだ。日本は第二次大戦で史上初めて総力戦を経験し、女性や労働者、小作農といった人々も戦争に参加させた。それにより、政府はこれらの人々の地位を押し上げる改革をする必要に迫られる。戦争は一般市民に多大な被害をもたらしており、戦前と戦後で断絶している点も多くあるが、一方で戦前の政策の一部が戦後改革の基礎になったという見方もできるのである。

豆知識 GHQの占領政策が始まると、戦時中は「鬼畜米英」などと血気盛んだった軍も武装解除を進めた。民衆の間では「男は占領軍の奴隷に、女は妾にさせられる」などの噂が広まった。

◀P170　P136▶

なぜ、都市部の人々は闇市を必要としたのか？

買い出し列車
食料不足に陥った都市の人々は、列車に乗り地方の農村へ買い出しに行った。
古着
そば
おでん
魚
時計
靴
闇市
駅前や広場にできた闇市では、生活必需品や食料品などを購入できた。

闇市の物価（公定価格との比較）

闇市には横領・横流しされた軍需物資や、米軍駐屯店からの横流し品などが並んだ。価格は公定価格の数十倍だった。

(倍)
263.9
200
160
120
80
40
0
白米
薩摩芋
味噌
醤油
塩
砂糖

海外引き揚げ者を襲った苦難

敗戦により、海外にいた**軍人310万人と一般居留民320万人**が一斉に日本へ引き揚げた。しかし、ソ連に降伏した日本人のうち、約60万人が抑留《よくりゅう》され、強制労働に従事させられた。この**シベリア抑留**によって6万人以上が犠牲になったとされる。混乱の中で孤児となり、日本に帰国できなかった中国残留孤児などの問題も残した。

本土の国民生活も悲惨だった。都市部は空襲で徹底的に破壊されたため、人々は粗末な**バラック小屋**を建てて風雨をしのいだ。1945年は記録的な凶作となった上に、海外からの大量の復員や引き揚げがあったため、**物資の不足は深刻**だった。

POINT!

帰還した兵士や民間人が都市部にあふれたことで、物資が不足し闇市が生まれた。

\この時代/
令和　平成　昭和　大正　明治　江戸
2000　1950　1900

戦後を生き抜いた人々の暮らし
空襲で焼け野原となった都市部では、人々はバラック小屋に住み、闇市で食料を調達した。
青空教室
都市部では空襲で学校の校舎が焼かれたため、野外で授業が行われた。
ジープに乗る米軍
駐留兵はアメリカの軍用車両「ジープ」に乗った。
バラック小屋
空襲により家を失った人々は、廃材でつくったバラック小屋で生活した。
イラスト／板垣真誠

政府とGHQの経済政策

戦時中から続いていた配給制度は機能しなくなり、人々は違法な商売である**闇市**で食料や生活必需品を調達するようになる。また、都市部の人々がすし詰めの列車に乗り、農村まで買い出しに行く光景も見られた。

国民生活に追い打ちをかけたのが、通貨の増発とモノ不足による**インフレ**である。政府は**金融《きんゆう》緊急《きんきゅう》措置令《そちれい》**を出して貨幣の流通量を減らしたが、効果は限定的だった。産業面では、**第1次吉《よし》田《だ》茂《しげる》内閣が傾斜生産方式《けいしゃせいさんほうしき》を実施**した。これは、基幹産業の鉄鋼と石炭に重点的に資金を注入し、優先して復興させようとする政策であった。

国民生活が苦しくなるにつれ、労働運動も激化した。1947年2月1日には**ゼネラル・ストライキ（一斉スト）**が予定されていたが、GHQの介入で中止となった。

豆知識　1972年にグアムで発見された横井庄一は、敗戦を信じずジャングルに潜伏していた。また、フィリピンの島に潜伏していた小野田寛郎が帰国したのは1974年のことだった。

◀P152　P144▶

大日本帝国憲法と日本国憲法は何が違うのか？

複数ある日本国憲法の草案

戦後に行われた改革のうち、最も重要なのが**日本国憲法**の制定である。GHQは、1945年10月初めには憲法改正を指示。政治顧問ジョージ・アチソンが12の項目を提示した。

指令を受けた幣原喜重郎内閣は、松本烝治《まつもとじょうじ》を委員長として憲法問題調査委員会を発足させる。同委員会が作成した草案（**松本試案**）は、基本的人権の保障などに進歩があったものの、GHQには保守的とみなされた。

1946年2月、GHQはホイットニー民政局長の主導で英文の憲法草案を作成し、改正の指針とした（**マッカーサー草案**）。また、民間で高野岩三郎《たかのいわさぶろう》・鈴木安蔵《すずきやすぞう》らが**「憲法草案要綱」**を作成しており、GHQはこれも参照した。さらにGHQは、天皇制を廃止すれば国内が混乱すると判断し、**象徴としての天皇制存続を決定**した。

戦争放棄は天皇制維持のため？

日本国憲法では、**第9条で戦争の放棄**をうたっている。当時の国際世論は、まだ天皇制に厳しい目を向けていた。天皇制維持という点で一致した日本政府とGHQが、他の戦勝国からの批判をかわすために戦争放棄の条項を入れたのである。平和主義は天皇制を守るためでもあった。

GHQの草案は日本国憲法の原型になったが、そのままというわけではない。政府案の作成や帝国議会での審議を経て、多くの追加・修正がなされた。例えば、一院制が**衆参の二院制**になったり、**生存権が追加**されたりした。

衆議院・貴族院での可決を経て、1946年11月3日、日本国憲法が公布された。明治憲法の天皇主権は、**国民主権**（**主権在民**）に改められた。それに加え、**基本的人権の尊重・平和主義**を三原則とする民主的な憲法だった。

POINT!

GHQと日本政府によって修正が重ねられ、国民に主権を与えた民主的な憲法が完成。

用語　衆参の二院制

日本国憲法では貴族院は廃され、参議院が設置されて国会は衆参の二院制となった。参議院議員は国民の選挙によって選出され、任期は6年で解散はない。衆議院より権限は弱いが、衆議院の解散中に緊急事態となった場合、単独措置をとる権限を持つ。

＼この時代／

令和	平成	昭和	大正	明治	江戸

2000　1950　1900

大日本帝国憲法と改正案の比較

日本政府の作成した改正案は、大日本帝国憲法と内容が変わらずGHQに拒否された。GHQのマッカーサー草案では、「天皇」「軍隊」「国民の権利」についての条文が大きく修正された。

	天皇	軍隊	国民（臣民）の権利
大日本帝国憲法	3条　天皇は神聖にして侵すべからず	11条　天皇は陸海軍を統帥す	（法律の留保あり）
憲法改正要綱（松本試案） 憲法問題調査委員会が作成。大日本帝国憲法の文言を一部修正しただけだった	3条　天皇は至尊にして侵すべからず	11条　天皇は軍を統帥す	（公益・公安のために必要な場合は法律により権利が制限される場合がある）
マッカーサー草案 GHQが松本試案を拒否し修正した	1条　皇帝は国家の象徴にしてまた人民の統一の象徴たるべし彼はその地位を人民の主権意思より承けこれを他のいかなる源泉よりも承けず	8条　国民の一主権としての戦争はこれを廃止す……	12条　日本国の封建制度は終止すべし 一切の日本人はその人類たることに依り個人として尊敬せらるべし……
政府憲法改正草案要綱 マッカーサー草案にもとづき政府が作成	1　天皇は日本国民至高の総意に基づき日本国及びその国民統合の象徴たるべきこと	9　国の主権の発動として行う戦争及び武力に依る威嚇または武力の行使を……永久にこれを放棄すること	12　すべて国民の個性はこれを尊重しその生命、自由及び幸福希求に対する権利については……最大の考慮を払うべきこと

※条文は読みやすいように一部改変

女性の参政権が認められた

女性参政権を初めて認めた第22回総選挙の結果（1946年）。被選挙権は25歳以上の男女とされ、79人の女性立候補者のうち、約半数が当選した。

党派名	当選者（人）〈うち女性〉
日本自由党	140〈5〉
日本進歩党	94〈6〉
日本社会党	92〈8〉
日本協同党	14〈0〉
日本共産党	5〈1〉
諸派	38〈10〉
無所属	81〈9〉
合計	464〈39〉

初めて投票する女性

1945年12月成立の新選挙法で満20歳以上の男女に選挙権が与えられた。第22回総選挙の投票率は70%を超えた。

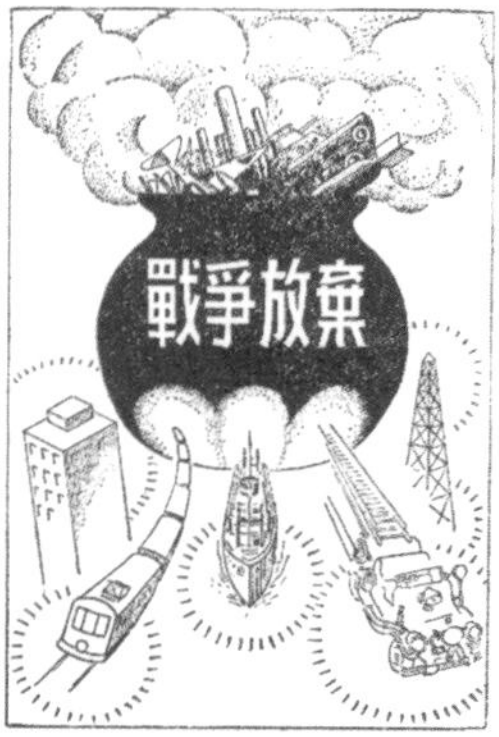

戦争放棄

中学生用の『あたらしい憲法のはなし』の挿絵。1947年に文部省（現在の文部科学省）が発行した。

豆知識　世界の近代憲法のうち日本国憲法は14番目に古いが、他国の憲法が制定後に改正されているのに対し、日本国憲法は一言一句変わらない。そのため「世界最古の憲法」ともいわれる。

戦後の昭和天皇の歩み

新憲法制定によって天皇の権利は大きく縮小された。
昭和天皇は象徴天皇としての役割を全うした。

新憲法で象徴天皇制が定められ天皇の役割はどう変わったのか？

昭和天皇を探す女性

天皇は全国各地を巡幸し一般国民と交流。天皇の庶民的な服装や人間らしいしぐさに、戸惑う人も多かったという。

マッカーサーと昭和天皇

昭和天皇はマッカーサーとの会見で全責任を認める旨の発言をしたとされる。

象徴天皇制を伝えるイラスト

新憲法により、天皇や貴族（華族）が国民と同列になったことを示している。

GHQが天皇制を残した意図

日本国憲法の制定における最大の難題は、天皇の地位であった。

アメリカは、**天皇制の廃止が日本に混乱をもたらすと予測**していた。一方、戦勝国のうちソ連やオーストラリアなどは天皇を戦犯として訴追することを主張する。そこで、GHQは天皇制を維持するため、**象徴天皇制**への変革を日本政府に迫った。

日本政府内に抵抗はあったものの、「君臨すれども統治せず」というイギリス式の立憲君主制が念頭にあった**昭和天皇**は、象徴天皇制を受け入れる。天皇は、**「日本国及び日本国民統合の象徴」**として、政治権力を持たず儀礼のみを行う存在となった。

宮内庁長官の記した「拝謁記」の意義

昭和天皇は、公の場で戦争に対する反省や悔恨の弁を述べたことはなかった。しかし、初代宮内庁長官の田島道治が昭和天皇との対話を記録した「拝謁記」には、戦争に対する昭和天皇の心情がつづられている。1952年5月3日、日本の独立回復を祝う式典で天皇が祝辞を述べた。この時、天皇は先の大戦への悔恨と反省の心情を表明したいと希望したという。しかし、吉田茂首相は天皇の戦争責任に議論が及ぶことを憂慮し、強く反対。悔恨と反省に該当する一節は削除されたのである。

天皇の国事行為の例

日本国憲法では、天皇は内閣の助言と承認により、国事行為（国事に関する形式・儀礼的な行為）のみを行い、政治には関わらないことが定められた。

6条

- 内閣総理大臣の任命
- 最高裁判所長官の任命

7条

- 憲法改正、法律、政令、条約の公布
- 国会の召集と衆議院の解散
- 国会議員の総選挙の施行を公示
- 国務大臣等の任免と全権委任状等の認証
- 刑の執行の免除及び復権の認証
- 外交文書等の認証と外国の大使・公使の接受

昭和天皇の東京五輪開会宣言（1964年）

昭和天皇の在任期間は歴代天皇の中で最も長い62年。太平洋戦争と敗戦、占領、戦後復興という激動の時代を生きた。

象徴天皇制を受容した国民

天皇の位置づけは変わったが、国民は象徴天皇をどのように受け入れていったのか。大きな役割を果たしたのが、昭和天皇の**全国巡幸**である。

天皇が各地をまわり、一般国民と会話を交わす巡幸は、日本国憲法の公布に先立つ１９４６年２月に始まった。当初は静かに天皇を迎えていただけの国民も、やがて**熱狂的に天皇を歓迎するようになる**。天皇に対する国民感情はおおむね好意的になった。

一方、昭和天皇は戦後になっても首相や大臣に対して**政治的な意見を述べている**。天皇が政治的権限を持たない日本国憲法には反するように思える。だが、昭和天皇自身は「意見表明は国政への介入にはあたらない」と考えていたようである。昭和天皇には、戦前・戦後の断絶と連続という両方の面があったといえよう。

◀P162　P148▶

GHQによる民主化政策はどのように実施されたのか？

POINT!

GHQの改革により、財閥や寄生地主制などの既成権力が破壊され、民主化が進んだ。

後進的な日本経済を改革

GHQは、日本の経済の後進性が軍国主義化につながったと考えた。具体的には、三菱・三井・住友・安田といった**財閥**《ざいばつ》による産業の支配と、農村に住んでいない寄生地主《きせいじぬし》（不在地主）が小作料を徴収する**寄生地主制**である。

GHQは、15の財閥の解体と資産凍結を命じ、持株会社整理委員会を発足させた。財閥の一族や持株会社の所有する株式は譲渡され、株式の所有による関連会社の支配はできなくなった（**財閥解体**〈1945～52／昭和20～27〉）。さらに独占禁止法でカルテル・トラストが禁止され、過度経済力集中排除法で巨大独占企業が分割された。

農村では**農地改革**〈1946～50／昭和21～25〉が行われ、地主の所有する土地が強制的に買い上げられ、小作人に安く売却された。これによって多数の自作農が創出され、寄生地主制は解体した。

教育の自由主義化も進む

1945年には労働組合法が制定され、団結権・団体交渉権・団体行動権の**労働三権**が保障された。その後制定された労働関係調整法・労働基準法と合わせ、労働三法と呼ばれる。

教育についても民主化が進んだ。「墨塗りの教科書」に象徴されるように、教科書の軍国主義的な記述は削除された。1947年制定の**教育基本法**は、男女共学などの原則を定め、義務教育を6年から9年に延長した。また、学校教育法によって**現行の六・三・三・四の学校制度が確立**した。

これらは「日本の民主化」として理解されているが、反論もある。戦前の旧財閥の政治的立場は軍国主義ではなく経済的自由主義だった。戦争は多大な犠牲を生んだが、一方で農地改革や労働者保護については**戦時中の総力戦体制により、農民や労働者の地位が向上した結果**という議論もある。

用語　カルテル・トラスト

カルテルとは産業別の企業連合のことで、生産制限や価格統制を行う。トラストとは買収などにより企業が統合される企業合同のことで、競争による過剰生産や価格低落を防ぐ。カルテル・トラストで中小企業は大企業に吸収され、市場は独占された。

＼この時代／★

令和	平成	昭和	大正	明治	江戸

2000　1950　1900

戦後の民主化政策

GHQは日本の軍国主義が、財閥・地主・軍部の結託から生まれたと考え、財閥解体や農地改革を行って民主化を進めた。他にも教育や労働、政治など様々な分野の改革が行われた。

財閥

戦前

三井・三菱・住友・安田の4大財閥をはじめとする巨大財閥が経済を独占し政治にも影響を与えた

戦後

財閥解体で4大財閥が解体され、財閥の持株は一般に売却された。また独占禁止法、過度経済力集中排除法で巨大独占企業の分割が行われた

教育

戦前

初等教育以降は、実力別に多様な学校が並列。また、国粋主義、軍国主義的な教育が行われた

戦後

教育基本法で教育の機会均等と義務教育9年制、男女共学などが規定された。また、学校教育法で六・三・三・四制が定められた

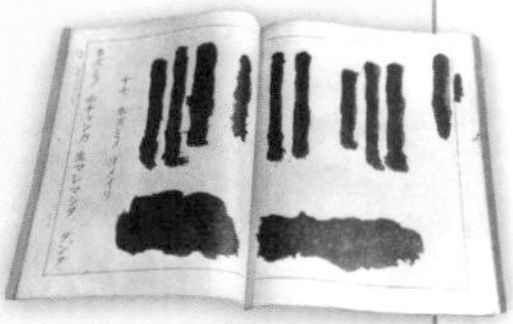

戦争に関わる部分を墨で黒く塗った教科書

労働

戦前

工場法により労働者が保護されたが、問題点も多かった。また、労働組合などは弾圧された

戦後

労働者の団結権・団体交渉権・団体行動権を保障する労働組合法の他、労働関係調整法、労働基準法の労働三法が定められた

11年ぶりに復活したメーデー

政治

戦前

1940年、政党は解散して大政翼賛会にまとめられた。共産主義者は弾圧・投獄された

戦後

政党政治が復活し日本自由党（現・自由民主党の母体）や、日本進歩党（のちの民主党）が結成され、共産党員も釈放されて共産党を再建した

農民

戦前

地主が小作人に土地を貸し、農作物の一部を徴収する寄生地主制が定着し、小作人が窮乏した

戦後

寄生地主制から農民を解放するため、2度にわたる農地改革が行われた。貸付地のうち一定面積を超える分を国が買い上げ、小作人に安く売却した

自作農と小作農の割合

農地改革によって多くの農民が自立。
大地主たちは従来の経済力と威信を失った。

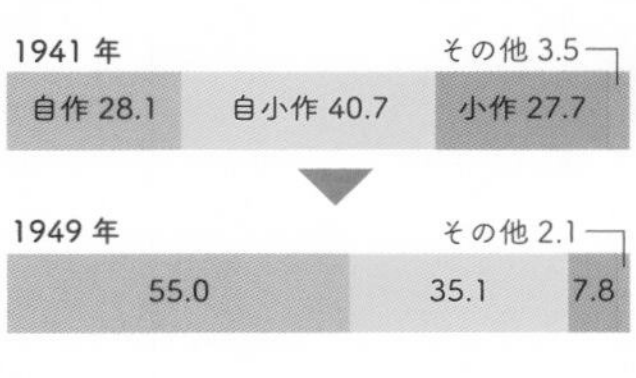

農地改革
啓発ポスター

改革後に小作地が大幅に減ることをアピールしている。

豆知識 財閥解体は米が対ソ冷戦に集中したことで、次第に徹底されなくなった。独占禁止法も緩和され、三井・三菱・住友銀行など財閥系の銀行を中心に再び企業グループが形成された。

◀P156　P138▶

日本が「反共の防波堤」と位置づけられたのはなぜか？

POINT!
東西冷戦により世界が分断されると、日本はアメリカの資本主義陣営に組み込まれた。

大戦後に表面化した東西対立

日本の戦後の歩みは、東西の対立と切り離すことができない。**米ソの対立**は、第二次世界大戦中にまでさかのぼる。

１９４５年2月、当時ソ連領だったヤルタで米英ソ首脳による会談が行われた。ソ連の対日参戦の密約が交わされたほか、戦後の国際秩序についても話し合われた。ヤルタ会談でつくられた米ソ二大国による国際秩序を**ヤルタ体制**という。

同年10月、大戦中からの連合国の構想にもとづいて**国際連合が発足**する。しかし、同時期に米ソの対立も表面化する。

東欧をナチスドイツの占領から解放したソ連は、**東欧諸国に社会主義体制を成立**させ、ソ連の衛星国にしようとした。この動きが米英を刺激し、トルーマン米大統領はソ連の「封じ込め」を打ち出した（**トルーマン＝ドクトリン**〈１９４７／昭和22〉）。

冷戦が占領政策を転換させた

敗戦した日本を占領したアメリカは、日本が二度と自国を脅かさないよう、懲罰的な方針をとっていた。しかし、１９４８年頃には中国の内戦で共産党が優位になり、アメリカは方針を転換する。**日本の経済を復興させて同盟国とし、共産主義に対する防波堤にしようとした**のである。ドイツに対しても同様の方針が採用された。

１９４９年、中国では内戦に勝利した共産党が中華人民共和国の建国を宣言した。日本の植民地支配から解放された朝鮮も、資本主義の韓国と社会主義の北朝鮮に分断された。地政学的にも、日本は**アジアの共産化を防ぐ防衛ライン**となった。

相前後して、ＧＨＱは公職追放の緩和やドッジ・ラインによる経済の再建などを行う。アメリカの占領には巨額の費用がかかり、米国民の負担になるという判断も働いた。

用語　衛星国
大国の周辺にあって、政治・経済・外交などにおいて、その支配や影響を受けている国のこと。ソ連は西側諸国との緩衝地帯（直接衝突を防ぐため対立国の中間に位置する中立地帯）を設けるため東欧諸国を衛星国化した。

＼この時代／★

令和	平成	昭和	大正	明治	江戸

2000　1950　1900

共産勢力に対する防波堤となった日本

東西冷戦が始まると、アメリカは日本の独立と再軍備を急がせ、共産勢力を防ぐための防波堤にしようとした。

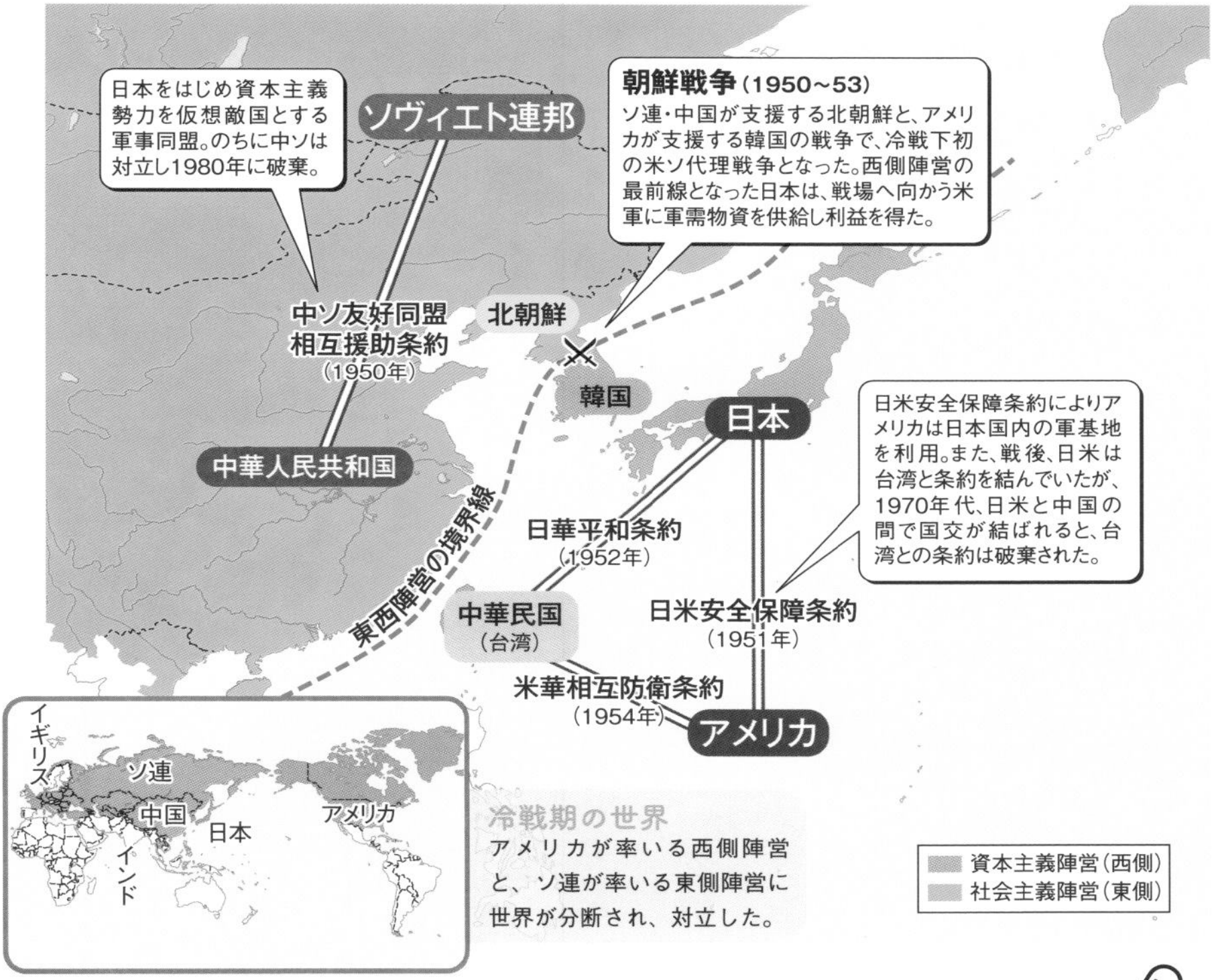

日本をはじめ資本主義勢力を仮想敵国とする軍事同盟。のちに中ソは対立し1980年に破棄。

朝鮮戦争（1950～53）
ソ連・中国が支援する北朝鮮と、アメリカが支援する韓国の戦争で、冷戦下初の米ソ代理戦争となった。西側陣営の最前線となった日本は、戦場へ向かう米軍に軍需物資を供給し利益を得た。
中ソ友好同盟相互援助条約（1950年）

日米安全保障条約によりアメリカは日本国内の軍基地を利用。また、戦後、日米は台湾と条約を結んでいたが、1970年代、日米と中国の間で国交が結ばれると、台湾との条約は破棄された。
日華平和条約（1952年）
東西陣営の境界線
中華民国（台湾）

米華相互防衛条約（1954年）

冷戦期の世界
アメリカが率いる西側陣営と、ソ連が率いる東側陣営に世界が分断され、対立した。

戦後5次にわたり内閣を率いた

KEYPERSON

吉田茂（1878〔明治11〕～1967〔昭和42〕）

外交官としてキャリアを積んだ吉田茂は、戦前には対英米協調論を唱え、戦時中に投獄されている。1946年の総選挙では自由党が勝利したが、総裁の鳩山一郎は首相の座を目前に公職追放される。吉田は前述の経歴が幸いして首相に就任し、その後5次にわたって内閣を率いる。独立と引き換えに日米安全保障条約を締結した吉田の路線は、「対米従属」との非難を受けたが、冷徹なリアリズムにもとづいた選択とも評価できる。「戦争に負けて外交で勝った歴史もある」とは、吉田の気骨を示す言である。

サンフランシスコ平和条約調印後、笑顔の吉田茂

豆知識 吉田茂は大の犬好きで知られ、大磯（神奈川県）の自宅では10匹以上の愛犬を飼っていたという。そのため「ワンワン宰相」というあだ名が付けられた。

◀P158　P154▶

朝鮮戦争は戦後の日本に何をもたらしたのか？

POINT!

戦後、非常に不安定だった日本経済だが、朝鮮戦争によって特需景気がもたらされた。

相次いで交代した内閣

１９４７年４月の総選挙では、日本社会党が第一党となった。同党委員長の片山哲《かたやまてつ》を首相として、日本国憲法下で最初の内閣が発足した。しかし、片山内閣は連立与党内をまとめきれず８カ月で総辞職。次いで**民主党の芦田均**《あしだひとし》が組閣するが、昭和電工事件によって退陣した。その結果、**民主自由党の第２次吉田茂内閣が成立**する。

１９４８年頃からは、冷戦を背景としてGHQの占領政策が転換し、経済の復興が重視されるようになった。GHQは、予算の均衡や物価の統制などの**「経済安定九原則」**を日本政府に提示した。銀行家ドッジが来日し、**ドッジ・ライン**と呼ばれる経済政策を指示した。これによってインフレは収束したが、副作用も大きかった。不況と大量の人員整理によって社会不安が増大し、国鉄にまつわる**下山事件**などの怪事件が相次いだ。

戦後史を転換させた朝鮮戦争

１９５０年６月、北朝鮮が武力による南北統一を目指し、韓国に侵攻した。**朝鮮戦争**の始まりである。アメリカを中心とする国連軍が韓国を支援する一方、北朝鮮側には中国の義勇兵が加わった。朝鮮戦争は**米ソの代理戦争**となった。

朝鮮戦争は日本の戦後史にも大きな影響を与えた。まず、在日米軍が朝鮮戦争に動員されたため、日本の防衛のために**警察予備隊**（後の自衛隊）が組織された。日本の非軍事化方針は、事実上の再軍備に転換したのである。また、アメリカは日本を早期に独立させて同盟国にしようと考えたため、占領の終了が早まることになった。

日本はドッジ・ラインによる不況下にあったが、朝鮮戦争で米軍が大量の物資を日本に発注したため、**特需景気**《とくじゅけいき》が起きた。これにより、１９５１年には戦前の経済水準を回復したのである。

用語　下山事件

1949年7月、国鉄総裁下山定則が常磐線の綾瀬駅付近で、死体で発見された事件。当時、国鉄職員の人員整理に対する労働組合の闘争が激化していたため、国鉄労組員に嫌疑がかけられた。この直後に三鷹・松川事件も起きている。

\この時代/

令和	平成	昭和	大正	明治	江戸

2000　1950　1900

戦後日本の政治を担った内閣

1946年に行われた戦後初の衆議院選挙では、日本自由党が第一党となったが、その後次々と政権が交代。48年に民主自由党が第一党となり54年まで吉田茂が首相を務めた。

非政党

東久邇宮稔彦（在1945.8~10）

・戦後の混乱を収拾するための皇族内閣
・「一億総懺悔」を説き敗戦処理にあたる
・民主化政策をめぐりGHQと対立し総辞職

非政党

幣原喜重郎（在1945.10～46.5）

・GHQの指導のもと憲法改正に着手
・インフレを防ぐため金融緊急措置令を公布
・公職から特定人物を排除する公職追放を指令

日本自由党

吉田茂（在1946.5～47.5）

・日本国憲法が公布される
・教育基本法、労働基準法、独占禁止法を公布
・第二次農地改革で全小作地を10％台に減らす

日本社会党など

片山哲（在1947.5～48.3）

・初の社会党内閣（民主党、国民協同党との連立内閣）
・労働省（現・厚生労働省）を発足させる
・財閥解体のため過度経済力集中排除法を公布

日本社会党など

芦田均（在1948.3～10）

・民主党・社会党・国民協同党の連立政権
・政令201号で公務員のストが禁止される
・昭和電工事件で閣僚が逮捕され総辞職

民主自由党（自由党）

吉田茂（在1948.10～54.12）

・日本経済の立て直しを目的にドッジ・ラインを実施
・サンフランシスコ平和条約及び日米安保条約を締結
・保安隊・警備隊を統合し自衛隊を発足させる

自衛隊の発足

ソ連をはじめとする社会主義陣営に対抗するため、アメリカが日本の再軍備を求め、のちの自衛隊となる警察予備隊が設置された。

整列する警察予備隊

1950 朝鮮戦争勃発

1950 警察予備隊（定員7万5000人）

1952 サンフランシスコ平和条約・日米安保条約発効

1952.4 海上警備隊（定員6000人）

1952.8 保安庁設置
- 保安隊（定員11万人）
- 警備隊（定員7590人）

1954.5 日米相互防衛援助協定（MSA協定）発効

1954.7 防衛庁が設置され自衛隊発足
- 自衛隊（陸上13万人・海上1万5000人・航空6000人）

現在の自衛隊（2024）
- 自衛隊（陸上15万人・海上4万5000人・航空4万7000人）

その時世界は？ ［1952年］アメリカが人類初の水爆実験を行った

◀P164　P156▶

日本はどのように独立を回復し国際社会に復帰したのか？

単独講和か、全面講和か

朝鮮戦争をきっかけに、アメリカは日本の独立回復を急ぐ。アメリカ外交顧問ダレスは、ソ連など東側諸国を講和条約から外し（**単独講和**）、独立後も米軍が駐留する方向で折衝にあたった。

日本国内では、東側諸国も含めた全交戦国と講和すべき（**全面講和**）という意見も強かった。だが、米ソ双方を納得させる講和条約を早期に結ぶのは難しい。吉田茂首相は現実的判断にもとづき、**単独講和による早期独立の道**を選んだ。

1951年9月、日本はアメリカなど48カ国との間で**サンフランシスコ平和条約**に調印した。日本は台湾・朝鮮・南樺太や千島列島を放棄し、南西諸島や小笠原諸島はアメリカの占領下に置かれた。一方で、賠償責任は大きく軽減された。平和条約は翌年に発効し、占領が終了。**日本は主権国家として独立を回復**した。

日米安保条約の見返りとは

サンフランシスコ平和条約では、**発効とともに占領軍が撤退する**ことが決められていた。そのため、独立後の日本の安全保障が問題となった。

結局、アメリカ軍の駐留と日本国内の基地使用については、講和条約とは別の二国間協定、すなわち**日米安全保障条約**が同日に調印された。

日米安全保障条約は、アメリカが日本の基地を自由に使用できるにもかかわらず、日本防衛の義務を負わないという不平等なものだった。しかし、安全保障をアメリカに依存したおかげで日本が再軍備に回す負担が減り、経済成長をとげることができた。

1956年には、鳩山一郎《はとやまいちろう》首相が**日ソ共同宣言**に調印し、ソ連と国交を回復した。日本の国連加盟に反対していたソ連と関係を結んだことで、**日本は同年に国連加盟**を果たした。

POINT!

日本はサンフランシスコ平和条約で主権を回復したが、同時に日米安保条約に調印した。

用語　日ソ共同宣言

日ソの戦争終結と国交回復のために出された宣言。1956年、鳩山一郎首相とソ連のブルガーニン首相がモスクワで調印して成立した。ソ連が歯舞群島と色丹島の引き渡ししか認めず北方領土問題が残ったため、平和条約の締結までいたらなかった。

\この時代/

令和	平成	昭和	大正	明治	江戸
2000		1950		1900	

平和条約で日本の領土が確定

1952年、サンフランシスコ平和条約が発効され、日本は主権を回復。この平和条約で、現在の日本の領土が法的に確定された。ただしこの時、沖縄をはじめとする島々の本土復帰は、認められなかった。

調印式の吉田茂首相
講和会議はサンフランシスコのオペラハウスで５日間にわたって開かれ、最終日に調印式が行われた。

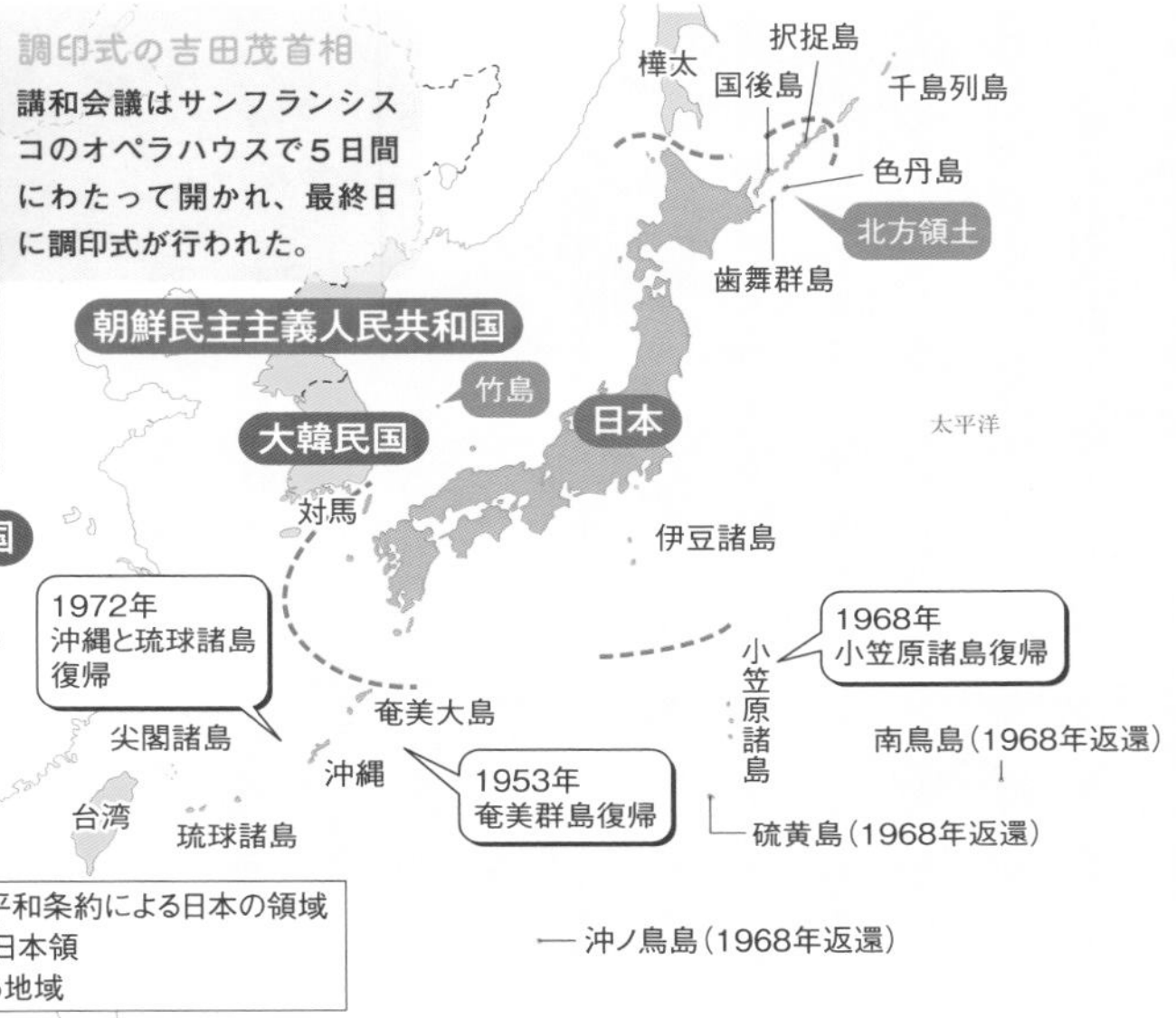

「逆コース」と批判された再軍備と共産党員の追放

朝鮮戦争をきっかけに日本は再軍備し、共産党幹部らの追放（レッドパージ）が起きた。1951年には、第3次吉田茂内閣が軍国主義者の公職追放の解除を始める。こうした動きは、戦後の民主化と非軍事化に逆行する「逆コース」として批判された。戦前の権威主義への回帰とみるか、占領政策の行きすぎが是正されたにすぎないとみるか、人によってとらえ方は異なる。アメリカは日本に本格的な再軍備を要求したが、吉田首相が平和憲法と国内の反対を盾に、最小限の戦力で妥協させたように、単純な逆行ともいいがたい。

日本に課せられた賠償金

平和条約では、日本の経済維持ができる範囲での賠償が規定され、4カ国が賠償金を請求した。他のアジア諸国については無償の資金協力や経済協力を実施した（準賠償額）。

	賠償額	準賠償額
フィリピン	1980	
（南）ベトナム	140.4	
インドネシア	803.1	
ビルマ（現ミャンマー）	720	504
韓国		1080
マレーシア		29.4
シンガポール		29.4
タイ		96
モンゴル		50
ミクロネシア		18
カンボジア		15
ラオス		10
合計	3643.5	1831.8

（億円）

その時世界は? ［1955年］アメリカのカリフォルニア州にディズニーランドがオープン

国民に希望を与えた 占領下の娯楽や文化とは？

戦後日本を元気付けたスターたち

民主化により思想や言論の自由が認められると、文化芸術活動に活気が戻った。

学問

湯川秀樹
物理学の「中間子論」の研究で日本人初のノーベル賞を受賞。

音楽

並木路子
初主演映画の『そよかぜ』の劇中歌「リンゴの唄」は空前のヒットとなった。

映画

黒澤明
『生きる』『七人の侍』などを制作した映画監督。美しい映像と重厚な人間ドラマは、映画界に影響を与えた。

笠置シズ子
「東京ブギウギ」が大ヒットし「ブギの女王」として一躍スターに。

活気づく言論・出版界

終戦後、それまでの抑圧がなくなったため、文化や学問には自由な活気が生まれた。『中央公論』の復刊、『世界』『展望』の創刊など、多くの雑誌・新聞が登場する。これらの活字媒体を舞台に、**政治学の丸山真男《まるやままさお》・経済史学の大塚久雄《おおつかひさお》・法社会学の川島武宜《かわしまたけよし》**らが言論界をリードした。彼らは、軍国主義が敗戦を招いた反省から西洋と日本の社会を比較し、日本の抱える後進性を批判した。考古学では実証が重視されるようになり、**岩宿遺跡《いわじゅくいせき》や登呂遺跡《とろいせき》**が発掘された。

また、法隆寺金堂壁画の焼損を受け、貴重な文化財を守るため**文化財保護法**が制定された。

POINT!
日本の民主化が進むと、映画・スポーツ・音楽・文芸など様々な文化が復活した。

\この時代/
令和 | 平成 | 昭和 | 大正 | 明治 | 江戸
2000 1950 1900

昭和を代表する歌姫
美空ひばり
（1937［昭和12］～1989［平成1］）

歌手の美空ひばりがわずか9歳でデビューしたのは、1946年のことだ。天才少女の呼び名をほしいままにし、「東京キッド」「リンゴ追分」などのヒット曲を世に出した。国民的歌手となった彼女の歌声は、焼け跡からの復興のシンボルでもあった。病に侵されながらステージに上がった1988年の「不死鳥コンサート」は非常に有名である。翌1989年、昭和の終わりとともに52歳の若さで死去した。最後のシングル「川の流れのように」は、150万枚を売り上げた。

1951年、「父に捧げる唄」を歌う美空ひばり
© ひばりプロダクション

文学

太宰治
戦後の無力感や混迷の中、反俗・反権威・反道徳な振る舞いでそれまでの近代文学を批判。『斜陽』や『人間失格』など、独自の世界観で人々を惹き付けた。

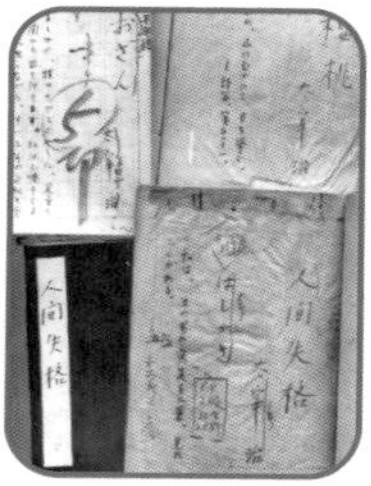

太宰治の原稿

スポーツ

古橋広之進
水泳自由形で世界新記録を更新し、「フジヤマのトビウオ」と称された。

白井義男
GHQの生物学者カーン博士の指導を受け、1952年、日本初のボクシング世界チャンピオンとなった。

独立が本当の自由をもたらす

音楽の分野では、**並木路子《なみきみちこ》の「リンゴの唄」**が戦後のヒット曲第1号となった。アメリカの占領の影響でジャズも隆盛し、**「ブギの女王」笠置《かさぎ》シヅ子**の楽曲が人気を博した。文学でも、戦争体験に取材した大岡昇平や野間宏、**無頼派《ぶらいは》の太宰治《だざいおさむ》や坂口安吾《さかぐちあんご》**などの新しい潮流が生まれた。

1949年には、**理論物理学者の湯《ゆ》川秀樹《かわひでき》**が日本人初のノーベル賞（物理学賞）を受賞。水泳で世界新記録を出した古橋広之進《ふるはしひろのしん》、ボクシング世界チャンピオンとなった白井義男《しらいよしお》らの活躍も、敗戦後の日本に希望を与えた。

一方で占領中、GHQの検閲が行われていたことも無視できない。映画の分野で傑作が生まれるのは、日本が独立を回復してからだ。**小津安二郎《おづやすじろう》『東京物語』**や**黒澤明《くろさわあきら》『七人の侍』**といった名作は1950年代に公開された。

豆知識　戦後、言論の自由が認められると、雑誌や書籍が大量に発行された。敗戦時に600社だった出版社は、1946年末には4000社を超え、出版業界は黄金時代を迎える。

◀P178　P152▶

自民党の長期政権が続く55年体制が成立したのはなぜか？

POINT!

日本民主党と自由党が合同し自由民主党を結成。約40年にわたり与党に君臨した。

戦後の諸政党の離合集散

戦前は、立憲政友会と立憲民政党の二大政党と無産政党による政党政治が行われていた。しかし、**大政翼賛会**《たいせいよくさんかい》の結成で日本の全政党は解党する。戦後には政党が復活し、政友会の流れをくむ自由党、民政党の流れをくむ進歩党などが誕生した。これら保守政党は戦前と連続性を持つ一方、**公職追放**によって人材が刷新された面もあった。革新政党としては日本社会党が登場し、弾圧を受けていた日本共産党も復活した。

戦後すぐから1950年代前半は、保守・革新いずれの陣営も離合集散が甚だしかった。社会党は**サンフランシスコ平和条約**をめぐり、単独講和に同意する右派と全面講和にこだわる左派に分裂する。また、公職追放の解除によって**鳩山一郎**や岸信介《きしのぶすけ》らが政界に復帰。自由党内にも**吉田茂**首相に反対するグループができた。

保革の双方が勢力を結集

1948～54年にかけて、自由党の吉田茂が長期政権を担った。しかし、造船疑獄と呼ばれる贈収賄事件によって政権批判が強まると、鳩山一郎らは自由党を離党。**進歩党の流れをくむ改進党と合同し、日本民主党を結党**した。

鳩山は、吉田の対米協調路線を批判し、対米自主外交と憲法改正を主張して支持を集め、1954年12月に首相に就任する。

翌年2月の衆議院議員選挙の後、左右の社会党が合流した。保守陣営も刺激を受け、**日本民主党と自由党が合同し、自由民主党（自民党）が結成**された。以後、保守の自民党が与党となり、革新の社会党が野党第一党となる「**55年体制**」が成立。政治の安定は経済の成長につながり、国民の確固たる支持を受けた自民党は約40年にわたって政権を担い続けた。

用語　**社会党**

左右両派に分裂していた日本社会党だが、憲法改正阻止と革新陣営の結束を目指し、1955年に再統一。1959年に右派が脱党し、翌年、民主社会党（民社党）を結成した。平成になると社会党は社会民主党に、民社党は新進党に合流ののち民主党に参加した。

＼この時代／

令和	平成	昭和	大正	明治	江戸

2000　1950　1900

55年体制の成立

安保条約と憲法改正をめぐり、各党・派閥の意見は割れた。社会党は改憲を阻止するため、左派と右派が合体。これを受け、日本民主党と自由党が合同し自由民主党を結成した。

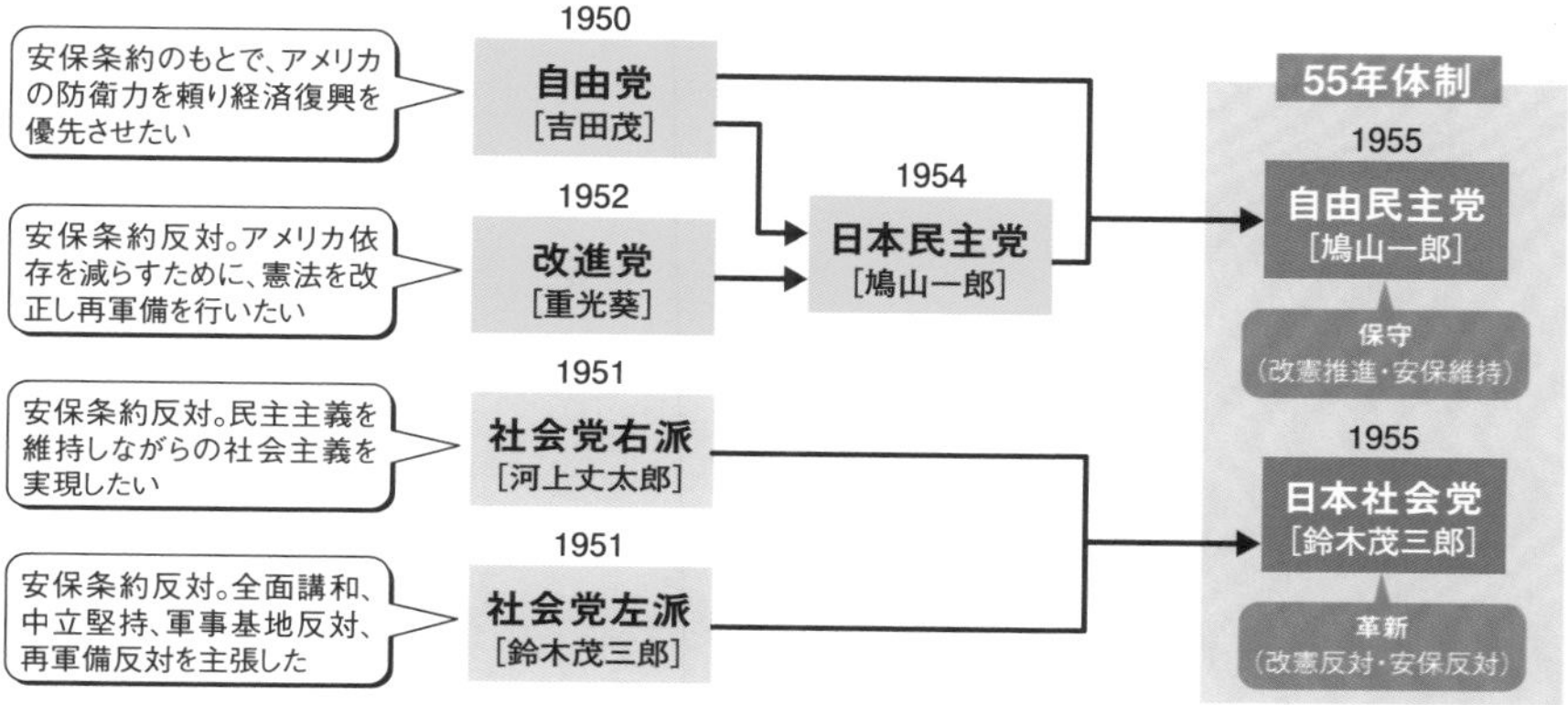

55年体制下の議席割合

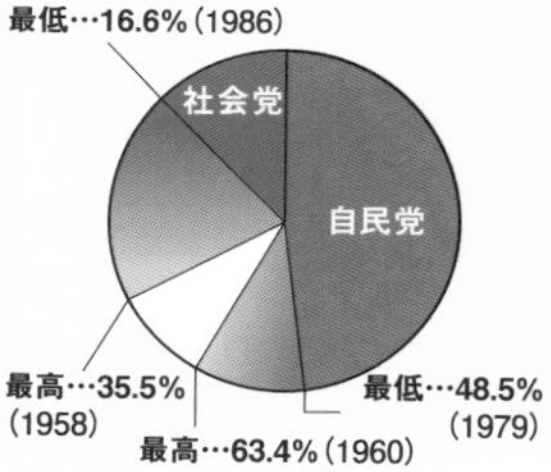

「55年体制」では与党を自民党が、野党第一党を社会党が担った。憲法改正には3分の2以上の議席が必要だが、社会党は議席の3分の1を確保し、自民党による改憲を阻止した。

鳩山一郎
（1883［明治16］～1959［昭和34］）

戦後、日本自由党を結成するが公職追放となる。復帰後、保守合同により自由民主党が結成されると初代総裁に就任。

水爆実験を批判した怪獣映画『ゴジラ』

1954年、南太平洋のビキニ環礁においてアメリカが水爆実験を行った。漁船の第五福竜丸が「死の灰」と呼ばれる放射性物質を浴び、1名が死亡する。このできごとは日本に大きな衝撃を与え、原水爆禁止運動が高揚。翌年には広島で第1回原水爆禁止世界大会が開かれた。東宝が制作した怪獣映画『ゴジラ』は、ビキニ水爆実験の影響を受けている。海底で眠りについていた恐竜が度重なる水爆実験によって目覚め、恐ろしいエネルギーをまとう怪獣になった、という筋立てであり、鋭い文明批判がこめられている。

ゴジラ（1954）のジャケット

豆知識 55年体制は1993年に終わりを迎えた。しかし、1996年以降、2009～12年をのぞく現在まで、再び自民党を中心とする政権が続いており、これは「新55年体制」ともいわれることもある。

◀P188　P158▶

新安保条約はなぜ大規模な闘争を巻き起こしたのか？

岸が安保改定を目指した理由

鳩山一郎内閣は、日ソ共同宣言の成果を花道に退陣した。続く石橋湛山《いしばしたんざん》首相は病気のため短期間で辞任し、**岸信介**が首相に就任する。

1951年に締結された**日米安保条約は、アメリカが日本防衛の義務を負わない不平等条約**だった。「対米自主」を掲げる岸は日米関係をより対等にするため、安保条約の改定に取り組む。

交渉の結果、アメリカの日本防衛義務が明記された。その代わり、日本はアメリカとの共同作戦を可能にするために軍事力を強化することになった。**新安保条約は、日本が西側に与することを明確にするものだった**ため、「アメリカの戦争に巻き込まれる」として反対運動が巻き起こった。

だが、**安保反対運動（安保闘争）**が広範な広がりを見せたのには、岸の来歴や政治手法に対する反発のほうが大きかった。

反感を買った強引な政治手法

まず、岸は戦前の満洲国経営に深くかかわり、**戦後にA級戦犯として逮捕された**過去があった。首相就任後は労働運動と激しく対立し、警察官職務執行法改正でも反対運動が起きていた。

1960年1月、岸内閣は**新安保条約に調印**。批准には国会の同意が必要であり、岸内閣は5月20日に衆議院で強行採決した。**この強引なやり方に反発が広がり、デモ隊が国会を取り巻く騒動となる。**闘争の焦点は安保条約というより、民主主義を軽視した岸内閣の打倒であった。

条約の締結について、衆議院の議決の30日以内に参議院が議決を行わない場合、衆議院の議決が国会の議決となる。6月19日、**新安保条約は参議院の議決を経ずに自然成立**した。岸内閣は安保改定を成し遂げた代償として、混乱の責任をとって総辞職した。

POINT!

岸信介首相が「新安保条約」の批准を強行しようとしたため、国民の反感を買った。

人物　**岸信介**（1896［明治29］～1987［昭和62］）

翼賛政治体制下で衆議院議員初当選。戦後にA級戦犯の容疑に問われたが、不起訴となる。1957年に首相に就任。新安保条約を批准後、総辞職した。実弟に佐藤栄作、孫に安倍晋三元総理と岸信夫元防衛相がいる。

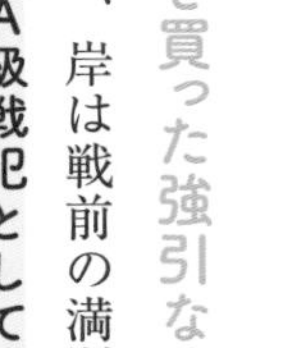

この時代

令和	平成	昭和	大正	明治	江戸

2000　1950　1900

国会を囲むデモ隊（1960年）
新安保反対を訴えるデモ隊が国会に乱入。機動隊が応戦し犠牲者も出た。

安保闘争の広がり

1960年の新安保条約では、アメリカが日本を防衛すること、日本が自衛力を増強することなどが義務づけられた。日本国内ではアメリカの極東紛争に巻き込まれることを懸念し、大規模な反対運動が起こった。

新安保の主な内容

- 憲法上の規定に従うことを条件に自衛力を維持し発展させる
- 日本や極東における国際平和と安全に対する脅威が生じた時はいつでも協議する
- 日本への武力攻撃にはアメリカは共同で防衛する
- アメリカは日米地位協定で示された日本の施設・区域を使用することを許される

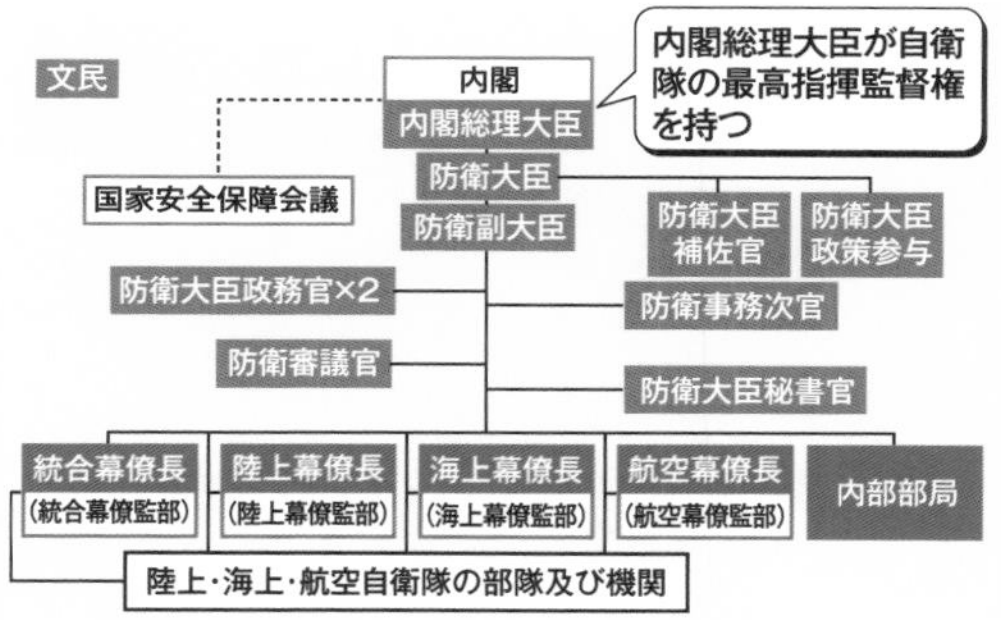

シビリアン・コントロールで自衛隊の暴走を防ぐ

民主的に選ばれた政府が軍隊を統制することを、文民統制（シビリアン・コントロール）という。軍部の暴走が悲惨な戦争を招いた経験から、日本は自衛隊にこれを適用。自衛隊の最高指揮監督権は内閣総理大臣にあり、国防の方針などは国家安全保障会議と閣議で決定される。

兄は小説家・弟は映画スター

石原慎太郎・裕次郎

（慎太郎：1932［昭和7］～2022［令和4］）
（裕次郎：1934［昭和9］～1987［昭和62］）

1956年、一橋大学在学中の石原慎太郎が『太陽の季節』で芥川賞を受賞した。その反倫理的な内容は賛否両論を巻き起こし、「太陽族」という流行語も生まれた。慎太郎のデビューは、開高健・大江健三郎といった若い世代の小説家の先駆けとなった。さらに『太陽の季節』が映画化された際、端役として映画デビューしたのが慎太郎の弟・裕次郎である。やはり慎太郎の小説の映画化である『狂った果実』で初主演し、国民的スターへと駆け上がった。裕次郎は1987年、52歳の若さで死去している。

1962年に撮影された石原兄弟

豆知識 安保闘争が広がる中、来日していたアメリカ報道官ジェイムズ・ハガティの車が、デモ隊に包囲され、米海兵隊のヘリコプターで救出された「ハガチー事件」が起こった。

憲法9条の〝解釈〟はどのように変化していったのか？

変わる自衛隊の在り方

2014年に安倍内閣が憲法解釈の変更を閣議決定し、集団的自衛権の行使を認めた。これは憲法9条に違反するとして、批判が広がった。

個別的自衛権

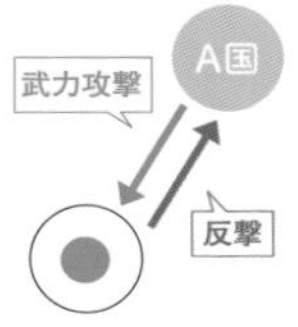

外国から武力攻撃を受けたら、自国を守るために反撃を行う権利

集団的自衛権

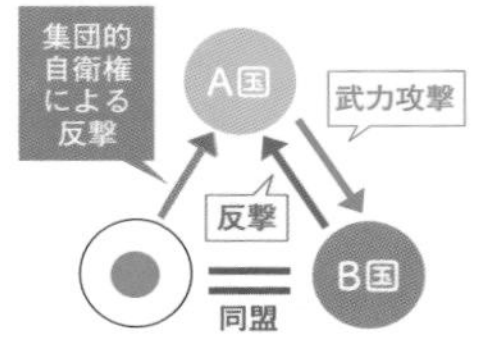

同盟国が武力攻撃を受けたら、自国への攻撃とみなして共同で防衛する権利

自衛隊への印象が変化

戦争の経験から、自衛隊に悪い印象を持つ人が一定数いたが、人道支援などによって信頼を得ていった。近年の対外戦争の危機の高まりが、自衛隊への期待を高めているという見方もある。

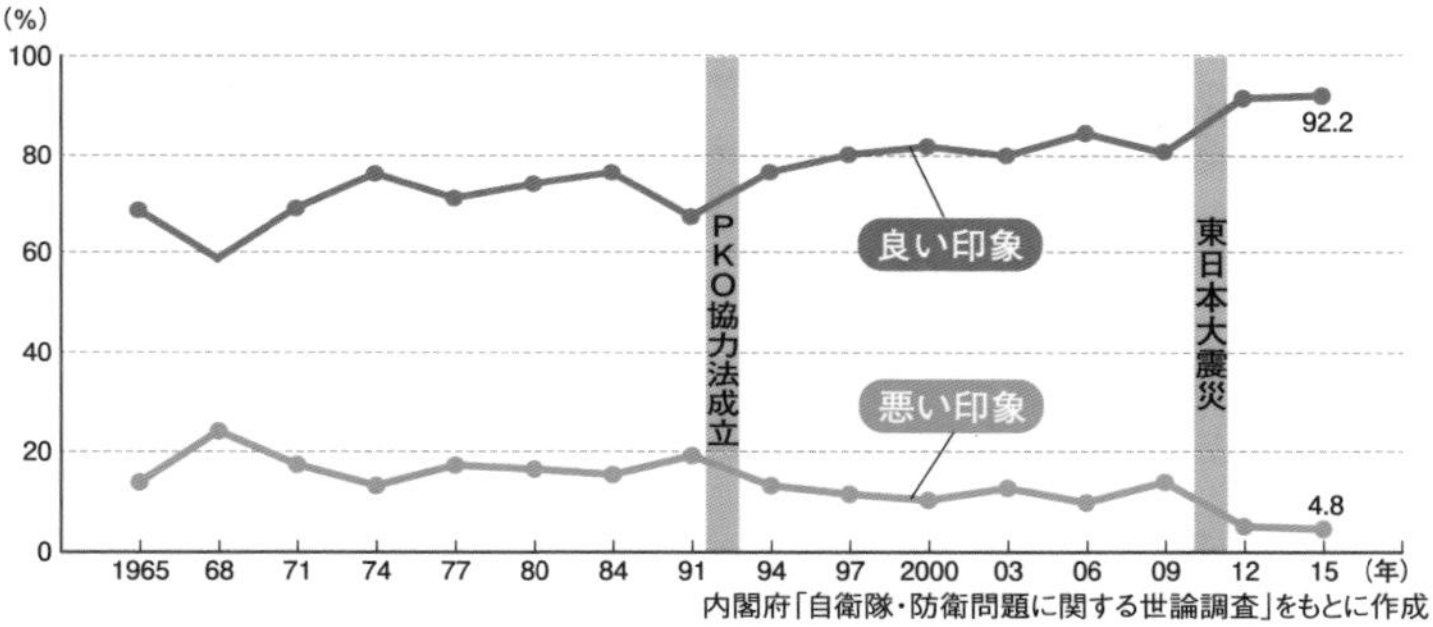

内閣府「自衛隊・防衛問題に関する世論調査」をもとに作成

理念と現実のはざまで

日本国憲法第9条では、戦争や武力の行使について**「国際紛争を解決する手段としては、永久にこれを放棄する」**と定めている。また、**「陸海空軍その他の戦力も保持しない」**とする。

日本の独立に際しては、日本の防衛と憲法9条との整合性をどうつけるかが問題になった。非武装国家である日本が侵略を受けた際には、朝鮮戦争における韓国のように、**国連軍が日本を防衛することが期待**された。だが、常設ではない国連軍はすぐには到着できないため、その間の防衛については他国と協定を結んでおくしかない。事実上、日本には**日米安全保障条約**を結ぶしか選択肢がなかった。

自衛権をめぐる政府の憲法解釈

憲法9条では「武力行使」は禁止され、「自衛隊」の明記はない。政府はその解釈を広げることで自衛隊を認め、2014年の安倍内閣の時には集団的自衛権の行使も容認された。9条を改正して憲法に自衛隊を明記するべきだと主張する声も根強い。

1946年

吉田茂首相
（自由党）

自衛権の存在を否定

憲法9条が一切の軍備と国の交戦権を認めていないことから、自衛権の発動の戦争も交戦権も放棄すると主張。

1954年

鳩山一郎首相
（日本民主党）

個別的自衛権を容認

独立国として日本の自衛権を認めているので、自己防衛のための自衛隊は憲法に違反しないと主張。

1972年

田中角栄首相
（自民党）

自衛のための実力保持を容認

集団的自衛権は認められないが、自衛のための必要最小限度以下の実力の保持は憲法で禁止されていないと主張。

1981年

鈴木善幸首相
（自民党）

集団的自衛権を否認

個別的自衛権は必要最低限の範囲にとどまるべきで、集団的自衛権の行使は憲法上許されないと主張。

1994年

村山富市首相
（社会党）

自衛隊を合憲と認める

自衛隊を違憲としてきた社会党だが、一転して自衛隊を合憲と明言。非武装中立は役割を終えたと主張。

2014年

安倍晋三首相
（自民党）

集団的自衛権を容認

同盟国が攻撃され日本の存立も脅かされる危険がある場合、自衛の措置として集団的自衛権は許されると主張。

9条の解釈に苦慮する政府

日米安保条約以外にも、米軍への基地提供を具体的に定めた**日米行政協定**があり、日本が不利であることは明らかだった。岸内閣が安保改定を果たしたものの、日本の不平等な地位に変わりはない。

また、事実上の軍隊となっている自衛隊については、「**自衛のための必要最低限の戦力は合憲である**」というのが政府の見解となっている。

憲法9条を持ちながらも、国際社会の変化とともに安全保障政策は変わってきている。1992年には、国際貢献への必要性から**国連平和維持活動（PKO）**協力法が成立し、自衛隊が紛争のあった地域の平和の維持に派遣されるようになった。2014年には、**安倍晋三内閣が憲法解釈を変更し、集団的自衛権の行使を容認**。戦後の安全保障政策を大きく転換した。

日本はなぜ高度経済成長を遂げることができたのか？

経済を成長させたメカニズム

1955年から1973年まで、日本経済は年10％もの成長を続けた（**高度経済成長**）。焼け跡からの奇跡的な復興は、なぜ実現したのか。

高度経済成長は、次のようなプロセスで起きた。まず、**鉄鋼や造船・自動車などの産業で技術革新と設備投資がなされ、生産性が向上**する。その様子は「投資が投資を呼ぶ」と称された。石油化学工業に代表される新しい産業も登場した。

技術革新と設備投資によって労働力への需要が高まり、賃金が上昇。その恩恵は大企業にとどまらず、下請けの中小企業にまで広がった。

賃金が上昇すれば国民が消費に回せる可処分所得が増えるため、国内需要が高まった。とりわけ、**洗濯機・冷蔵庫・テレビなどの家庭電化製品が国内需要を支えた**。増大する国内需要が、高度成長を牽引したのである。

成長を支えた政治の動向

1950年代前半には労働争議が頻発したが、おおむね経営者側の勝利に終わった。その後、大企業を中心に、**年功賃金**（若い労働者を安く使えるため経営者側に有利）と**終身雇用**（労働者側に有利）という日本型雇用が確立し、労使協調の時代となる。

1960年には、岸信介に代わって**池田勇人《はやと》**が組閣した。池田は前任者が辞任に追い込まれた反省を踏まえ、「低姿勢」「寛容と忍耐」を唱えて革新勢力と協調する。国民向けにはイデオロギー色を出さず、さらなる経済成長を促進する**「所得倍増政策」を推進した**。

農村においても、機械化などで生産力が向上し、所得水準が高まった。経済的な格差も是正され**「一億総中流」**の状況が生まれたのである。1968年に日本は西ドイツを抜き、アメリカに次ぐ**世界第2位の経済大国**となった。

POINT!

生産性の向上で賃金が上がると消費も増加。国内需要の高まりが経済成長をもたらした。

用語 所得倍増計画

1960年に池田勇人内閣により打ち出された、経済成長率を著しく高めるための政策。10年で国民総生産（GNP）及び1人あたりの国民所得を2倍にすることを目指した。当時の経済成長はめざましく、1967年にはこの政策で掲げた目標の倍増となる成長を遂げた。

＼この時代／

令和	平成	昭和	大正	明治	江戸
	2000	1950		1900	

日本の経済成長の推移

1955年の朝鮮特需をきっかけに始まった高度経済成長。1961年から1970年の間、経済成長率は年平均10%を超えた。

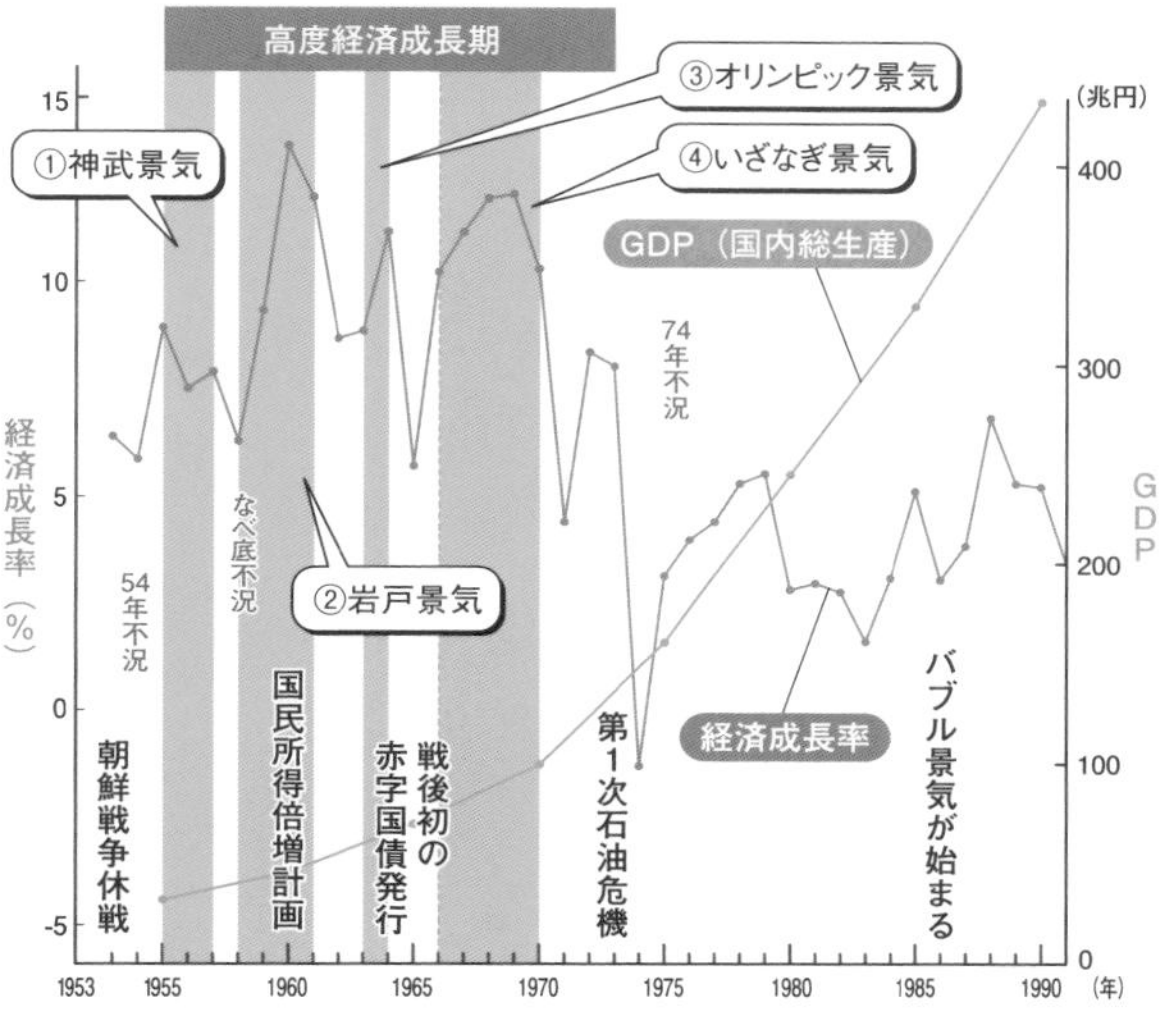

『新詳日本史』（浜崎書店）などをもとに作成

①朝鮮特需を受け大型景気に。「もはや戦後ではない」と称された。

②好景気をさらに促進するため、所得倍増計画が推進された。

③新幹線や高速道路、競技場の建設で景気が拡大。オリンピック効果でテレビ需要の高まりも起因。

④アメリカに次ぐ世界第2位の経済大国に。

いくつかの景気名は「有史以来の好況」を意味して付けられた。「神武景気」は神武天皇の治世以来の好景気という意味で、「岩戸」「いざなぎ」も建国神話に由来する。

池田勇人

（1899［明治32］～1965［昭和40］）

「所得倍増」をスローガンとし、高度経済成長政策を推進。「貧乏人は麦を食え」「私は、嘘は申しません」などの問題発言も残した。

長崎市文化観光部 世界遺産室提供

端島《はしま》炭坑

（軍艦島）

良質な石炭が採れ、日本の高度経済成長期を支えた炭鉱。最盛期の1960年代には約5000人が住み、人口密度世界一を誇った。石炭から石油へのエネルギー転換が進むと、1974年1月に閉山した。

一万円札で溢れる賽銭箱

いざなぎ景気の時期、神社も空前のボーナス景気の影響を受けた。初詣の賽銭によってお札や硬貨が溢れかえっている。

その時世界は? ［1955年］アジア＝アフリカ会議が開催され、平和十原則を決議

◀P174 P146▶

経済成長による生活の向上と「三種の神器」の登場

生活を便利にした電化製品

高度経済成長の原動力となったのは国内需要であり、その中心は家庭電化製品だった。

電気洗濯機・電気冷蔵庫・白黒テレビは、日本神話になぞらえて**「三種の神器」**と呼ばれた。とりわけ、洗濯機は手作業の洗濯という重労働から主婦を解放し、生活の質を大いに高めることになる。テレビCMが購買意欲を刺激し、**「消費は美徳」**という風潮が高まった。

１９６６年にはいざなぎ景気が始まり、**自動車・クーラー・カラーテレビ**の人気が高まった。これらは**「新三種の神器」**もしくは「３Ｃ」と称された。カラーテレビの普及のきっかけは、１９６４年の**東京オリンピック**であった。

東京オリンピックは、東海道新幹線や東京の地下鉄網、道路などの大規模な交通インフラの整備にもつながった。

大量生産・大量消費の社会へ

上記のような消費熱は、上昇する賃金によって支えられていた。一方、**増え続けるモノの需要に生産が追いつかず、物価も上昇し続けた**。また、見栄にもとづく「見せびらかしの消費」という側面があったことも否定できない。

また、農村から都市部へ人口が流入し、**夫婦と未婚の子からなる核家族化が進行**。食の分野では洋風化によって肉類・乳製品の消費が増え、外食産業も成長する。日清食品によるインスタントラーメンの開発など、新技術も登場した。

大量生産・大量消費社会の到来は小売業にも変化をもたらした。スーパーマーケットのダイエーは、消費者のニーズに合わせた品ぞろえと組織的な仕入れで急成長し、**「流通革命」**を起こした。高度成長の時代に、国民のライフスタイルは劇的な変化を迎えたのである。

POINT!

人々の意識は「もったいない」から「消費は美徳」に変化。大量消費社会が訪れた。

用語 流通革命

高度経済成長を機に、流通業界に起きた変革を指す。中間業者を通さず商品を流通させることで安価な商品提供を可能にした。スーパーマーケット、コンビニエンスストア、ディスカウントストアが増加し、老舗の百貨店に取って代わるなどの変革が起きた。

＼この時代／

令和	平成	昭和	大正	明治	江戸

2000 1950 1900

激変した人々の生活

電化製品の誕生により、家事にかかる時間が激減。電化製品を買いそろえ、団地で洋風の生活を送ることが人々の憧れとなった。

三種の神器（1950年代後半）

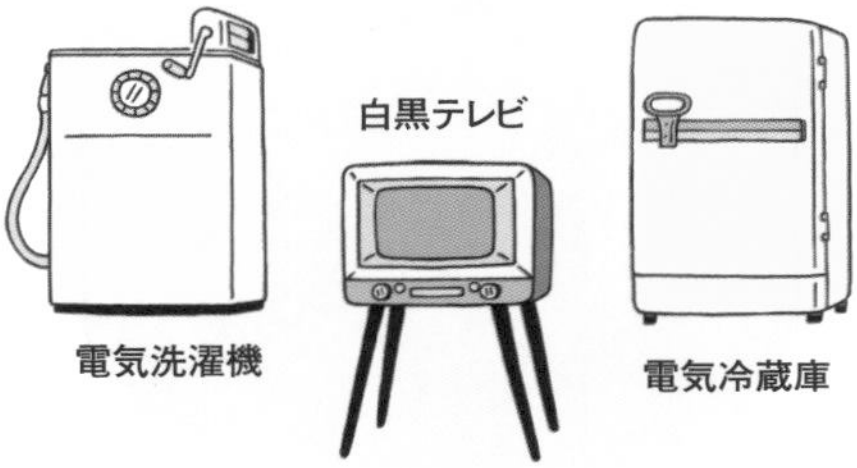

新三種の神器（1960年代後半）

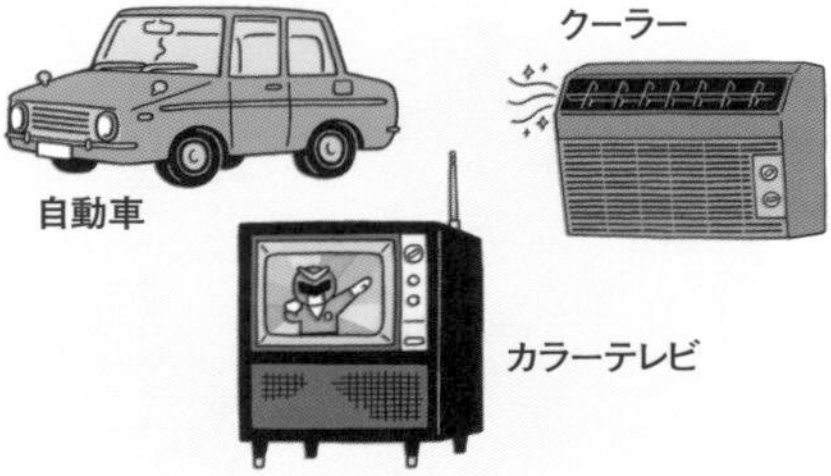

イラストすべて／イラカアヅコ

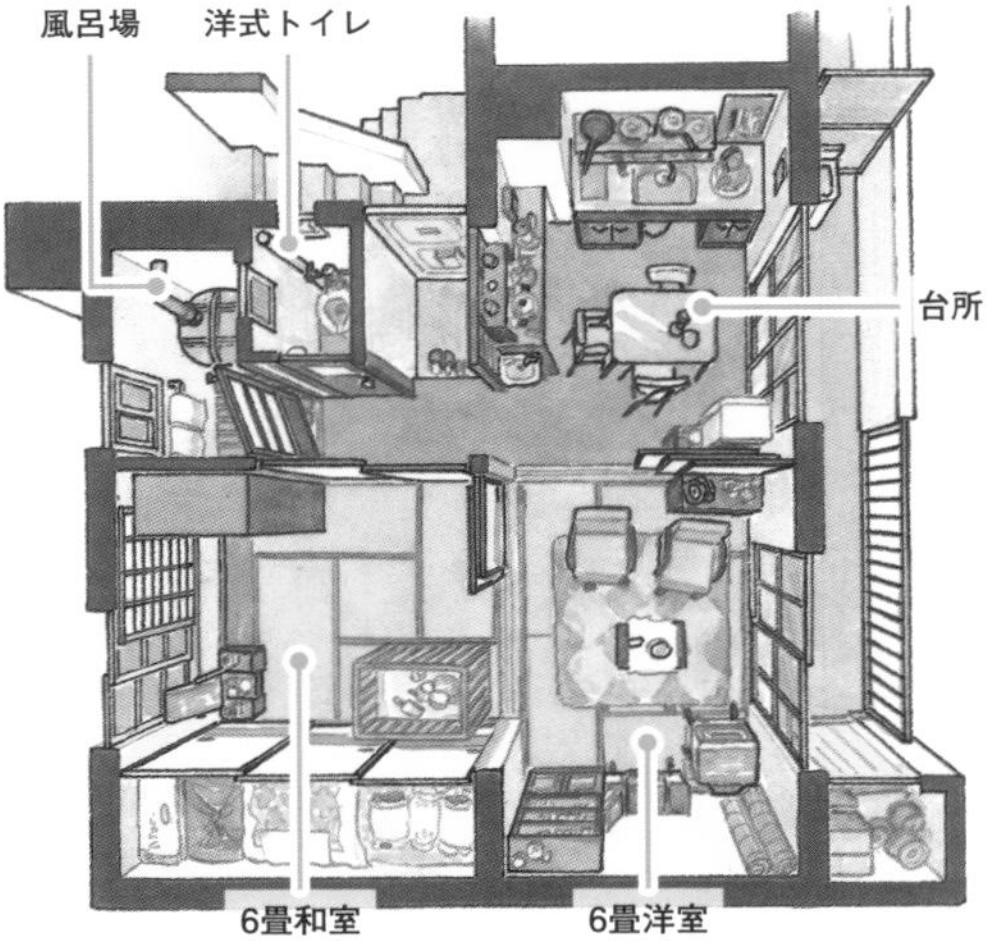

1962年の生活を再現した部屋。　松戸市立博物館提供

団地の2DKの間取り

郊外に建設された団地には水洗トイレやガス風呂など、近代的な設備が備えられた。

イラスト／香川元太郎

高度経済成長による専業主婦の誕生

サラリーマンや公務員の夫と専業主婦、という近代家族のモデルは、大正～昭和戦前期に登場した。だが、戦前には家族経営の農家や商店が多く、専業主婦は一般的ではなかった。専業主婦が一気に増加したのが高度成長期である。地方から都市部に出てきた若者たちは、郊外に建設された団地やニュータウンで家庭を持つようになった。そして安定したサラリーマンと結婚し、専業主婦になることが若い女性たちにとって理想的な将来となったのだ。『主婦の友』などの婦人雑誌の隆盛が、専業主婦の時代を物語っている。

豆知識　高度経済成長前の1世帯の人数は5人程度だったが、核家族化が進んだことで1970年には平均3.7人に減少した。

文化
◀P198 P160▶

多様な娯楽を提供した テレビの普及と週刊誌の発達

国民が熱狂したスポーツ中継

1953年に始まったテレビ放送は、人々の娯楽のあり方を大きく変えた。特に、日本テレビは繁華街などに大型の受信機を設置し、**人々は競って「街頭テレビ」の前に集まった**。力道山が活躍したプロレスの他、野球や大相撲などのスポーツ中継が人気を博す。さらに、1959年に皇太子（現・上皇）ご成婚の記念パレードが行われ、一般家庭へのテレビ普及を後押しした。56年に2・2%だった家庭への**白黒テレビ普及率は、急速に上昇し、65年には90%になった**。

テレビでは、アメリカのホームドラマも放送された。広く小奇麗なアメリカの家の様子は、一般国民にアメリカへの憧れを抱かせた。

一方、一般大衆がテレビの娯楽番組に夢中になっている様子を「一億総白痴《はくち》化《か》」と呼んで批判する声もあった。

漫画やアニメの流行

1950年代末には、**『週刊文春』『週刊新潮』**などの多数の週刊誌が創刊され、活字メディアも大衆化が進んだ。また、子どもの間で漫画が大人気に。**手塚治虫が『鉄腕アトム』の連載を開始したのは1952年のこと**で、『少年マガジン』などの漫画週刊誌も登場した。さらに『鉄腕アトム』は、日本初の連続長編テレビアニメーションとして63年から放送を開始した。

テレビカメラは報道でも活躍し、現代史の重要な場面を映像に残した。中でも有名なのが、**1972年に新左翼の組織の連合赤軍が起こした、あさま山荘事件**である。連合赤軍メンバーが山荘に人質を取って立てこもった事件で、警察の救出作戦の模様がテレビ中継された。多くの国民が緊迫の救出劇に注目し、NHK・民放合わせて89・7%という驚異的な視聴率を記録した。

POINT!
テレビや雑誌などのマスメディアが発展し、文化の大衆・多様化が急速に進んだ。

人物 **手塚治虫《おさむ》**（本名は手塚治）（1928［昭和3］～1989［平成1］）
漫画家、アニメーション作家。第二次世界大戦直後に登場し、本格的なストーリー漫画で人々を魅了。日本の漫画・アニメ界隆盛の基礎を築いたと同時に、青少年の精神形成にも大きな影響を与えた。

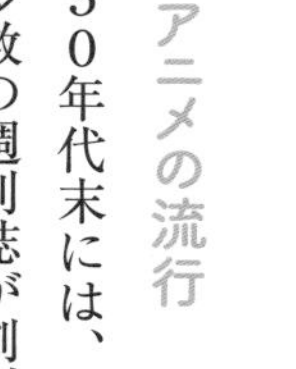
手塚プロダクション提供

＼この時代／
令和 | 平成 | 昭和 | 大正 | 明治 | 江戸
2000 1950 1900

街頭テレビ
1953年、ＮＨＫ東京テレビが本放送を開始。銀座の日本楽器の店頭に置かれたテレビには人だかりができ、「目で見るラジオだ」と民衆を驚かせた。

皇太子（明仁親王・現上皇）の結婚パレード
パレードの様子はテレビ各局で中継され、テレビブームのきっかけとなった。

人々が夢中になったテレビ

スポーツや芸能など様々な娯楽を提供したテレビは、人々にとって欠かせないものになった。

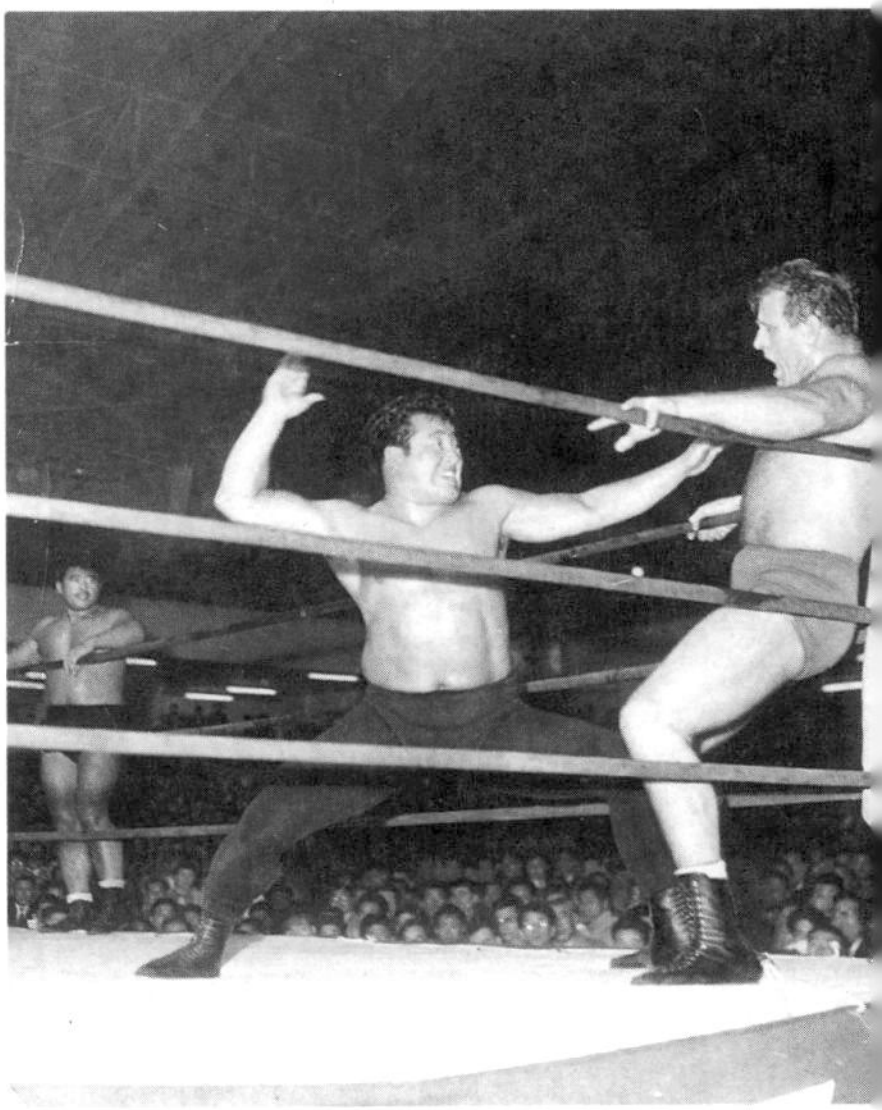

力道山（1924［大正13］～1963［昭和38］）
空手チョップで空前のプロレスブームを巻き起こし、力道山の試合を観るため人々は街頭テレビに釘付けになった。

漫画・アニメの登場

少年週刊誌の創刊号
1959年、講談社の『少年マガジン』と小学館の『少年サンデー』が同時に創刊した。

鉄腕アトム
1952年から連載された手塚治虫の漫画を原作に、1963年よりテレビアニメ化。日本初の連続長編テレビアニメーションとして、アニメ界の歴史を切り開いた。

豆知識 テレビ放送開始時、高卒の初任給は約5400円であったが、テレビは約17万5000円で高価だったため、人々は街頭テレビに集まった。

◀P196　P170▶

比類なき経済成長の負の側面 深刻化した公害問題

国の無策により被害が拡大

高度経済成長によって人々の暮らしは豊かになったが、一方で負の影響も大きかった。例えば、モータリゼーション（自動車の普及）の進行に法やインフラが追いつかず、交通事故が多発。毎年約1万人もの交通事故死者が出る状態は**「交通戦争」**と称された。

重化学工業化が進展すると、**工場の排水や排煙が引き起こす公害が深刻化**した。最も深刻な事例で「公害の原点」とされるのが**水俣病**である。

熊本県水俣市のチッソの化学工場は、有機水銀が含まれた排水を海に流し、水俣病を引き起こした。1950年代には原因が突き止められていたが、チッソや国は責任を認めず、被害が拡大。国が正式に原因を認めたのは1968年になってからだった。**認定患者は2000人を超える**が、申請総数をはるかに下回っている。

高まる環境問題への関心

富山県の神通《じんつう》川流域では、鉱山から排出されるカドミウムが原因で**イタイイタイ病**が発生した。三重県で起きた**四日市ぜんそく**は、石油化学コンビナートの排煙が原因である。また、新潟県阿賀《あが》野《の》川流域でも有機水銀による公害が起き、**新潟水俣病**と呼ばれている。国の救済が遅れたため、被害者たちはそれぞれ訴訟を起こし、いずれも患者側が勝訴した（**四大公害病訴訟**）。

公害を非難する世論の高まりを受けて、国は**1967年に公害対策基本法を制定**。1971年には環境庁（後の環境省）が発足した。それでも光化学スモッグなどの公害は収束せず、静岡県の田子の浦のヘドロ公害のような住民による抗議運動も激化した。公害は、経済成長を追い求めた日本社会に自省を促し、環境問題に関心が高まるきっかけとなった。

POINT!

経済発展が優先され、環境破壊が進行。四大公害病が発生し、多くの人が苦しんだ。

用語　公害対策基本法

大気汚染・水質汚濁などの7種の公害を規制し、事業者（公害発生源者）・国・地方自治体の責任、また環境基準などを明らかにした法律。公害問題に対する国民世論の高まりを受け、施策推進の前提となる基本原則の設定が行われた。1967年制定。

＼この時代／ ★
令和　平成　昭和　大正　明治　江戸
2000　1950　1900

四大公害病の発生

めざましい高度経済成長の一方で、工場から出た有害物質が人々の健康を害した。

工業地帯でマスクをつけて登校する児童たち。

イタイイタイ病(富山県)

発生時期	1910～70年頃
発生場所	神通川《じんづう》流域
原因	カドミウム
原因企業	三井金属
症状	腎臓障害や骨軟化症など

四日市ぜんそく(三重県)

発生時期	1961～72年頃
発生場所	石油コンビナート周辺
原因	亜硫酸ガス
原因企業	四日市コンビナート6社
症状	ぜんそくなどの呼吸器疾患

新潟水俣病(新潟県)

発生時期	1964～70年頃
発生場所	阿賀野《あがの》川流域
原因	工場排水中のメチル水銀
原因企業	昭和電工
症状	有機水銀中毒による神経障害

水俣病(熊本県)

発生時期	1953～60年頃
発生場所	水俣湾周辺
原因	工場排水中のメチル水銀
原因企業	チッソ
症状	有機水銀中毒による神経障害

水俣病患者の家族は、チッソの工場前で抗議した。

COLUMN

「金の卵」と呼ばれた集団就職の若者たち

人口が増大した戦後、農家の次男・三男らの働き口の確保が課題となった。一方、都市部では高度成長で人手不足が進んだため、集団就職が広く見られるようになる。中学や高校を卒業した地方の若者たちは、列車で大都市に向かい、就職したのである。中卒者は人件費が安いため、企業は「金の卵」と呼んで重宝した。とはいえ、集団就職者の労働条件は、都市部の新卒者と比べると低い水準にとどまった。集団就職は1964年ごろがピークであり、進学率が上昇するとともに姿を消した。

集団就職の様子

大分県から大阪の天保山に着いた若者たち。就職を祝い、多くの人が出迎えている。

その時世界は? [1962年]ソ連によるミサイル配備をめぐり、キューバ危機が起こる

国民の希望となった東京五輪と大阪万博の盛り上がり

1964年 東京五輪

戦後日本のめざましい復興・発展を世界に示す大会となった。

開会式の様子

10月10日、国立競技場で開かれた開会式。最後に登場した日本選手団は満員の観客たちに拍手で迎えられた。

金メダルを獲得した日本女子バレーボール

その強さから「東洋の魔女」と称された日本女子代表。決勝で最大のライバルであるソ連代表に勝利し優勝した。

日本でのオリンピック開催年表

1940年	※東京（夏季） 日中戦争で大会返上
1964年	**東京（夏季）** アジア初開催。史上初のテレビでの衛星中継
1972年	**札幌（冬季）** アジア初の冬季五輪開催
1998年	**長野（冬季）** 歴代冬季オリンピックの中で最南端での開催
2021年	**東京（夏季）** オリンピック史上最多の33競技339種目を実施 新型コロナ感染拡大の影響で2020年の開催を1年延期

復興の象徴となった五輪

1940年に東京オリンピックが予定されていたが、**日本は戦争の激化を理由に開催権を返上**していた。そのため戦後復興を遂げた日本人にとって、五輪の再誘致は悲願であったのだ。

1959年のIOC（国際オリンピック委員会）総会で、東京はデトロイトなど3都市を破って開催地に決定。**アジア初の五輪開催都市**となった。

五輪開催に合わせ、**東海道新幹線の開通**などインフラ整備が進められた。交通網や競技場などの大規模な公共事業は、高度成長に大きく寄与する。都市計画によって東京の風景は大きく変貌し、国民が敗戦の苦い記憶を払拭することにつながった。

1970年 日本万国博覧会（大阪万博）

「人類の進歩と調和」をテーマに、明るい未来を象徴するイベントとなった。

万博会場の様子

大阪万博が開幕し、お祭り広場に集まる観客たち。正面には太陽の塔がそびえる。

注目を集めた人間洗濯機

超音波で身体を洗う。2025年の大阪・関西万博でも次世代機の展示が予定されている。

夢の電話「ワイヤレステレホン」

携帯電話の原型となった。来場者は日本国内への通話や、会場内の端末同士で会話を楽しんだ。

日本での万博開催年表

1940年	※紀元2600年記念日本万国博覧会 第二次世界大戦勃発で中止。開催予定は東京
1970年	**日本万国博覧会（大阪万博）** アジア初開催。当時史上最大規模の展示
1975年	**沖縄国際海洋博覧会** 沖縄の本土復帰記念として開催
1985年	**国際科学技術博覧会** 筑波研究学園都市で開催
1990年	**国際花と緑の博覧会** 「花の万博」。大阪・鶴見緑地で開催
2005年	**2005年日本国際博覧会** 愛知開催。愛・地球博の別称で親しまれた
2025年	**大阪・関西万博** 大阪の夢洲（ゆめしま）で開催予定

五輪と万博が与えた自信

東京五輪で、日本はアメリカ・ソ連に次ぐ数のメダルを獲得。**「東洋の魔女」と呼ばれた女子バレー日本代表の活躍**などで国民は熱狂し、新しい形で国民意識が成長した。

1970年には「人類の進歩と調和」をテーマとして**大阪万国博覧会**が開催された。各国や各企業のパビリオンが、豊かで便利な未来を演出した。テレビや新聞などのメディアで万博が繰り返し報道され、人々は万博会場に押し寄せた。**来場者数は6400万人**で、2010年の上海万博で破られるまで**史上最多記録**だった。もっとも、会場はすし詰めで、滞在時間のほとんどが待ち時間だったという。

東京五輪と大阪万博は、日本人に経済大国としての自信を与えた。高度成長期の明るさを象徴する出来事として、今も懐古の対象になっている。

60年代に高まりを見せた反戦運動や学生運動とは？

各地で革新自治体が登場

高度経済成長のひずみは、公害などの社会問題を引き起こした。この影響で、東京都知事の美濃部亮吉など、地方選挙では与党に批判的な社会党や共産党系の候補の当選が相次いだ。こうして生まれた**革新自治体**は、公害規制条例や老人医療無料化などを実行。危機感を持った与党の自民党も、福祉政策を充実させた。60年代末には、**公明党・民主社会党・共産党**などの存在感が増し、「多党化」を印象づけた。

また、**ベトナム反戦運動**も盛り上がりを見せた。アメリカは、1965年から南北ベトナムの紛争への介入を本格化させた。日本も米軍に協力し、沖縄の基地からベトナムへの爆撃機が発進した。しかし、戦場での悲惨な状況が伝えられると世界的に反戦運動が高揚し、**日本でも知識人から市民まで横断する反戦運動が拡大**した。

民衆の支持を失った新左翼

ベトナム戦争への批判の高まりから、佐藤栄作首相はアメリカに沖縄返還をいっそう強く求めるようになる。1969年に大統領となったニクソンも、**日本が東アジアにおけるアメリカの負担を軽減する代償として、沖縄返還を認めた**。1972年、沖縄は悲願の本土復帰を果たす。

一方、1960年代末には、新しいかたちの**学生運動**も盛んになっていた。既存の革新政党に飽き足らず、ベトナム反戦運動や大学改革などを求めた運動は「**新左翼**」と呼ばれた。しかし、70年代になるとその要求は非現実的となり、内部闘争（内ゲバ）に明け暮れるようになる。同志のリンチ死やあさま山荘の立てこもりなどの「**連合赤軍事件**」により、新左翼運動は社会の支持を失った。この「学生反乱」を最後に、昭和戦後期の大規模な社会運動は退潮していった。

用語　新左翼
全学連の過激派などを中心にした社会革命を目指す活動家たちの総称。直接暴力など過激な運動を行い、安保闘争やベトナム反戦運動などに大きな影響を与えた。「既成左翼」である日本共産党や日本社会党などと対比され、「新左翼」と呼ばれた。

POINT!
ベトナム反戦運動などと結びつき、学生たちの間でも社会革命運動が盛んになった。

反体制運動の盛り上がり

反戦運動の高揚に紐づいて学生運動も多発。しかしあさま山荘事件が起こると、人々の新左翼への支持は急低下し、学生運動は一気に衰退した。

ベトナム反戦を訴えるデモ（1973年）
1965年、「ベトナムに平和を！市民連合」（ベ平連）という反戦運動組織が誕生。1974年1月に解散した。写真は最終定例デモ行進の様子。

東大紛争（1968年）
1960年代後半、全国で大学の管理強化に抗議する学生運動が多発。東大では安田講堂前で学生たちによるデモが起きた。

あさま山荘事件（1972年）
連合赤軍の残党５人があさま山荘に立てこもり、警官隊と銃撃戦を繰り広げた。攻防戦はテレビ中継され、NHKと民放を合わせた最高視聴率は89.7%を記録した。

己の理想を追い求めた作家

三島由紀夫《みしまゆきお》（1925〔大正14〕～1970〔昭和45〕）

1949年、『仮面の告白』で文壇の寵児となった三島由紀夫。小説のみならず、映画に出演するなどマルチな才能を発揮した。その三島の思想は、『憂国』（1961）を発表した頃から右傾化。左翼から日本を防衛するとして、右翼団体「楯の会」を結成する。その思想は、強靭な肉体への憧憬や死への美意識などから発展した独特のものだった。1970年、三島は「楯の会」会員4名とともに陸上自衛隊の市ヶ谷駐屯地を訪問。自衛隊の決起を呼びかけ、失敗すると壮絶な割腹自殺を遂げた。

演説をする三島
自決直前、自衛隊市ケ谷駐屯地に乗り込み、「憲法改正に決起せよ」と演説した。

豆知識 あさま山荘事件のテレビ中継で、警察官が非常食としてカップヌードルを食べる姿が話題に。それをきっかけに、カップヌードルの認知度が急激に上がった。

復帰50年を経てなお続く 米軍基地をめぐる沖縄の苦難とは？

高まる沖縄住民の不満と怒り

１９４５年6月23日に沖縄戦が終結し、沖縄は米軍の直接支配下に入った。中国や台湾との距離が近いという地政学上の利点から、**沖縄は「太平洋の要石」とみなされた**のだ。

沖縄は、アメリカが設立したＵＳＣＡＲ（琉球列島米国民政府）の統治下に置かれたが、**住民の権利は抑圧された**。朝鮮戦争以後は基地建設が本格化し、多くの土地が強制的に接収されることになる。１９５５年には、５歳女児の暴行・殺害事件が発生。59年には米軍機が小学校に墜落し、児童ら17名が死亡した。これらの事件・事故は沖縄の住民を憤激させ、**激しい祖国復帰運動**につながった。

沖縄の基地負担

沖縄県内における米軍専用施設の占有面積は約8％であり、沖縄の人口の9割以上を占める沖縄本島に限れば、約15％にまで及ぶ。東京23区で比較すると、13区を覆ってしまうほどの広大な面積である。

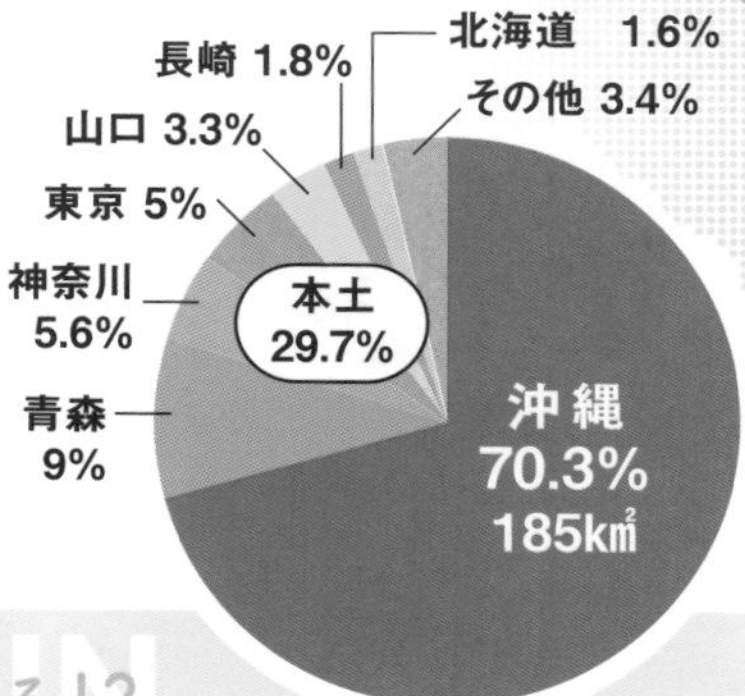

COLUMN

核持ち込みを認める!? 「核密約」はなぜ結ばれたのか？

佐藤栄作首相は、核兵器を「持たず、つくらず、持ち込ませず」の非核三原則を掲げており、「核抜き・本土並み（法制度を本土と同等にする）」を沖縄復帰の条件とした。しかし、アメリカ側は沖縄からの核兵器撤去に難色を示した。佐藤は苦渋の決断として、いわゆる「核密約」をニクソン大統領との間で結ぶ。非常時には沖縄に核兵器を持ち込むことを認める秘密文書である。1994年に佐藤の密使を務めた若泉敬が著書で存在を明かし、2009年には栄作の次男・佐藤信二が佐藤家に保管されていた密約文書を公表した。

1995年の総決起大会

米兵による女子小学生暴行事件を受け、沖縄県民総決起大会にて抗議する人たち（1995年）。基地の存在は県民の安全性を脅かしている。

沖縄から周辺国の距離

沖縄は「太平洋の要石」として米軍の重要拠点になっている。

復帰後も減らない基地負担

佐藤栄作首相は、「沖縄復帰が実現しなければ、わが国の戦後は終わらない」と述べ、沖縄返還に尽力する。

住民の**沖縄復帰運動は、ベトナム反戦運動や学生運動とも結びつき、本土にも波及**した。ベトナム戦争で劣勢となったアメリカはアジア戦略の見直しを迫られ、沖縄の返還に同意する。**1972年5月、沖縄は悲願の祖国復帰を果たす**。しかし、アメリカが基地使用権を手放すことはなく、かえって沖縄に米軍基地が集中していく。

現在でも**米軍基地の70％が沖縄**にあり、安全保障面での負担が沖縄に押し付けられている。1995年に起きた少女暴行事件と反基地運動の高揚は、40年前の事件の相似形といえた。犯罪を起こした米兵の身柄引き渡しを米側が拒否できるなど、日米地位協定の不平等性も解消されていない。

戦後、「技術立国」日本を牽引して経済成長の柱となった経営者たち

『それは私の責任です』ということが言い切れてこそ、責任者たりうる

松下幸之助の経営理念

日本の経済成長の要因の一つに大企業を率いる経営者の存在があった。

戦後日本を代表する経営者といえば、**松下幸《こう》之《の》助《すけ》**の名が挙がる。松下は戦前に松下電気器具製作所（現パナソニック）を創業。戦後は高度成長期の家電需要に乗って急成長をとげた。「社員は家族」と捉えていた松下は組織の一体性を重視し、朝会での唱和や社歌の斉唱などを通じて経営理念の浸透をはかり、拡大する組織をまとめた。

読売新聞社を率いた**正力松太郎**もカリスマ経営者であった。戦後、民間初のテレビ放送事業を開始（日本テレビ）。街頭テレビを設置して人々を夢中にさせるなどメディア文化の発展に努めた。

経営者たちの理念と言葉

松下幸之助
現・パナソニック創業者
（1894〔明治27〕～1989〔平成1〕）

開発から販売までを一括する事業部制や、地域に松下専売の小売店を設けるなど独創的な経営で成長。学歴も資本もない立場から家電業界トップの大企業を築き、「経営の神様」と称された。

「開発というものは企業のためにやるんじゃない。世の中に貢献するという気持ちがなければいけない」

本田宗一郎　**本田技研工業創業者**
（1906〔明治39〕～1991〔平成3〕）

オートバイ生産で日本一を達成後、自動車製造にも参入。モータースポーツにも積極的に参戦し、技術力で世界と競った。

「多くの人たちに利用されてこそ、技術である」

井深大
現・ソニー創業者（1908［明治41］～1997［平成9］）

戦時中に兵器開発を通して盛田昭夫と出会い、戦後はともに東京通信工業（現ソニー）を設立。製品開発に従事し、独創的商品を発表し続けた。

「私は人のやらないことをやろうと考えています。やれそうもないことを成し遂げるのが、仕事というものと違いますやろか」

安藤百福
現・日清食品創業者
（1910［明治43］～2007［平成19］）

戦後の食糧難を受けて「食」の道へ進むことを決意。一時は脱税の嫌疑などで無一文になるも、その後インスタントラーメンの開発に成功し、世界に発信した。

世界販売台数1位、トヨタ自動車の強さの秘密とは？

2009年（平成21）にトヨタの社長に就任すると世界展開を進めて、史上最高益をなした豊田章男。彼は創業者である豊田喜一郎の孫にあたるが、戦後、トヨタの社長は豊田一族に独占されてきたわけではない。敗戦後に倒産危機に瀕すると、のちに「トヨタの大番頭」と称された石田退三が立て直しを図る。石田は豊田家の人間でも能力重視で評価したという。業績が低迷していた1990年代には、奥田碩が社長に就任。一族の豊田章一郎を後ろ盾とした改革で、世界1位を達成した。豊田家出身でも社長が約束されているわけではない実力主義の社風が、トヨタの強みになっているのだ。

世界に広まった日本発の製品

技術者からのたたき上げで、「**技術立国**」**日本**を牽引した経営者も多い。

本田技研工業の創業者・**本田宗一郎**は戦後にオートバイ生産を開始。経営は副社長の藤沢武夫にまかせ、技術力で世界と渡りあった。現ソニーの**盛田昭《あき》夫《お》**と**井《い》深《ぶか》大《まさる》**も二人三脚で大企業を築いた。井深が技術者としてテープレコーダーやトランジスタラジオを開発し、盛田が営業・販売をするという役割分担で世界的ブランドを育て上げた。

カップラーメンを生み出した現日清食品の**安藤百《もも》福《ふく》**、良質なタイヤで世界的ブランドを築いたブリヂストンの**石橋正二郎**、スーパーマーケットという業態を広めたダイエーの**中内功《いさお》**、ファミコンによって世界のゲーム産業を一変させた任天堂の**山内溥《ひろし》**など、彼らの経営や製品に賭ける情熱が現代日本の土台になっていることは間違いない。

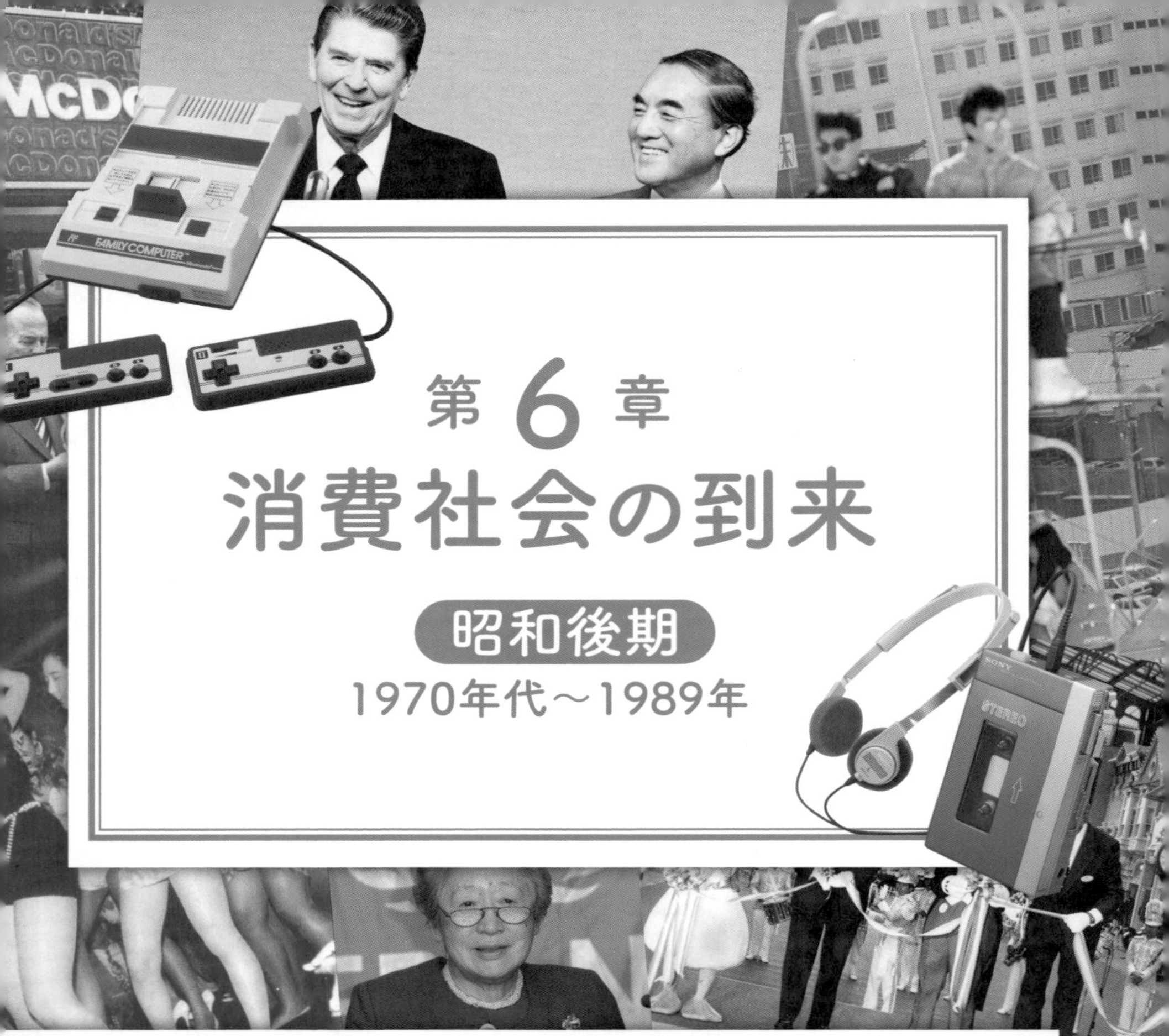

第6章 消費社会の到来

昭和後期
1970年代～1989年

時代	年	出来事
昭和	1970	大阪万博が開催される
	1971	環境庁が発足する
		ドル・ショックに見舞われる P186
	1972	札幌オリンピックが開催
		沖縄返還が実現する
		日中共同声明に調印 P188
	1973	第1次石油危機が発生 P186
	1974	戦後初のマイナス成長 P186
	1976	ロッキード事件が発覚 P190
	1977	200海里漁業専管水域が設けられる
	1978	日中平和友好条約調印 P188
		新東京国際空港（現成田空港）開港
	1979	第2次石油危機が発生 P192
	1983	国立歴史民族博物館開館

内政	1972年に総理となった田中角栄は、「日本列島改造論」を掲げ地方の発展を目指したが、金権政治を批判され退陣。その後、政府は行財政改革による「小さな政府」の実現へシフトし、国営企業の民営化が進められた。
国際外交	米中関係の雪解けの影響で、日本も中国との国交正常化を実現。一方、台湾とは断交となったが、経済・民間レベルの交流は続いた。また、自動車産業による対米貿易額の増加は、日米貿易摩擦を招いた。
経済	高度経済成長はドル・ショックとオイル・ショックの影響で終焉を迎え、日本は安定成長期に入った。国際的な貿易不均衡の是正のため円高ドル安が進み、金融緩和政策で投資が活発化してバブル経済に突入した。
社会生活	女性の自立や社会進出を求めたウーマンリブ運動が盛り上がり、男女雇用機会均等法の成立により性別による差別や男女間の賃金格差の解消が目指された。また、東京ディズニーランドのオープンなど、レジャーの多様化も進んだ。
文化	「一億総中流」といわれるように、国民の大多数が自分を中流だと意識。ライフスタイルは多様化し、個人の嗜好に合わせた商品が数多く誕生。ウォークマンやファミコンなど日本企業によるヒット商品が世界を席巻した。

元号	年	出来事
平成	1991	バブル景気の崩壊が始まる
	1989	昭和天皇が崩御。平成の天皇が即位、平成に改元
昭和	1989	消費税制度が導入される（3％）
	1988	バブル景気により、地価や株価が上昇 P199
	1988	リクルート事件が発覚 P194
	1988	青函トンネルが開業する
	1987	JR7社が発足する P194
	1986	バブル景気が始まる P192
	1985	プラザ合意が成立する P192
	1985	男女雇用機会均等法が制定される P196
	1985	NTT、JTが発足する P194
	1985	国際科学技術博覧会が開催
	1983	任天堂からファミリーコンピューターが発売される P200
	1983	東京ディズニーランドがオープン P198

◀P192　P168▶

高度経済成長終焉の原因は石油危機だけだったのか？

POINT！
設備投資や個人消費が減退する中、ドル・ショックとオイル・ショックに見舞われた。

ドル・ショックにより円高になる

日本は1970年代に差し掛かった時点でも、依然として**高い経済成長率を維持**していた。ただし高度経済成長を牽引してきた民間企業による積極的な設備投資は、1970年（昭和45）をピークに下向きに転換。またこの頃には三種の神器（テレビ、洗濯機、冷蔵庫）がほとんどの家庭に行きわたるようになり、経済成長を支えるもう一つの要因であった旺盛な個人消費意欲についても、一息つきつつあった。

そうした時期に日本は、アメリカが金とドルとの交換停止を発表した**ドル・ショック**〈1971／昭和46〉に見舞われることになる。日本は1ドル＝360円の固定相場を維持するのが困難になり、最終的に**変動相場制**〈1973／昭和48〉へと移行。以後、**円高基調**となった。これは従来円安を利用して対米輸出を拡大してきた日本経済にとって、大きな打撃だった。

石油危機がトドメを刺す

日本はこの危機を積極財政によって乗り切ろうとした。だが市場に出回る通貨が急増したため、**インフレの進行**を招く結果となった。

そこに追い打ちをかけたのが、**第1次石油危機**〈1973／昭和48〉（オイル・ショック）だった。折しも勃発した第4次中東戦争を有利に戦うため、アラブ産油国がイスラエル寄りの欧米や日本に対して原油価格の引き上げ等を実施したため、日本はインフレがさらに進行。**狂乱物価**といわれる事態になったのだ。政府は金融引き締め策に転じたが効果はなく、**スタグフレーション（不況とインフレの併存状態）**に陥った。そして1974年（昭和49）に**戦後初のマイナス成長**を記録。**高度経済成長は終焉**を迎えた。

高度経済成長を支えていた旺盛な設備投資や個人消費が失われていたところに、石油危機（オイル・ショック）がトドメを刺すかたちとなった。

用語　狂乱物価

石油危機によって原油の価格は1973年1月に1バレル（約159ℓ）2.6ドルだったものが10月に5.1ドルになり、翌年の1月には11ドルを超えた。それまで5％の水準で安定していた消費者物価上昇率は、1974年に20.9％に急騰。狂乱物価と呼ばれた。

＼この時代／

令和	平成	昭和	大正	明治	江戸

2000　1950　1900

ドル・ショックと石油危機による経済の混乱

石油危機や土地投機によって異常なインフレとなり、売り惜しみが起きたことでさらに物価が高騰した。

1971年 ドル・ショック
アメリカのニクソン大統領が金とドルの交換停止を発表。国際通貨制度が揺らぎ、円が切り上げられた
▼
変動為替相場制へ移行

1972年 田中角栄内閣発足
「日本列島改造論」の影響で、不動産ブームとなり、土地への投機が全国的に活発化。「一億総不動産屋の時代」とも呼ばれた
▼
土地価格が高騰

1973年 第4次中東戦争
イスラエルとアラブ諸国との戦争。産油国は石油価格を吊り上げることでイスラエル支援国を揺さぶった
▼
第1次石油危機

▼

物価高騰＝狂乱物価

消費者物価の対前年上昇率

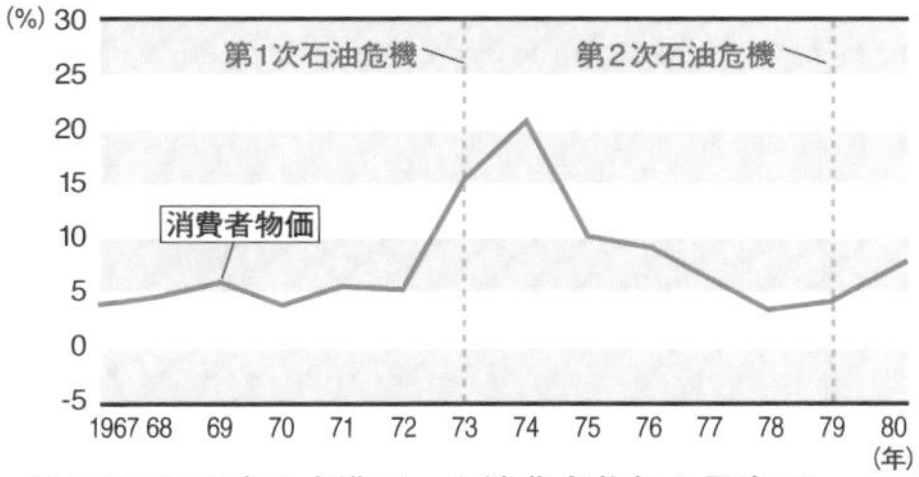

それまで5%強の水準だった消費者物価上昇率が、1973年には約16.1%、翌年には20.9%に急騰した。

物価値上げに反対するデモ行進

全国消費者大会の参加者が東京でデモを行った。

KEY PERSON

司馬遼太郎が国民作家になった理由

司馬遼太郎は、1960年代から90年代半ばにかけて数多くの歴史小説や歴史評論を発表。広範な読者を獲得した。司馬作品のとりわけ熱心な読者は、組織に属する男性サラリーマンだった。彼らは、司馬が描く戦国や幕末の主人公たちが、大名や藩に仕えつつ、時代の変化に揉まれながら、知恵と才覚を働かせて必死に生きる姿を、自らに重ね合わせるように読んだ。彼らにとって司馬作品は、「組織の中でいかに生きるか」を学ぶ教養の書といえた。いわば司馬は、企業組織の時代が生んだ国民作家だった。

司馬遼太郎
(1923〔大正12〕～1996〔平成8〕)
代表作に『竜馬がゆく』『坂の上の雲』など。6作品が大河ドラマ化された。

昭和後期

豆知識 1972年、札幌でアジア初の冬季オリンピックが開催された。スキージャンプ70m級では笠谷幸生選手が日本人として初の冬季五輪初の金メダルを獲得。2位、3位も日本選手が独占した。

◀P206　P164▶

なぜアメリカと日本は台湾と断交し中国と国交を結んだのか？

POINT！

台湾に代わって中国が国連に加盟。田中角栄首相は中国を訪問し、国交正常化を実現した。

ニクソンが中国を電撃訪問

日本はサンフランシスコ平和条約〈１９５１/昭和26〉において、西側諸国とのみ講和を結んだため、中国（中華人民共和国）とは国交がない状態が続いていた。一方で台湾の中華民国とは、**日華《にっか》平和条約**〈１９５２/昭和27〉を締結していた。東西冷戦構造の中で、中国とアメリカが敵対関係にあったため、日本としては同盟国のアメリカに追随する以外に選択肢はなかった。

だが１９７０年代に入ると、状況が一変することになる。まず１９７１年（昭和46）、台湾に代わって**中国が国連に復帰**（台湾は国連から脱退）。すると、各国は相次いで中国を承認する。さらに翌年2月にはアメリカの**ニクソン大統領が中国を電撃訪問**し、米中関係は雪解けへと向かった。中国はこの頃、ソ連との関係悪化が深刻になっており、米ソの二大国を敵に回すことを避けるために、アメリカとの接近を図ったのだ。

日中国交正常化を要望した経済界

こうした国際情勢の変化を受け、１９７２年（昭和47）9月、日本の田中角栄首相も中国の毛沢東《もうたくとう》と周恩来《しゅうおんらい》を訪問。**日中共同声明**に調印し、国交正常化を実現した。声明には「日本は中華人民共和国政府を唯一の合法政府として認めること」「中国は日本に対して、日中戦争の賠償請求をしないこと」などが盛り込まれた。日本が中国との国交回復に踏み切ったのは、広大な中国市場でのビジネスの拡大を望む**経済界の要望**もあった。

日本と中国は１９７８年（昭和53）に主権・領土の相互尊重や、ソ連を念頭に置いた反覇権主義の条項からなる**日中平和友好条約**を締結。日本は翌年から中国に対し、多額のＯＤＡ（政府開発援助）の供出も開始した。一方、この年**アメリカも中国との国交を正常化**。東アジアの冷戦構造は、日米中がソ連を取り囲むかたちへと大きく変容した。

人物　**毛沢東**（1893～1976）**と周恩来**（1898～1976）

毛沢東は1949年の中華人民共和国建国から1976年に死去するまで、最高指導者の地位を守り続けた。周恩来は毛沢東の忠実なる片腕として、総理を長く務めあげた。

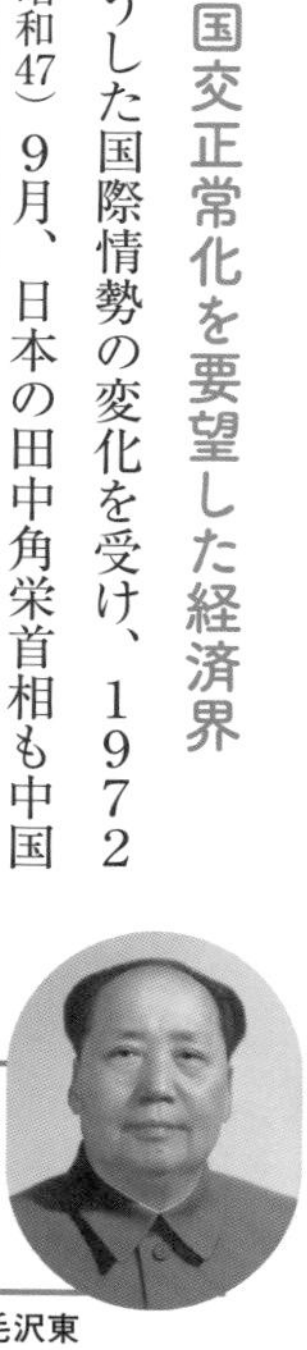

毛沢東

令和	平成	昭和	大正	明治	江戸

\この時代/（昭和）

2000　1950　1900

中国をめぐる国際関係

中国とソ連は同じ社会主義国として同盟関係にあったが、中国は1960年代以降、アメリカへの接近を図った。日本も米中関係の変化を受けて、台湾と断交し、中国と国交を正常化させた。

1972年9月29日、日中共同声明に調印した田中角栄（左）と周恩来（右）

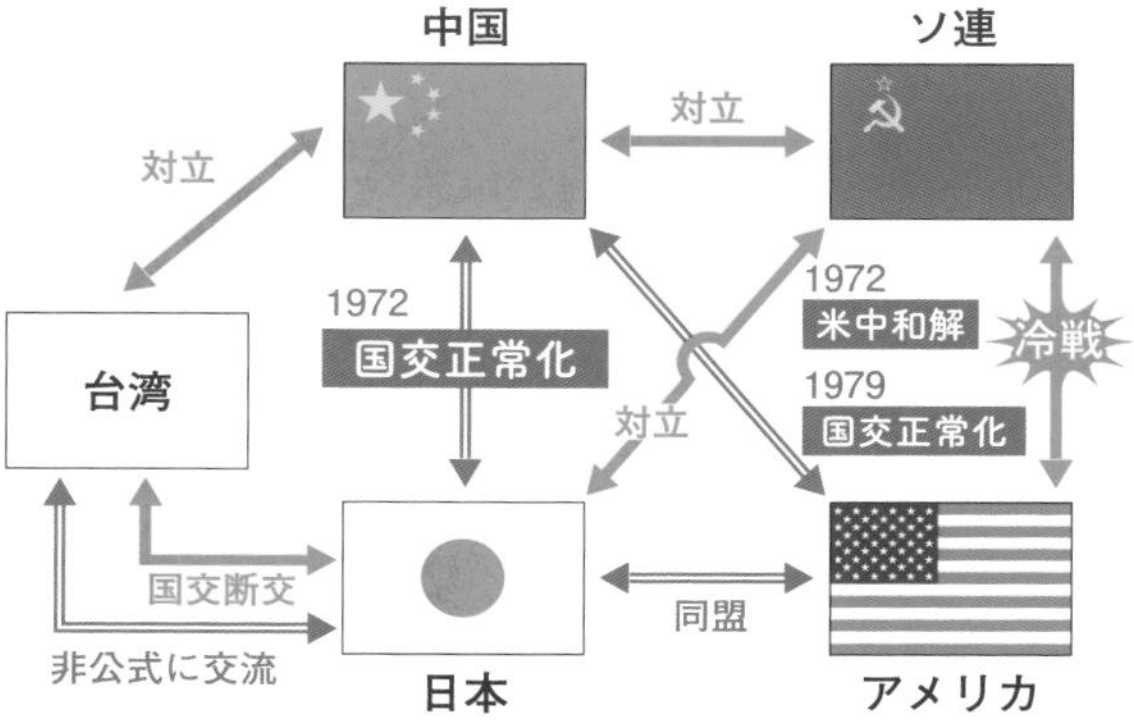

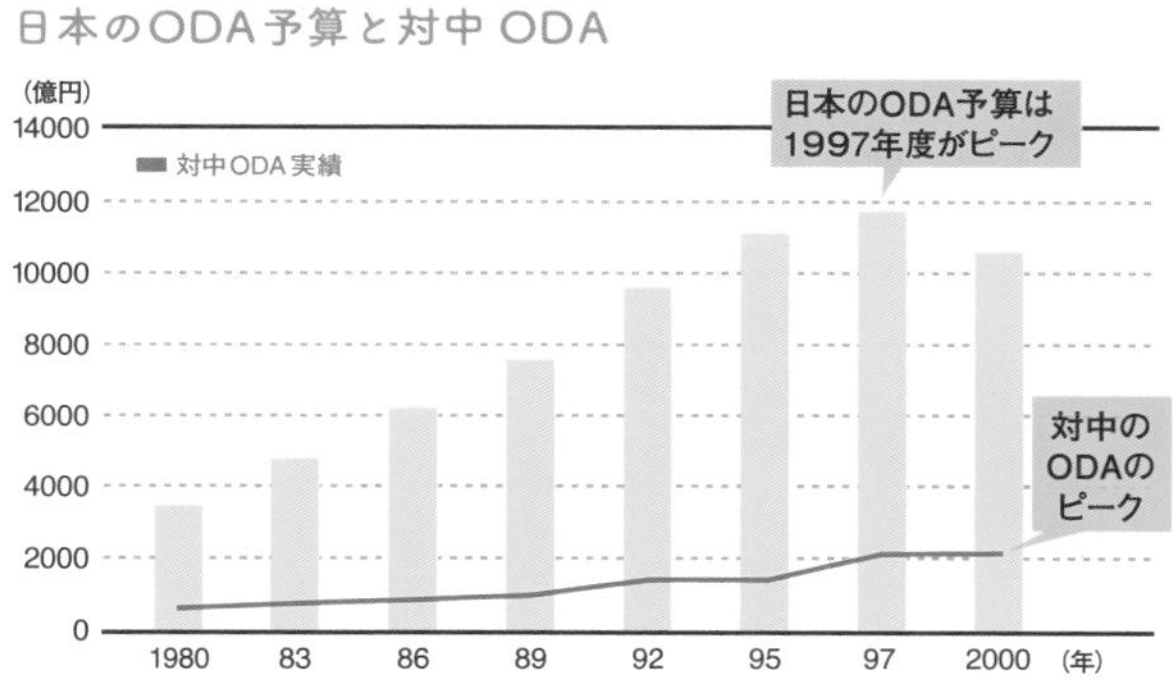

日本のODA供与額は1989年度に世界トップとなり、97年度にピークを迎えた。対中ODAは1979年度から始まり2000年度をピークとして、2021年度まで続けられた。

パンダ外交により、1972年に日本に贈呈されたランラン。

中国の主張を受け入れて台湾と国交断絶する

日中戦争後、中国では国民党と共産党の間で第2次国共内戦が勃発。勝利した共産党は中国大陸で中華人民共和国を建国、敗れた国民党は台湾に中華民国政府を移した。両者は互いに相手側の政府を認めず「中国は一つである」と主張した。日本は中華人民共和国との国交正常化を果たす際に、「台湾は中華人民共和国の領土の不可分の一部である」という中国側の主張を受け入れたため、台湾との国交断絶が不可避となり、台湾も日中共同声明直後に日本との断交を宣言した。ただし、その後も民間レベルでの交流は続けられた。

その時世界は? ［1976年］ベトナム戦争が終結し、南北ベトナムが統一される

◀P194　P178▶

“今太閤”田中角栄はなぜ「日本列島改造論」を唱えたのか？

POINT!
高い支持率を誇ったが、金権政治が批判されて退陣し、ロッキード事件で逮捕された。

著書が90万部のベストセラーに

1972年（昭和47）、田中角栄が戦後最年少の54歳の若さで首相に就任した。田中首相は高等教育を受けていないにもかかわらずトップに上り詰めたことから、豊臣秀吉になぞらえ**「今太閤《いまたいこう》」**とも呼ばれ、爆発的な人気を獲得。政権発足時の**支持率は60％台**に達した。

田中首相が打ち出したのが**「日本列島改造論」**だ。これは①日本列島の北東や西南の後進地域に工業基地を配置することで、太平洋ベルト地帯に集中している工業地帯の分散化を図る、②地方に25万人規模の都市を新たに整備する、③全国に新幹線や高速道路を張りめぐらせることで、日本列島を1日で行き来できる交通ネットワークをつくる、という三本柱から成り立っていた。その構想を著した**『日本列島改造論』**は、90万部に達するベストセラーとなった。

激しいインフレを引き起こす

新潟の貧しい農村出身である田中首相にとって、**地方の発展**は政治家生命を賭けたテーマだった。だが日本列島改造論は高度経済成長の持続を前提としたもので、ドル・ショック後の時代には合わなくなっていた。景気が低迷する中、地価の値上がりを見込んだ投資家たちが**土地を買い占めたことで激しいインフレ**が起き、さらに**石油危機**が追い打ちをかけ、**日本経済は大混乱**に陥った。

抜群の行動力で**日中国交正常化**を実現するなど、多くの実績も残した田中首相だが、**狂乱物価**を引き起こしたことで支持率は低下。特に政治資金の調達や分配をめぐる**金権政治**が批判の対象になり、退陣を余儀なくされた。

退陣後も政界に影響を与え続けたため**「闇将《やみしょう》軍《ぐん》」**とも呼ばれたが、**ロッキード事件**（1976／昭和51）で逮捕され、最高裁審理中の1993年（平成5）に死去した。

人物　田中角栄（1918［大正7］～1993［平成5］）
新潟の貧しい農家に生まれ、尋常高等小学校を卒業し15歳で上京。夜間学校で土木を学び建設会社を設立した。1947年に衆議院議員になり、33件の議員立法を成立。総理時代には「決断と実行」のスローガンを掲げ、卓越した政治力や人心掌握術で数々の政策を実現させた。

＼この時代／★

令和	平成	昭和	大正	明治	江戸

2000　1950　1900

「日本列島改造論」

都市では人口集中による環境の悪化、地方では人口流出による衰退が問題となった。その是正のため、交通網の整備など、日本列島の改造が必要だと田中は主張した。

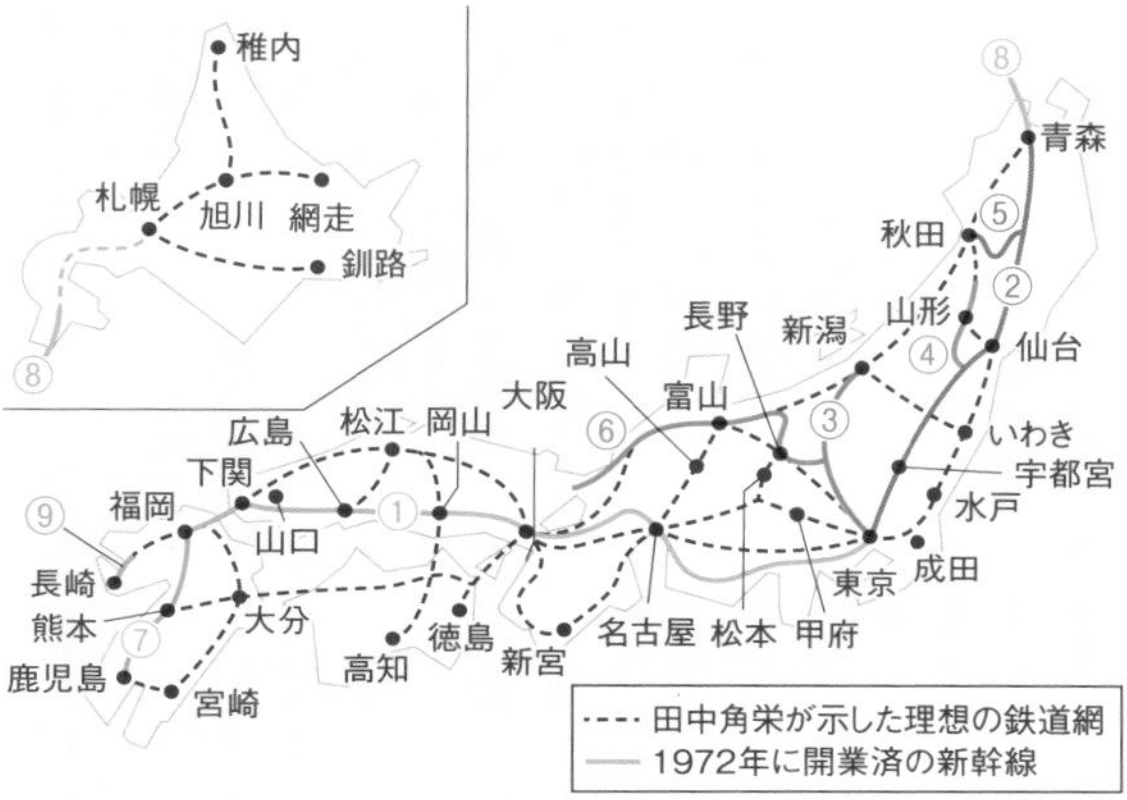

①1975年 山陽新幹線、博多まで延長 ②1982年 東北新幹線 ③1982年 上越新幹線 ④1992年 山形新幹線 ⑤1997年 秋田新幹線 ⑥1997年 北陸新幹線(2015年長野から金沢まで、2024年金沢から敦賀まで延長) ⑦2004年 九州新幹線 ⑧2016年 北海道新幹線(2035年函館から札幌まで開業予定) ⑨2022年 西九州新幹線

新幹線鉄道網の理想図

田中角栄が『日本列島改造論』で示した鉄道網の理想と現在の幹線。開業予定の箇所も含めて、現在まで多くの場所が開通している。

田中角栄と『日本列島改造論』

1972年、田中角栄は首相就任前に自らの政策をまとめた『日本列島改造論』を出版。この年だけで80万部を売り上げている。

柏崎刈羽原子力発電所

田中角栄は原発が建つ柏崎市(旧二田村)の出身で、原発設置に大きな影響を及ぼした。田中内閣は発電所建設を促進するため電源三法を成立させた。

戦後最大の汚職事件 ロッキード事件の真相とは

1976年(昭和51)、アメリカのロッキード社が航空機売り込みのため、日本の政財界に賄賂工作を行ったことが判明した。そのうち5億円の賄賂を田中角栄が首相在任時に受けとっていたという容疑が浮上。田中は逮捕された。1983年(昭和58)の第一審では懲役4年、追徴金5億円の実刑判決が下されたが、田中はこれを不服として上訴。1993年(平成5)の田中の死去により公訴棄却となった。戦後最大級の汚職事件であるロッキード事件は、資金の流れなど、今も真相が解明されていない部分が多い。

政治資金をめぐる主な事件

昭和電工事件(1948)
・昭和電工社長による贈収賄事件。芦田内閣総辞職。

ロッキード事件(1976)
・米ロッキード社による航空機売り込みの巨額贈収賄事件。

リクルート事件(1988)
・リクルート社による未公開株の贈収賄事件。

佐川急便事件(1992)
・東京佐川急便による巨額献金事件。

豆知識 田中角栄は自民党最大派閥の木曜クラブを率いていた。その流れは現在の平成研究会(茂木派)に引き継がれている。

◀P204 P186▶

なぜ日米貿易摩擦からバブル経済へ移行したのか？

アメリカ市場を席巻した日本車

高度経済成長が終わった後、日本は3～5％前後の成長率を維持する**安定成長期**に入った。この時期日本企業は、省エネ化やコスト削減などの**徹底的な減量経営**を図っていた。これにより労働生産性が上昇し、**国際競争力の強化**につながった。1979年（昭和54）にはアラブ産油国が原油価格を3倍近く引き上げたことによる**第2次石油危機**が起きたが、日本はこれも乗り越えた。

特に好調な輸出を牽引していたのが**自動車産業**だった。第2次石油危機以降、燃費のよい小型車が世界的に求められていたことも、小型車を得意とする日本企業にとって追い風となった。とりわけ北米市場では、巨額の赤字に苦しむアメリカの自動車会社を尻目に、日本車が市場の2割を占めたため**日米貿易摩擦**に発展。日本は輸出の自主規制を余儀なくされた。

急上昇した地価と物価

この時期アメリカは、インフレを抑えるために高金利政策をとっていたが、これがドル高を招き、**巨額の貿易赤字を抱える結果**となった。

そこで1985年（昭和60）、国際間の貿易の不均衡を解消することを目的に米、日、西独、英、仏による蔵相・中央銀行総裁会議が開催され、**ドル高を是正することで合意した（プラザ合意）**。以降、円高ドル安が急速に進み、日本の輸出産業にとって不利な状況となった。

これに対して政府は、円高不況対策として、**公定歩合の5％から2・5％への段階的な引き下げ**を実施。こうして資金を調達できやすい環境が生まれ、企業や個人はそのお金を土地や株式の購入に投じ、得られた運用益をさらに投資に注ぎ込んだ。日本社会は、地価や株価が実体経済以上に上昇を続ける**バブル経済に突入**したのだった。

POINT!

プラザ合意により日本は円高不況に。金融緩和策をとると投資が進み、バブル経済になる。

用語　省エネ化

1979年に第2次石油危機が起きた時、「省エネのため」と称して、半袖の背広と半袖開襟のワイシャツの着用が推奨された。当時のビジネスシーンは、夏でも背広着用が常識だったからだ。大平正芳首相自身が率先して着用したが、ほとんど普及しなかった。

＼この時代／

令和	平成	昭和	大正	明治	江戸

2000　1950　1900

貿易摩擦が日本への悪感情を生む

1980年代に入ると、日本の貿易収支に占める対欧米黒字は大きく増加した。1984年に440億ドル、1985年に560億ドル、合計1000億ドルになり、しかもこのうち70%が対米黒字だった。

アメリカの対日貿易赤字

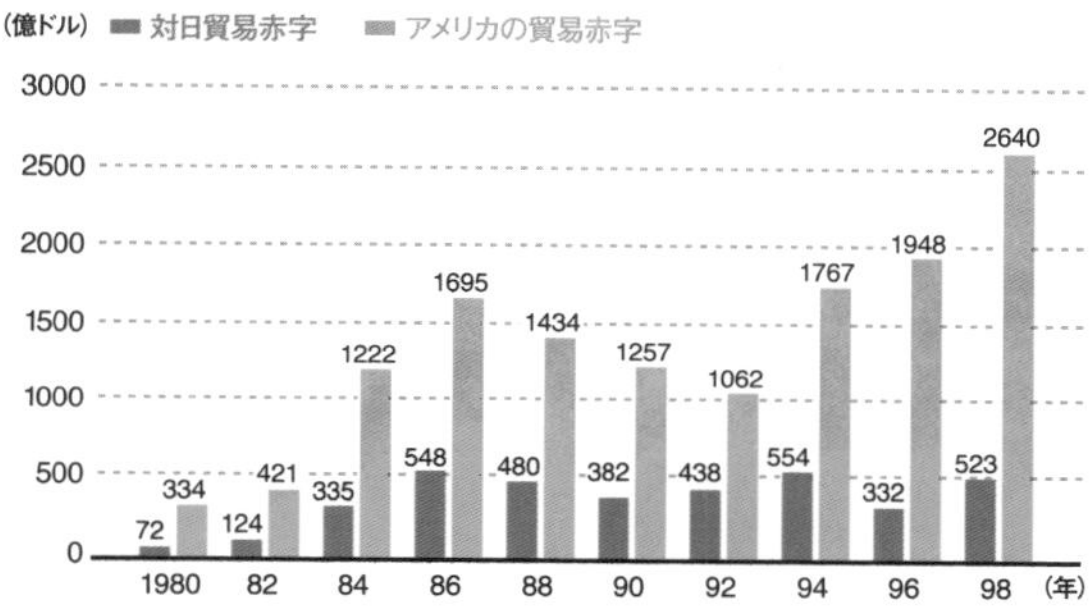

アメリカでは対日貿易赤字が続いて産業界が不振になり、労働者の賃下げや解雇につながった。対日感情が悪化し、解雇された工場労働者を中心にジャパンバッシングが起きた。

貿易摩擦時代の新商法
貿易摩擦の激化を受けて米国車ディーラーが思いついた珍商法。自動車工場をレイオフ（一時解雇）された人は日本車を「たたき放題」。 UPI＝共同

1974年　世界同時不況

不況長期化

アメリカ

日本への要求

- 内需拡大
- 自動車などの輸出自主規制
- 農産物などの輸入自由化（牛肉・オレンジなど）
- 規制緩和
- 行財政改革（国鉄民営化・消費税導入など）

赤字 → **日米貿易摩擦** ← 黒字

要求

日本好景気

日本

経済大国へ
電気製品や自動車などの分野で輸出を伸ばし、1980年には世界総生産の10%を占める

1985
プラザ合意

急速な円高で経済摩擦緩和
▼
輸出産業の不況（円高不況）
▼
金融緩和により、地価・株価が暴騰
▼
1986～　バブル経済
日本の海外資産1298億ドルで世界一になる

プラザ合意が行われたニューヨークのプラザホテル。

昭和後期

豆知識 プラザ合意の舞台となったプラザホテルは、1992年公開の映画「ホームアローン2」のロケ地となり、当時オーナーだったドナルド・トランプが出演している。

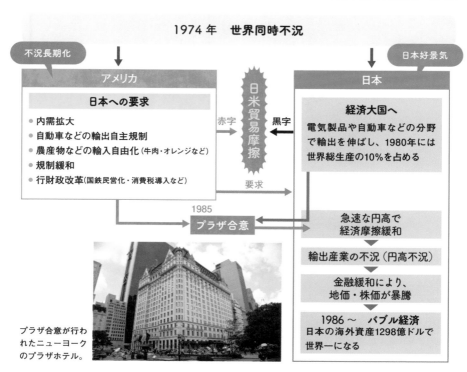

内政

◀P208 P190▶

なぜ政府は80年代に行財政改革に着手したのか？

課題になっていた財政再建

1970年代末から80年代初頭にかけて、日本では財政の国債への依存度が高まったことなどにより、**財政危機**が叫ばれるようになった。しかし安定成長期においては大幅な税収増は望めず、法人税の増税についても財界からの反対が多いため実行に移せない状況にあった。そこで政府が選んだのは、**行財政改革による「小さな政府」**を実現することで、財政再建を図ることだった。

1981年（昭和56）、鈴木善幸《ぜんこう》内閣は第2次臨時行政調査会を設立。翌年発足した**中曽根康弘**内閣でも行財政改革は続けられ、臨時行政改革推進審議会において検討が進められた。中曽根首相は「戦後政治の総決算」を掲げ、内政においては**行財政改革と防衛力の増強**、外交においては当時のレーガン米大統領との親密な関係をベースに、**日米関係の強化**を進めていった。

国鉄などの民営化が目玉に

行財政改革では、**日本電信電話公社、日本専売公社、国鉄の三公社の民営化**が目玉となった。とりわけ国鉄は37兆円もの債務を抱えており、民営化によって政府の負担を削減した上で、組織改革を行うことが急務となっていた。また明石海峡大橋等の**公共事業に、民間活力を導入**することも打ち出された。なお中曽根首相は、一方で財政基盤の強化のために売上税の導入を唱えたが、国民の強い反対により断念に追い込まれた。

行財政改革の一方で、政治改革は遅々として進まなかった。ロッキード事件以来、自民党の金権政治に国民が批判の目を向けていた中で、1988年（昭和63）には政財官を巻き込んだ大型の贈収賄事件である**リクルート事件**が発覚した。そして社会がこの事件で揺れる中、翌年1月7日に**昭和天皇が崩御**。昭和は幕を閉じた。

POINT!

三公社の民営化が行われるなど行財政改革は進められたが、政治改革は進まなかった。

用語　国鉄の民営化

現在のJRグループは、かつて日本国有鉄道（国鉄）と呼ばれる公社だった。国鉄時代は多額の赤字を抱えていたが、民営化によって人員が整理され、赤字ローカル線は第三セクター鉄道へと移管された。

＼この時代／

令和	平成	昭和	大正	明治	江戸

2000　1950　1900

大きな政府から小さな政府へシフト

政府は財政赤字を解消するため、行政の見直しや民間事業者を積極的に活用する方向へと舵を切った。

高度経済成長が終わり安定成長の時代へ

三木武夫
在1974.12〜76.12

福田赳夫
在1976.12〜78.12

- 戦後初のマイナス成長(74)
- 第1回サミットに参加(75)
- ロッキード事件が発覚(76)
- 日中平和友好条約締結(78)

大平正芳
在1978.12〜80.6

鈴木善幸
在1980.7〜82.11

- 第2次石油危機(79)
- 東京サミット開催(79)
- 日米貿易摩擦が激化(80)
- モスクワ五輪不参加(80)

経済の繁栄期(バブル)に突入

中曽根康弘
在1982.11〜87.11

- 電電公社の民営化(85)→日本電信電話(NTT)発足
- 日本専売公社の民営化(85)→日本たばこ産業(JT)発足
- 国鉄の分割民営化(87)→JR7社が発足
- 公務員給与の抑制、省庁の統廃合
- 基礎年金制度導入、職域保険本人1割負担導入

竹下登
在1987.11〜89.6

- リクルート事件発覚(88)
- 平成に改元(89)
- 消費税3%を施行(89)

親密な関係を築いていたレーガン米大統領(左)と中曽根康弘首相。

影響

新自由主義の潮流

国家が積極的に経済活動に介入する大きな政府ではなく、自由競争によって経済成長を促す小さな政府を目指す考え方が誕生。サッチャーやレーガンも政策に取り入れた。

消費税導入に反対する店舗。

COLUMN

皇族から疑問も呈された昭和末年の自粛ムード

1988年(昭和63)9月20日、昭和天皇の吐血が報じられると、日本列島は自粛ムード一辺倒になった。各地で秋祭りが取りやめとなり、東京ディズニーランドも花火の打ち上げを中止した。プロ野球の日本シリーズでは西武ライオンズが優勝したが、優勝時の恒例である西武百貨店グループによる特別セールも行われなかった。ただこの自粛ムードには疑問を呈する人も少なくなく、当時の皇太子(今の上皇)も、行きすぎた自粛を控えることを望む趣旨の発言をされた。

1989年2月24日、新宿御苑において大喪の礼が行われた。 宮内庁提供

昭和後期

その時世界は? [1980年]イラクがイランに侵攻し、イラン・イラク戦争が始まる

◀P210　P174▶

男女雇用機会均等法施行で女性の働き方はどう変わったか？

POINT!

男女雇用機会均等法が制定され、専業主婦世帯数と共働き世帯数が逆転した。

女子差別撤廃条約に批准

1970年代前半、日本では**専業主婦率**がピークに達した。高度経済成長期に主力産業が第1次産業から第2次産業に移行する中で、「男性は会社や工場で働き、女性は家庭を守る」という性別役割分業が進行したためである。一方で、押しつけられた女性像に異を唱え、女性の自立や社会進出を求めた**ウーマンリブ運動**も盛んになった。女性の権利獲得や地位向上は世界的な課題だった。

1979年（昭和54）、国連で**女子差別撤廃条約が採択**された。これは男女同一の教育機会や雇用機会の実現など、女性に関するあらゆる差別の撤廃を目指したもので、日本は1985年（昭和60）に条約を批准。そして同年、**男女雇用機会均等法**を制定する。法案制定に尽力した赤松良子は「均等法の母」と呼ばれ、同時期には緒方貞子が日本の国連外交の一翼を担っていた。

今も大きい男女の賃金格差

均等法の施行により、女性も男性と平等に働ける道が開けることになった。ただしそれは男性並みの長時間労働を強いるものであり、多くの女性が家庭では家事労働を担わされている中では、**「仕事と家庭の両立」を困難**にさせた。欧州諸国が男女ともに労働時間を規制することで雇用の平等を実現させようとしたのとは対照的だった。

そのため女性の中には、企業が新たに創設した補助業務を中心とする一般職を選ぶ者も多かった。また**労働者派遣法**が制定され、**派遣社員**という非正規の働き方を選ぶ女性も増えていった。

専業主婦世帯数と共働き世帯数は約20年前に完全に逆転し、女性は今では結婚後も働き続けるのが一般的となっている。ただし多くの女性は非正規や正社員でも補助業務に従事しており、**日本の男女の賃金格差は国際的にも大きい**状況にある。

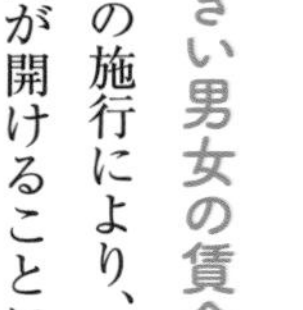

人物　**緒方貞子**（1927［昭和2］～2019［令和1］）

国際基督教大学準教授、上智大学教授を経て、日本人初の国連難民高等弁務官に就任。1991年2月から2000年12月までの10年間、湾岸戦争やボスニア紛争、ルワンダ難民キャンプなどで人道支援を行った。

\この時代/

令和　平成　昭和　大正　明治　江戸

2000　1950　1900

女性のライフサイクルの変化

多くの女性は、結婚・出産を機に退職。子育てが一段落した後、主にパートとして再び就業していた。そのため女性の年代別の就業率は、M字カーブを描いていた。現在ではM字カーブは次第に浅いものになっている。

会社説明会に参加する女子学生

1986年、住友商事の会社説明会会場入り口で、並んで待つ女子学生たち。女性社員は「職場の花」ともてはやされたが、男性社員との格差は大きかった。

女性の進学率の移り変わり

現在の年齢（2024）	大学（%）	短大（%）	専修（%）	高校（%）
76歳（1948生まれ）	4.9	8.5	—	67.9
66歳（1958生まれ）	12.6	20.7	13.3	91.9
56歳（1968生まれ）	13.6	21.5	16	95
46歳（1978生まれ）	26	22.9	20.9	96.8
36歳（1988生まれ）	40.6	11.9	24.6	96.7
25歳（1999生まれ）	50.1	8.3	26.2	97

かつては短大には進学しても、4年制大学にまで進む女性の割合は低かった。現在は短大進学率が下がり大学進学率が上がっている。

男女共同参画局ホームページを参考に作成

男女間賃金格差の国際比較（2021）

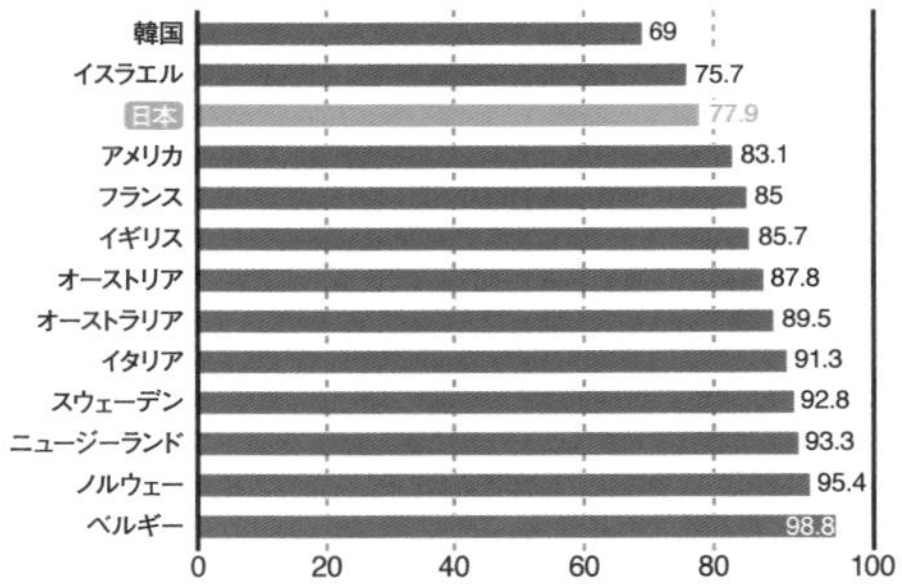

男性賃金の中央値を100にした場合の女性賃金の中央値の割合。イスラエルは2019年のデータ、ベルギー、イタリアは2020年のデータ。

内閣府のホームページを参考に作成

昭和後期

ドラマ「おしん」はなぜヒットしたのか？

NHKの朝ドラ（連続テレビ小説）で1983年（昭和58）4月から1年間放映された「おしん」は、最高視聴率が60％以上に達する社会現象となった。東北の貧しい農家に生まれた女性主人公が、明治、大正、昭和の激動の時代に数々の困難を乗り越えながら、社会的成功を収める物語だった。主人公と同様に苦難の中で戦後を生き抜いてきた多くの視聴者は、自らを重ね合わせるようにこのドラマを観た。また「おしん」はベトナムやイランなどの発展途上国でも放映され、高視聴率を記録した。

その時世界は？ ［1987年］ニューヨーク株式市場が大暴落（ブラックマンデー）

◀ P172▶

一億総中流社会と高度消費社会の到来

「個人」を意識した商品開発

1970年代に入ると、世論調査において約9割が自分たちの生活程度を「中の上」「中の中」「中の下」と答える**一億総中流社会**が到来。この時期、人々はこぞって**新三種の神器**と呼ばれたカラーテレビや乗用車、エアコンを買い求めた。

そして、こうした消費が一段落すると、企業はこの時期進行していた**ライフスタイルの多様化**に合わせた商品開発に注力するようになる。1979年（昭和54）にはソニーがヘッドフォンステレオ「ウォークマン」を発売。若者たちの間で、移動中に一人で音楽を楽しむ文化が生まれた。また早朝から深夜まで営業するコンビニエンスストアや、手軽に食事を楽しめるファストフード店も、若者や単身者、共働き世帯の支持を得て、店舗数を拡大させていった。生活必需品も、より**個人の好みの違いを意識**した多様な商品の開発が進んだ。

消費社会を満喫した若者たち

こうして社会は、基本的なモノやサービスについてはほぼ満たされた中で、人々の消費欲求がより高度化していく**高度消費社会に突入**した。百貨店などの企業は、イメージ広告を多用した広告戦略を展開。若者たちもその洗練されたイメージに引き寄せられるように、パルコや丸井などで**高額のファッションブランドの商品**を購入するなど、消費社会を満喫した。この状況は、バブル景気の崩壊直後まで続いた。

また1983年（昭和58）には、千葉県浦安市に**東京ディズニーランド**がオープン。開業初年度だけで入場者数が1000万人近くに上り、大成功を収めたこともあり、その後各地にテーマパークが相次いでつくられることになった。また円高を背景に、旅行先に海外を選ぶ人が増加。**レジャーの多様化**も進行していった。

POINT!

ほとんどの国民が中流だと認識する社会で、ライフスタイルや消費が多様化していった。

用語　一億総中流社会

意識調査には内閣府と日本社会学会による調査があり、1973年の内閣府の調査では約90％が、1975年の日本社会学会の調査では約75％が、世間から見て「中流」に属していると回答。なお、2022年の内閣府の調査でも89％が「中」と答えている。

\この時代/

令和　平成　昭和　大正　明治　江戸

2000　1950　1900

多様化するライフスタイル

精神的・文化的豊かさを求める消費行動が広がる。

レジャー

スキーブームで全国のスキー場は人であふれ、ゲレンデの近くにはリゾートマンションが建設された。

ファスト フード

1971年にマクドナルド1号店が銀座三越にオープン。1977年にはドライブスルー店舗が誕生した。

テーマ パーク

東京ディズニーランド開園後、周辺にはホテルや商業施設などの開発が進んだ。

誰もが浮き足立った狂騒のバブル時代

地価や株価の高騰によって起きたバブル景気は、日本人を浮き足立たせた。人々はゴルフ場会員権やリゾートマンションを競い合うかのように購入し、500万円もする日産の高級車「シーマ」は1年間で4万台近く売れた。企業もアメリカのコロンビア映画やロックフェラーセンターなどを買い漁った。バブル景気は1990年(平成2)から翌年にかけて終焉を迎えるが、余韻はしばらく冷めず、1991年にオープンしたディスコ「ジュリアナ東京」は連日多くの人々でにぎわった。まさに狂騒に明け暮れた時代だった。

ジュリアナ東京のお立ち台で踊る女性たち。

豆知識 バブル期の1988年から89年、ふるさと創生事業として市町村に1億円が交付された。使い方は自由。淡路島の津名町(現在の淡路市)では1億円の金塊が展示され、話題となった。

世界を席巻した電化製品と「クールジャパン」

日本発の世界的ヒット商品

国際的な競争力を保つべく、企業は先端技術を応用した製品開発に力を入れた。結果、世界的にヒットした製品が多く生まれた。

ビデオカセッターHR-3300 © 日本ビクター（現：JVC ケンウッド）

「ビデオカセッター」

日本ビクターが発売したVHS方式の家庭用ビデオデッキ。ソニーが出したベータ方式と鎬を削った。

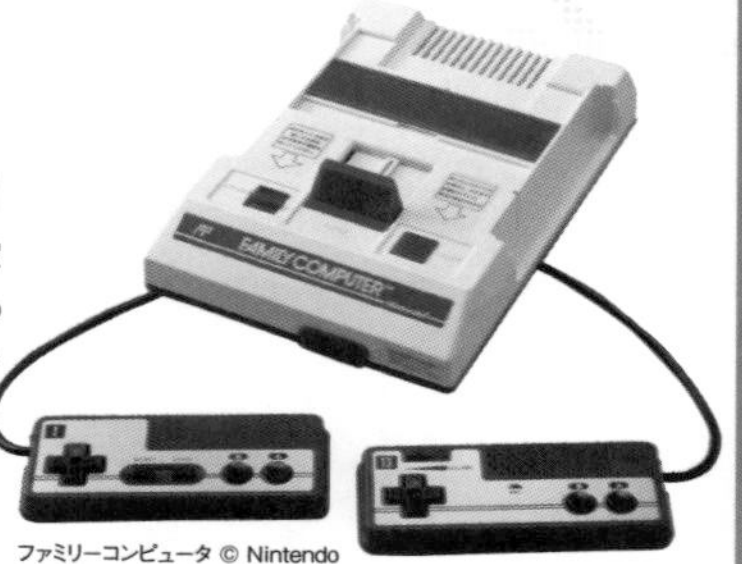

ファミリーコンピュータ © Nintendo

「ファミリーコンピュータ」

1983年、任天堂から発売された家庭用ゲーム機。海外では「Nintendo Entertainment System」として発売され、全世界で6191万台が売れた。

ミノルタα-7000
@コニカミノルタ

「一眼レフカメラ」

世界初のボディ内蔵型のオートフォーカスの一眼レフカメラ。2020年、未来技術遺産に登録された。


「ウォークマン」

世界初の携帯用ステレオカセット再生機。CDやMDタイプを含めると、売り上げは4億台以上。和製英語ながら、権威のある英語辞典「Oxford English Dictionary」に載っている。

「ウォークマン」TPS-L2 @ソニーグループ株式会社

日本発の家電ヒット商品

1979年（昭和54）、日本の経済成長の要因を分析したエズラ・ヴォーゲルの著書『ジャパン・アズ・ナンバーワン』が出版され、ベストセラーとなった。この書名の通り、当時世界では、**日本企業が市場を席巻**していた。

自動車産業と並び、主役を担っていたのが電機産業だった。**半導体**の売り上げでは日本企業が上位を独占。家電においても、日本企業は**家庭用VTR**、ヘッドフォンステレオ**「ウォークマン」**、**CDプレーヤー**などの世界的ヒット商品を次々と手がけた。また任天堂が発売した家庭用ゲーム機**「ファミリーコンピュータ」**は、世界の家庭用ゲーム市場拡大の牽引役となった。

世界的に注目されるポップカルチャー

マンガやゲームなどの日本のポップカルチャーは、外国人が日本に興味を持つきっかけとなっている。

アニメの海外売り上げ推移

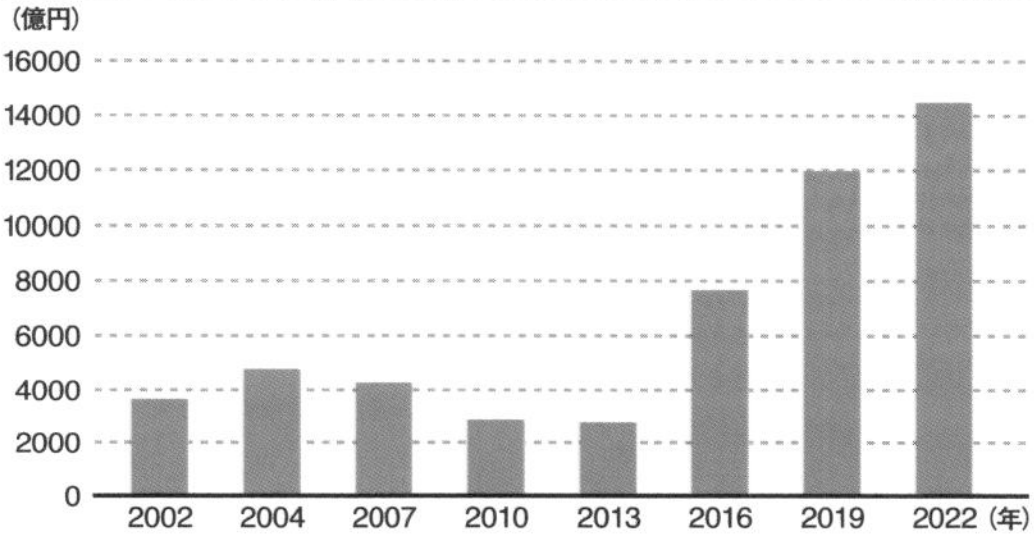

2015年に中国向けの配信権販売などの業績が伸び、以降は順調に右肩上がりでの市場拡大が続いている。

一般社団法人日本動画協会「アニメ産業レポート2023」より

ジャパンエキスポ

2000年から毎年フランスやアメリカで開催されている日本文化の総合博覧会。2023年のフランス会場では来場者は25万人を超えた。

MANGA

今や世界共通語となっているMANGA。海外販売やアニメ化も盛んで、時には社会現象を巻き起こすコンテンツ。『花より男子』のように、日本のみならず海外で実写化されたものが大ヒットすることもある。

英語版／繁体字版 ©2022 Pokémon. ©1995-2022 Nintendo/Creatures Inc./GAME FREAK inc.

ビデオゲーム

世界的に大人気の『ポケットモンスター』は家庭用ゲームの枠を超え、位置情報ゲームやカードゲーム、アニメ化やオフィシャルショップなど多角的なメディアミックスが進む。

ポップカルチャーが人気に

しかしバブル崩壊後、日本企業は半導体市場や家電市場において次第に存在感を失っていった。代わって2000年代以降、世界的に注目され始めたのが、ゲームに加えてアニメやマンガ、音楽といった**ポップカルチャー**だった。

またアニメなどに登場するキャラクターに扮する**コスプレイベント**が、海外でも開かれるようになった。これらは「日本ならではのカッコ良さを感じられる」ということから**クールジャパン**と呼ばれた。その後、クールジャパンの対象は、日本料理や日本酒、ファッションなどにも広がっていった。

ポップカルチャーを中心とした日本文化に触れたことをきっかけに、日本に興味を抱く人も増加、日本では2010年代以降、**訪日外国人増加**が顕著になるが、その要因の一つに**クールジャパン人気**があった。

第7章 転換期にある日本

平成・令和

1989年～

時代	年	出来事
平成	1989	昭和天皇が崩御。平成の天皇が即位、平成に改元 P222
	1989	バブル景気の崩壊が始まる P204
	1990	湾岸戦争で多国籍軍に経済支援 P206
	1992	PKO協力法が成立し、自衛隊の海外派遣が可能に P206
	1993	非自民8党派による細川連立内閣が成立 P208
	1994	衆議院選で小選挙区比例代表並立制導入 P208
	1994	社会・さきがけ・自民3党連立内閣 P209
	1995	阪神・淡路大震災 P210
	1995	地下鉄サリン事件 P210
	1997	アイヌ文化振興法が成立する
	1998	日韓共同宣言
	1999	新ガイドライン関連法成立 P207
	2001	中央省庁が再編される
	2001	テロ対策特別措置法が成立する P207
	2002	北朝鮮の拉致被害者が帰国 P212

内政	非自民8党派による細川内閣の成立により55年体制が崩壊。小選挙区制が導入されたが、安定しない短命政権が続く。3年間の民主党政権を経て、2012年に発足した第2次安倍内閣は8年間続く長期政権となった。
国際外交	湾岸戦争後に国際貢献のあり方が議論され、PKO協力法が成立し、自衛隊の海外派遣が可能となった。一方で日米同盟の強化も進み、自衛隊と米軍の密接な協力が求められるようになり、集団的自衛権の行使も部分的に認められた。
経済	平成の始まりとともにバブル経済が崩壊。「失われた20年」と呼ばれる不況時代が続き、不良債権などの問題が表面化した。第2次安倍内閣によるアベノミクスで円安や株高は実現したが、賃金上昇にはつながらなかった。
社会生活	長引く不況の影響により、労働者の賃金は抑えられ続けた。非正規雇用者の増加によって貧困率が高まり、「格差社会」と呼ばれる状況が生まれた。また、価値観の多様化などが原因で生涯未婚率が上昇し、少子高齢化も進んだ。
文化	パソコンとインターネットの普及によりネット文化が急速な広がりを見せ、その後に普及したスマートフォンによりSNSを通じた交流が一般化した。また国際化を背景に、世界で活躍する日本人アスリートが増加している。

時代	年	出来事
平成	2003	有事法制関連三法成立
	2004	自衛隊がイラクへ派遣される P206
	2006	教育基本法の改正が行われる
	2009	民主党政権が発足 P208
	2011	東日本大震災・福島原発事故が発生 P214
	2012	派遣法が改正される
		第2次安倍内閣が発足 P218
	2013	特定秘密保護法が成立する
	2015	安全保障関連法が成立 P206
	2016	選挙権年齢を18歳に引き下げ
	2018	働き方改革関連法が成立する
令和	2019	平成の天皇が生前退位。令和の天皇が即位、令和に改元 P222
		アイヌ施策推進法が成立する
	2020	新型コロナウイルスによる感染拡大、緊急事態宣言が発令 P220
	2021	1年延期して東京オリンピックが開催 P224
	2022	安倍晋三元首相が銃殺される P218

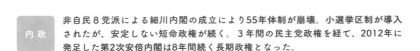

P192▶

バブル崩壊後、日本経済はなぜ「失われた20年」を招いたのか？

1989年がピークだった

平成時代は、国際的には**冷戦の終結**、国内的には**バブル経済の崩壊**から始まった。日経平均株価は1989年（平成1）末に3万8915円の史上最高値を付けたことをピークに下落に転じ、2年後には6割以下となった。また地価もやや遅れて下落を開始。背景には景気の過熱を抑えるために、日本銀行が公定歩合の段階的な引き上げを行ったことや、大蔵省が金融機関に対して不動産融資の総量規制の通達を出したことがあった。

株価や地価の暴落により、バブル期に投機に走っていた企業は軒並み収益が悪化。また企業や個人に多額の資金を融資していた金融機関は、その回収が困難となり、大量の**不良債権**を抱えることとなった。大手証券会社が得意先顧客に対して、株売買で発生した損失を補填していたことが明るみに出るという証券不祥事も発生した。

不良債権の処理に追われる

政府は金融機関の**不良債権問題**が浮上するたび、金融危機の回避のために**公的資金の注入**を繰り返した。しかし注入の時期や金額が適切でなかったこともあり、1997年（平成9）には大手金融機関の**北海道拓殖銀行や山一證券が廃業**するに至った。また大規模な財政出動によって景気の浮揚を図ったが、企業や消費者の反応は鈍く、思惑どおりにはいかなかった。結果として残ったのは、財政出動のために発行した膨大な**赤字国債**だった。そのため財政再建も国家的課題となった。

その後も経済低迷は続き、日経平均株価は2008年（平成20）10月には6994円を記録した。

日本がバブルの後処理に汲々としている間に、アメリカや中国は順調に経済成長を遂げていき、日本だけが取り残された。のちにこの時代は「**失われた20年**」と名付けられた。

POINT!

バブル経済の崩壊により金融危機が発生。政府は立て直しに失敗し、経済の低迷が続いた。

用語　不良債権

不良債権とは金融機関の貸出等の債権のうち、企業の倒産などにより返済されない、または返済が遅れたりするなど、回収が難しい債権のこと。バブル経済の崩壊に伴い倒産する企業が増え、不良債権が急増。円滑な金融機能を大きく阻害する問題へ発展した。

＼この時代／

令和	平成	昭和	大正	明治	江戸

2000　1950　1900

バブル崩壊後、30年間の日本経済の推移

バブル崩壊後、株価は低迷しGDPもほぼ横ばいが続いた。2012年からスタートしたアベノミクス（▶P218）により株価は回復し、2024年にはバブル時の価格を更新したが、実体経済が伴っていないという意見もある。

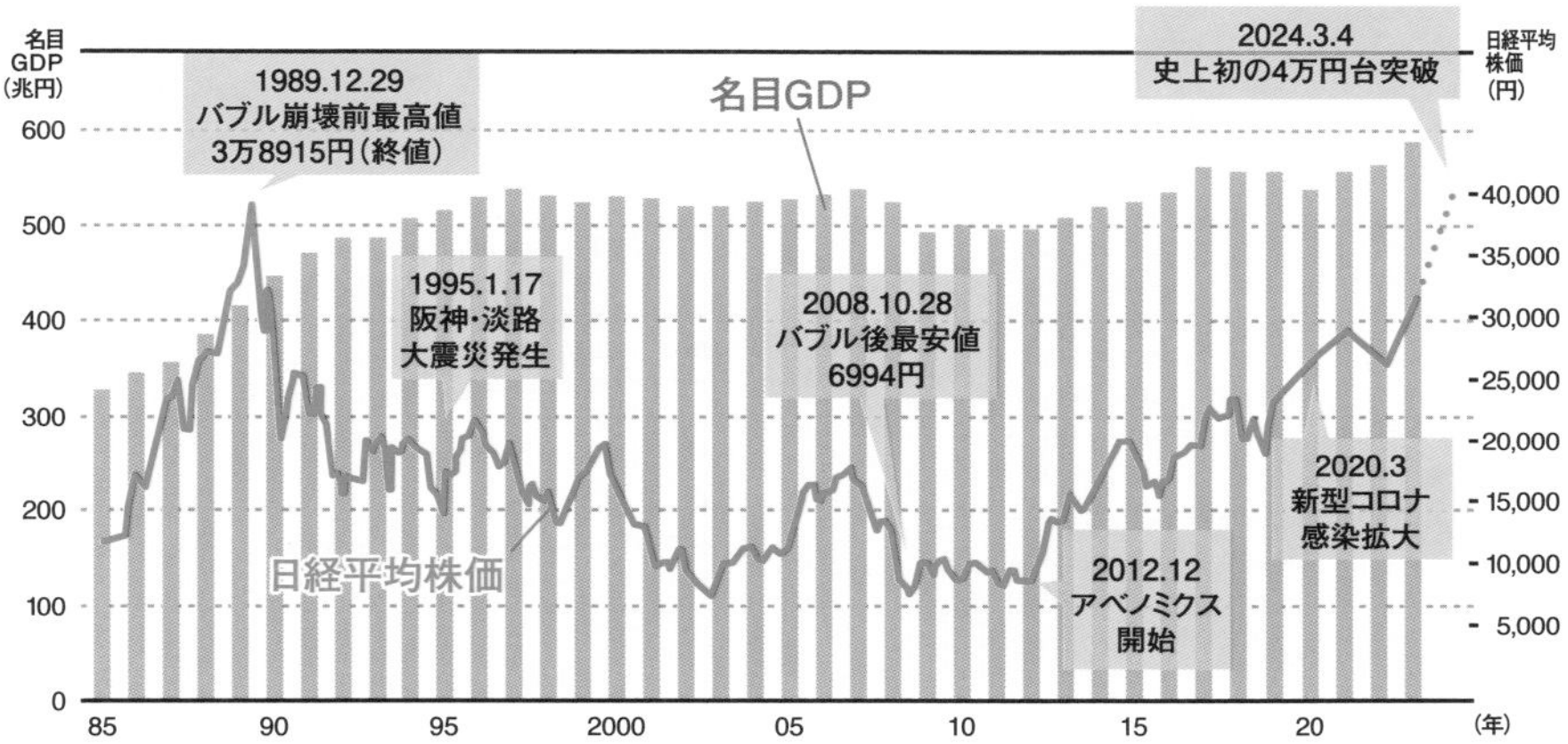

バブル経済の崩壊が引き起こした「就職氷河期」

バブル経済崩壊後、多くの企業が人件費の削減に躍起となった。そこでターゲットになったのが新卒採用枠だった。当時は終身雇用が一般的であったため、社員のリストラよりも、新卒採用枠を絞るほうが実施しやすいという面もあった。この就職氷河期は1993年（平成5）から2005年（平成17）まで続いた。この時期に就職活動を行った現在30代後半から50代前半の氷河期世代は、希望する職業に就けず、また非正規雇用を選ばざるを得なかった者も多かったことから、「ロストジェネレーション」とも呼ばれている。

バブル期と現在の時価総額上位10社

バブル経済期（1989年12月末）

1	日本興業銀行（15兆円）	6	東京電力（8.1兆円）
2	住友銀行（10.5兆円）	7	三和銀行（8.0兆円）
3	富士銀行（9.9兆円）	8	NTT（7.9兆円）
4	第一勧業銀行（9.2兆円）	9	トヨタ自動車（7.7兆円）
5	三菱銀行（9.1兆円）	10	野村證券（6.7兆円）

現在（2024年1月末）

1	トヨタ自動車（48.9兆円）	6	ファーストリテイリング（12.6兆円）
2	ソニーG（18.5兆円）	7	信越化学工業（11.9兆円）
3	三菱UFJFG（17.2兆円）	8	NTT（11.4兆円）
4	キーエンス（16.2兆円）	9	KDDI（11.3兆円）
5	東京エレクトロン（13.1兆円）	10	三菱商事（11.1兆円）

バブル経済期は銀行系が上位を占めていた。現在はトヨタが圧倒的1位であり、電気機器や半導体、情報系企業が上位にいる。

「朝日新聞」2024年2月23日付朝刊より

平成・令和

その時世界は？ ［1989年］ベルリンの壁崩壊。マルタ会談で冷戦終結

日本の安全保障政策は冷戦終結後、どう変わったのか？

自衛隊の海外派遣が可能に

平成が幕を開けた時期、国際情勢も**東西冷戦の終結**によって大きく変化した。１９９０年（平成2）に**イラクがクウェートに侵攻**すると、国連安保理において、米ソがともに賛成に回ったことによってイラク軍の無条件撤退を求める決議が採択されたことは、米ソ対立が過去のものであることを世界に印象づけた。

こうした時代の流れに当初、日本は迅速に対応できなかった。米軍を主体とした**多国籍軍**がイラクに武力制裁を加えた**湾岸戦争**では、**自衛隊の海外派遣は違憲になりかねない**という判断から多国籍軍への参加を見送り、代わりに約１３０億ドルの資金を提供したが、国際的にはほとんど評価されなかった。この時の反省もあり、その後日本は**国連平和維持活動協力法（PKO協力法）**《１９９２／平成4》を成立させ、自衛隊の海外派遣の道を開いた。

日米同盟の強化が進む

一方で日本は安全保障政策の一環として、**日米同盟の強化**を進めた。１９９７年（平成9）には「日米防衛協力のための指針」を改定。有事の際に自衛隊は国内のみならず日本周辺においても、**米軍の後方支援に従事**できることとなった。また米軍がアフガニスタン戦争《２００１～21》やイラク戦争《２００３～11》を展開した際には、それぞれ特措法を制定して、**自衛隊が後方支援や現地での復興支援**を担った。

２０１０年代に入ると、米ロの対立や中国の台頭、北朝鮮の核開発など、東アジア情勢の緊迫感が増してきた。そんななかで政府は２０１５年（平成27）、**安全保障関連法**を制定。これは日本と密接な関係にある他国（主にアメリカ）が攻撃され、日本の存立が脅かされる際の**集団的自衛権**（▶P166）の行使を認めたものだった。日本の安全保障政策は、平成の30年間で大きな変貌を遂げた。

POINT!
自衛隊の海外活動を認めるなど、平成以降、日本の安全保障政策は大きく変化した。

用語　約130億ドルの資金提供
湾岸戦争で日本は多国籍軍に130億ドル（当時のレートで約1兆7000億円）の資金援助を行う。しかしクウェート政府が各国に感謝を表明した新聞広告に日本は入っておらず、この件をきっかけに国内で自衛隊の海外派遣が議論されるようになった。

＼この時代／
令和　平成　昭和　大正　明治　江戸
2000　1950　1900

平成時代の安全保障と自衛隊の活動範囲の変遷

戦後、日本の安全保障はアメリカに頼り切りだったが、冷戦終結後には自衛隊の米軍への貢献が求められるようになった。安倍政権下では集団的自衛権の行使を認めた、安全保障関連法が制定された。

冷戦時代の安全保障

- 自衛隊は日本の領土が外国から攻撃を受けた場合、武力行使を行う権利を持つ（個別的自衛権）
- 米軍は日本の領土が外国から攻撃を受けた場合、自衛隊と協力して対処する

▼

1992年　国連平和維持活動協力法（PKO協力法）　←　国際貢献の必要性　←　冷戦終結／湾岸戦争

- 自衛隊の海外派遣を認める

▼

1997年　日米防衛協力のための指針（新ガイドライン）

- 日本の周辺（朝鮮半島など）で武力紛争が起きた場合、自衛隊は米軍の後方支援を行う

▼

2001年　テロ対策特別措置法
2003年　有事法制関連三法　←　米軍支援の必要性　←　米同時多発テロ／テロとの戦争

- 自衛隊によるインド洋・アラビア海での戦時下の後方支援、イラクの復興支援

▼

2007年　防衛庁から防衛省へ昇格
2015年　安全保障関連法　←　米軍と自衛隊のより密接な協力の必要性　←　中国や北朝鮮の脅威

- 同盟関係にある他国が武力攻撃を受け、それによって日本の存在や国民の生命、生活がおびやかされる場合「集団的自衛権」の行使を認める
- 自衛隊による後方支援は、日本周辺に限らず世界中で活動が可能

PKO 法案に反対する市民団体の集会。新ガイドラインや安保関連法の時も抗議運動が起こった。

イラク戦争での自衛隊派遣の激励式の様子（2004年）。復興支援活動は2008年まで続いた。

豆知識　自衛隊のPKO活動は、1992年のカンボジアを皮切りに、モザンビーク、ゴラン高原、東ティモール、ネパール、ハイチ、スーダン、南スーダンで展開された。

◀P218　P194▶

55年体制崩壊と非自民党政権により日本の政治は変わったのか？

政治改革への機運が高まる

1990年代初頭、冷戦の終結やバブル経済の崩壊など目まぐるしく変わる国内外の情勢に対して、政治は迅速に対応できているとは言い難かった。また自民党の**金権政治**も問題となっており、政治改革を求める機運が高まっていた。

そして1993年（平成5）の衆院選での非自民勢力の躍進を受けて、非自民8党派による**細川護熙《もりひろ》連立内閣**が誕生する。戦後の**55年体制が崩壊**した瞬間だった。細川内閣は、衆議院選での**小選挙《しょうせんきょ》区《く》比例代表並立制の導入**や**政党交付金の設置**などからなる政治改革四法を成立。このうち小選挙区制は、選挙にかかる金を抑えるとともに、政権交代が可能な二大政党制の実現を目指したものだ。

だがその後も、少子化問題や経済対策などの喫緊の課題に対して、抜本的な解決に着手できない**「決められない政治」**が続くことになった。

短命政権が繰り返される

この頃から有権者の間では、政党政治への信頼性が低下し、**無党派層が50%を超える**ようになった。時の政権に対する無党派層の評価は移ろいやすく、内閣支持率は乱高下が目立ち始めた。また小選挙区制は死票が多く、極端な勝敗結果が出やすいことから、**選挙のたびに政党の議席数も大きく変動**した。そのため歴代政権は、基盤が脆弱であるが故に政策課題に本腰を入れて取り組めないままに、**支持率を下げて短命に終わる**というパターンが繰り返されることになった。

2009年（平成21）には、衆院選での大勝により**民主党**が政権を握り、平成に入って2度目の非自民党政権が発足。だが、公約を実現できなかったことなどにより短期間で支持率が急落。そして2012年（平成24）、自民党が政権を奪取し、**第2次安倍晋三《しんぞう》政権**が発足することになる。

POINT!

細川内閣の成立により55年体制が崩壊。小選挙区制導入の一方、無党派層が拡大。

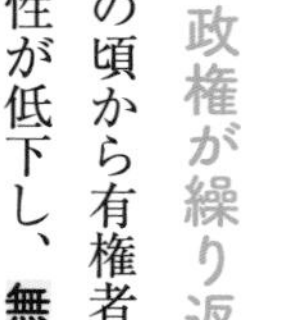

人物　**細川護熙**（1938［昭和13］～）

熊本県出身。総理在任1993～94年。熊本藩主細川家の直系子孫であり、政界引退後は陶芸家・茶人として活動。東日本大震災の原発事故を受けて脱原発を主張し、2014年には都知事選に出馬するも落選した。

＼この時代／

令和	平成	昭和	大正	明治	江戸

2000　1950　1900

平成から令和時代の主要政党の変遷

1993年、非自民８党派（チャート内の青い地色）による細川内閣が成立。しかし翌年には自民党が社会党、さきがけと連立内閣を組み政権を奪取する。2009年には民主党が政権を獲得するも、2012年には自民党が政権を奪還。

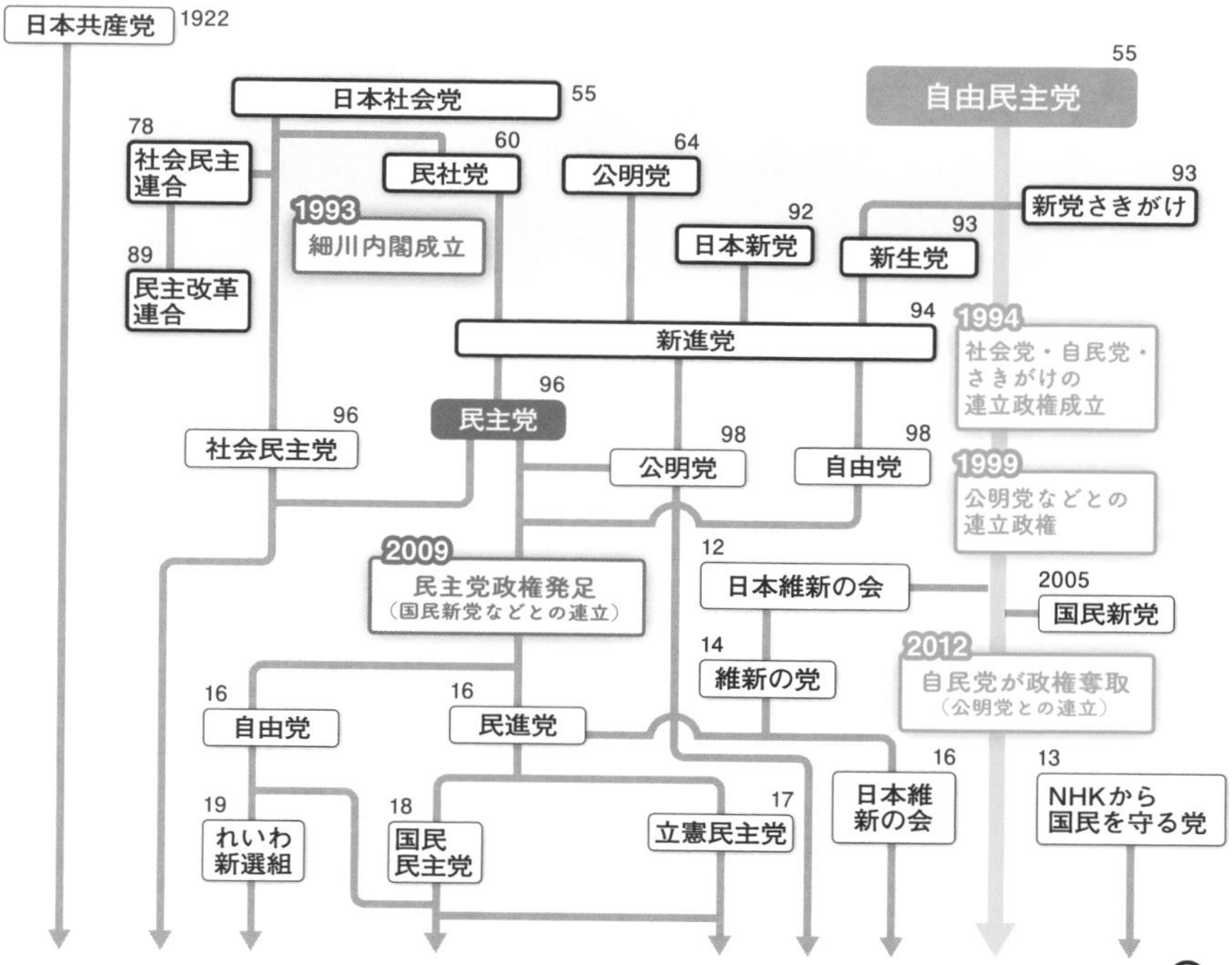

KEYPERSON

バブル経済崩壊後の国民の心をつかむ

小泉純一郎（1942［昭和17］〜）

総理在任2001〜06年。平成時代、短命政権が相次いだ中で、長期政権を確立した。街頭演説を得意とする小泉は、「改革なくして成長なし」「自民党をぶっ壊す」といったわかりやすいフレーズで有権者を魅了。その支持率の高さを後ろ盾に、信条としている小さな政府実現のために「聖域なき構造改革」に着手し、郵政公社の民営化や規制緩和などを実行した。「決められない政治」に閉塞感を抱いていた国民に対して、実行力の高さをアピールし続けられたことが、長期政権維持の源泉となった。

メディアの取材に応じる小泉純一郎。

その時世界は？　［1993年］ヨーロッパ連合（EU）が発足。市場統合、移動の自由化

◀P214　P196▶

「戦後50年」の節目である1995年はどんな年だったのか？

POINT!
阪神・淡路大震災やサリン事件があった1995年は戦後日本の転換点になる年だった。

阪神・淡路大震災とサリン事件

平成に入ってから日本の政治・経済・国際情勢は転換期を迎えていたが、**戦後50年にあたる1995年**（**平成7**）は、日本社会が積み上げてきた安全神話についても、過去のものとなりつつあることをまざまざと実感させられる年となった。

まず1月、マグニチュード7・3の**阪神・淡路大震災**が発生。初動対応のミスから救援活動が遅れ、死者6000人を超える大災害となった。日本の**危機管理システムに重大な欠陥**があることが、露わになった出来事だった。

さらに3月には、新興宗教の**オウム真理教**の信者が東京の地下鉄の複数の車内で猛毒のサリンを撒き、14人が亡くなる**地下鉄サリン事件**が起きた。同教団の幹部には高学歴者が多かったことから、社会的には恵まれているはずの彼らが凶悪な犯行を起こしたことに人々は衝撃を受けた。

時代を象徴するアニメ

この年、テレビアニメでは**『新世紀エヴァンゲリオン』**が放映され、若者たちの熱狂的な支持を受けた。これまでのロボットアニメとは異なり、敵が何者であるかや地球を攻撃する目的が明確でなく、また主人公も戦う意思があいまいなままに戦いに巻き込まれるという設定は、**不透明感を増した時代状況**とみごとにシンクロしていた。

一方この年には、マイクロソフト社の**「ウィンドウズ95」**も発売された。このOSの登場によりインターネットへの接続が容易になり、家庭にも急速にパソコンが普及していった。またスポーツの分野では、**野茂英雄**がメジャーリーグで新人王を獲得。その後のプロ野球選手のアメリカ進出への道を開いた。1995年は総じて社会は閉塞感に覆われていたが、同時に次の時代を予期させる出来事も起きたまさに転換点となる年だった。

用語　オウム真理教
麻原彰晃（本名・松本智津夫）を教祖とする新興宗教団体。チベット仏教やヨーガを基盤としつつ、終末論など特異な教義を持つ。地下鉄サリン事件以外にも、松本サリン事件や信者らの拉致監禁殺人など凶悪犯罪を繰り返していた。麻原は2018年に死刑執行。

この時代
令和	平成	昭和	大正	明治	江戸

2000　1950　1900

1月17日

阪神・淡路大震災

マグニチュード7.3の大地震で新幹線や高速道路の高架橋が倒壊し、ライフラインが寸断。地震対応の不手際が指摘される一方、学生らボランティアが活躍。

➡ 自然災害への備えが急務に

時代の転換点となった1995年

1995年はバブル崩壊後の閉塞感に覆われ、その後起こる社会変化を予期させる1年間だった。

3月20日

地下鉄サリン事件

オウム真理教による無差別テロが発生。都内の地下鉄に化学兵器にも使われる猛毒のサリンが撒かれ、乗客・駅員14名が死亡した。

➡ 揺らぐ日本の安全神話

7月11日

野茂英雄、大リーグのオールスターゲーム出場

「日本人は大リーグで通用しない」という前評判を覆し、デビュー年には奪三振数リーグ1位を記録。アメリカでは「ノモマニア」の言葉が流行した。

➡ 世界を舞台とするプロ選手の 登場

5月16日

オウム真理教教祖・麻原彰晃逮捕

山梨県上九一色村にあるオウムの施設で麻原彰晃こと松本智津夫が逮捕。宗教組織がその実、国家転覆を狙うテロ集団だったことは世界に衝撃を与えた。

➡ 閉塞感、終末感の表出

10月4日

『新世紀エヴァンゲリオン』放映開始

『新世紀エヴァンゲリオン』
監督:庵野秀明 © カラー/Project Eva.

その後20年以上にわたりアニメ文化を牽引する『新世紀エヴァンゲリオン』のテレビ放映がスタート。 斬新なストーリーにファンは熱中し、社会現象となった。

➡ アニメ文化、オタク文化の深化

11月23日

「ウィンドウズ95」日本語版発売

パソコンとインターネットを一般家庭に普及させる契機となったOS。発売日には秋葉原の家電店に長蛇の列ができた。

➡ IT社会、ネット文化の予感

豆知識 1995年の流行語大賞は「無党派」「NOMO」「がんばろうKOBE」の三つ。「がんばろうKOBE」をスローガンに掲げたプロ野球球団のオリックスは、この年リーグ優勝を達成。

P206▶

なぜ、日本と隣国との関係はこじれ続けているのか？

POINT!
日本は韓国、北朝鮮、中国、ロシアといった隣国との間で、さまざまな外交的課題を抱えている。

不安定な関係が続く日韓

日韓関係は、1990年代末に韓国が日本文化の開放を打ち出して以来、文化面では交流が盛んになっている。一方政治面では、植民地時代の清算をめぐり一致点を見つけ出せずにいる。韓国では**慰安婦《いあんふ》問題**や**徴用工《ちょうようこう》問題**で日本に補償を求める動きがたびたび起きるが、日本政府は**「この問題は日韓基本条約により、法的に解決済み」**という立場をとっている。韓国では政権が交代するたびに対日政策が大きく転換することも、安定した外交関係の樹立の障害になっている。

一方北朝鮮とは、未だ国交を結べていない。2002年（平成14）には北朝鮮が過去に日本人を**拉致**したことを認め謝罪したことを契機に、国交正常化交渉が開始されたが、その後拉致問題の解決は進展せず、また北朝鮮の**核・ミサイル開発問題**もあり、交渉は暗礁に乗り上げている。

中国の海洋進出への警戒心

中国とは1990年代前半までは良好な関係にあったが、その後中国が**愛国主義教育**に力を入れたこともあり、中国人の間で反日感情が高まった。2000年代に入ると、中国国内では**日系企業・スーパーが襲撃**される大規模な暴動も発生した。一方日本も、中国が**尖閣《せんかく》諸島の領有権**を主張し、海洋進出を推し進めていることに警戒心を高めている。近年日本が日米同盟の強化を図っている背景には、中国の軍事的拡大がある。

日本はロシアとの間では、**北方領土問題**を抱えている。2012年（平成24）に発足した安倍晋三政権は、ロシアとの返還交渉を精力的に行ったが、突破口は見いだせなかった。現在ではロシアによるウクライナへの軍事侵攻に対して日本が**経済制裁**を実施していることにより、日ロ関係は悪化。交渉自体が困難になっている。

用語 **拉致問題**
1970年代から1980年代にかけて、北朝鮮の工作員などによる日本人の連れ去り事件が多発、現在、17名が政府によって拉致被害者として認定されている。2002年には北朝鮮が日本人拉致を認め謝罪し、再発防止を約束したが、賠償は行われていない。

＼この時代／
令和	平成	昭和	大正	明治	江戸

2000　1950　1900

2000年代以降の外交問題

日本は各国との領土問題、外交問題が地政学的リスクとなっており、関係改善が求められている。

中国の反日デモ（2005）

2000年代に入り、総理大臣の靖国神社参拝や歴史教科書問題をめぐって中国の反日感情が悪化。反日デモや日本企業に対する暴動に発展した。

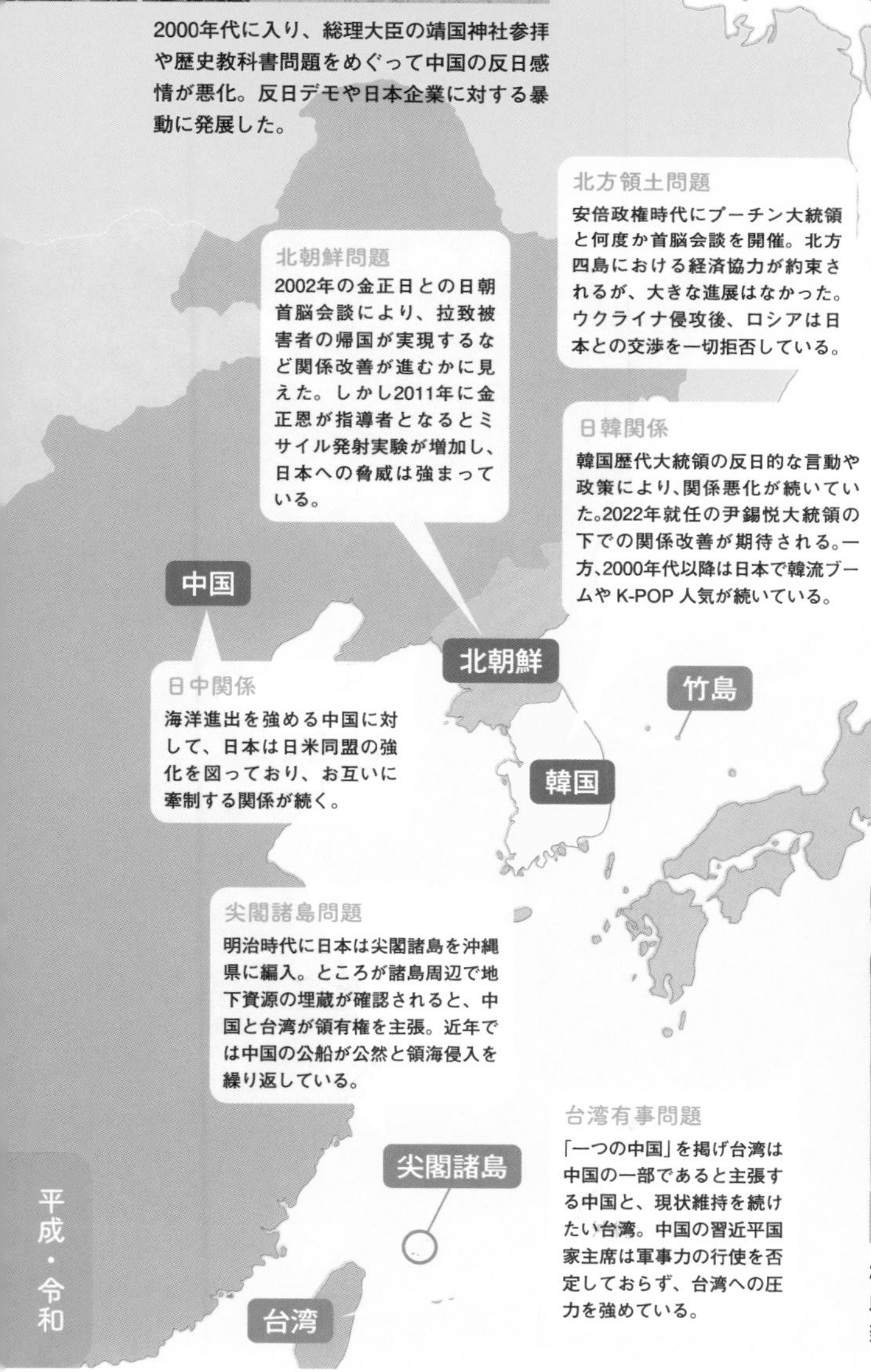

北方領土問題

安倍政権時代にプーチン大統領と何度か首脳会談を開催。北方四島における経済協力が約束されるが、大きな進展はなかった。ウクライナ侵攻後、ロシアは日本との交渉を一切拒否している。

北朝鮮問題

2002年の金正日との日朝首脳会談により、拉致被害者の帰国が実現するなど関係改善が進むかに見えた。しかし2011年に金正恩が指導者となるとミサイル発射実験が増加し、日本への脅威は強まっている。

日韓関係

韓国歴代大統領の反日的な言動や政策により、関係悪化が続いていた。2022年就任の尹錫悦大統領の下での関係改善が期待される。一方、2000年代以降は日本で韓流ブームやK-POP人気が続いている。

竹島問題

サンフランシスコ平和条約でも確認された日本固有の領土だが、1950年代以降、韓国は自領であると主張。2012年には韓国大統領による竹島上陸というパフォーマンスがあった。

日中関係

海洋進出を強める中国に対して、日本は日米同盟の強化を図っており、お互いに牽制する関係が続く。

尖閣諸島問題

明治時代に日本は尖閣諸島を沖縄県に編入。ところが諸島周辺で地下資源の埋蔵が確認されると、中国と台湾が領有権を主張。近年では中国の公船が公然と領海侵入を繰り返している。

台湾有事問題

「一つの中国」を掲げ台湾は中国の一部であると主張する中国と、現状維持を続けたい台湾。中国の習近平国家主席は軍事力の行使を否定しておらず、台湾への圧力を強めている。

拉致被害者の帰国

2002年、平壌における小泉純一郎と金正日との首脳会談後、拉致被害者５名の帰国が実現した。

平成・令和

その時世界は？　［2001年］米同時多発テロ勃発。同年、アフガニスタン戦争始まる

◀P216　P210▶

未曾有の被害となった東日本大震災と頻発する大災害

約1万5000人が亡くなる

2011年（平成23）3月11日、マグニチュード9・0の**東日本大震災**が発生。地震発生後、東北を中心とした太平洋沿岸には大津波が押し寄せ、多数の地区が壊滅状態に陥った。死者は約1万5000人、行方不明者は約3000人に上った。

また**福島第一原子力発電所**では、地震と津波によって原子炉が冷却不能になり、**メルトダウン**が発生。放射性物質が大気中に飛散したため、周辺住民約47万人が避難を余儀なくされた。

この時、政権を担っていた民主党は、この原発事故への対応の遅れが批判され、支持を失う要因の一つとなった。また原子力行政や電力会社が**安全対策を軽視**していたことも露わになった。一方で未曾有の事態にも礼を失わず、避難先などで**助け合いながら困難を乗り越えよう**とする日本人の姿は、世界から称賛の対象となった。

少子高齢化が進む被災地

その後、国は**復興庁**を創設し、被災者支援や住宅再建、まちづくり、産業再生等の復興計画を立て、取り組みを開始した。その結果、2023年（令和5）時点で、震災発生時約47万人いた避難者は約3万人に減少。また高台移転による宅地造成や災害公営住宅の建設なども、すでに当初の計画を達成している。一方で岩手、宮城、福島の沿岸部では震災後、特に**子育て世代の人口流出**が加速しており、少子高齢化が深刻な問題となっている。また福島第一原発の廃炉作業も難航している。

日本では東日本大震災後も、**熊本地震**《2016/平成28》や**能登半島地震**《2024/令和6》など、大きな被害が出る地震が続いている。さらには気候変動の影響によって、**豪雨災害**や**土砂災害**も増加。2018年（平成30）の**西日本豪雨**の死者数は200人以上に上った。災害に強い国土づくりが、喫緊の課題となっている。

POINT!

東日本大震災は人々の防災意識を大きく変え、防災対策見直しの契機となった。

用語　復興庁

東日本大震災からの復興を目的に、国の施策の企画・調整・実施、地方公共団体の支援窓口として復興交付金や復興調整費の配分を行っている。期間を定めて内閣の下に置かれた行政機関であり、2031年（令和13）まで設置される予定である。

＼この時代／

令和	平成	昭和	大正	明治	江戸

2000　1950　1900

平成以降に起きた主な自然災害

日本では台風や豪雨による土砂崩れ、火山噴火による災害なども起きている。防災意識の改善や報道機関による報道方法が随時見直され、より被害を抑えるために都市全体の防災対策も練り直されている。

種類	年月日	災害名	被害	概要
地震	1995.1.17	阪神・淡路大震災	［被害］全壊約10万5000軒、死者6434人	倒壊と火災により被害が拡大。耐震基準が見直された。
豪雪	2005.12~2006.3	平成18年豪雪	［被害］一部損壊4661件、死者151人	死者の約7割が高齢者による雪下ろし事故だった。
地震・津波	2011.3.11	東日本大震災	［被害］死者約1万5900人、行方不明3021人	犠牲者の9割が溺死。津波対策の必要性が訴えられた。
土砂災害	2014.8.20~	広島市土砂災害	［被害］土砂災害166カ所、死者77人	集中豪雨による土砂崩れ。土砂災害防止法の改正へ。
火山災害	2014.9.27	御嶽山《おんたけさん》噴火	［被害］死者58人、行方不明5人	噴火警戒レベル1での噴火。戦後最悪の火山災害に。
地震	2016.4.14・16	熊本地震	［被害］全壊8667棟、死者273人	震度7の地震が2回発生。断層帯が異なる連動型地震。
大雨	2018.7	西日本豪雨	［被害］家屋全半壊約2万棟、死者237人	集中豪雨により同時多発的に河川氾濫や土砂災害が発生。
地震	2024.1.1	能登半島地震	［被害］全壊約8600軒、死者約240人	家屋倒壊が相次ぎ交通網も寸断。犠牲者の7割が高齢者。

HP「内閣府防災情報のページ」の掲載データをもとに作成

災害時に駆けつける自衛隊の役割とその評価

自衛隊の災害時の派遣活動は、1960年代以降件数が増加。国民の自衛隊に対する意識を変化させる大きな要因となった。とりわけ東日本大震災時には、自衛隊の迅速な支援活動が多くの人々の命や安全を守ったことにより、その後行われた世論調査では、「自衛隊によい印象を持っている」と答えた人が約10ポイント上がり90%台前半となった。自衛隊では災害時に被災地に迅速に部隊を派遣するために、全国の駐屯地に「FAST-Force」という初動対処部隊を待機させている。

東日本大震災での津波被害（宮城県南三陸町）。

能登半島地震で捜索活動を行う自衛隊員。

熊本地震で崩落した熊本城の石垣と櫓。

豆知識 2014年の広島市土砂災害は、東日本大震災を機に設けられたDPAT（災害派遣精神医療チーム）の初出動事例となった。DPATは被災地の精神保健活動、メンタルケアを専門とする。

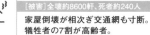

長引く不況は人々の仕事、生活、人生にどう影響したか？

フリーターが社会問題に

バブル崩壊後の**長引く不況**は、人々の生活にも影響を及ぼした。まず常用労働者の平均賃金が1990年代半ばから伸び悩むようになった。先進諸国では、その後も右肩上がりで平均賃金が伸び続けていったのとは対照的だった。

一方、この頃から企業が正規雇用の採用を抑え、**非正規雇用**を増やしたことにより、若年層を中心とした**フリーター**の急増が新たな社会問題となった。こうした人々の中には、学卒時に就職活動に失敗したために非正規雇用を選んだ者が多かった。日本社会は、一度非正規雇用を選択すると、正規雇用に転じるのが困難な状況にある。そのため未来の見通しも暗いままに、今の不安定な生活を送らざるを得なくなった。2000年代に入ると、「**格差社会**」という言葉が流行語となり、「一億総中流社会」は完全に過去のものとなった。

生涯未婚率の上昇が顕著に

1990年代半ば以降は、**生涯未婚率**（50歳時未婚率）の上昇も顕著になっていった。背景の一つとしては、価値観の多様化により「結婚しない人生」を選べる状況になったことが挙げられる。一方で非正規雇用労働者など、不安定な経済状態に置かれ、将来の収入の見通しが立たないために「結婚をあきらめざるを得ない」人たちが増えたことも理由として大きいと考えられる。

また子どもの**貧困率の高さ**も深刻な状況にある。日本では7人に1人、ひとり親世帯に限れば2人に1人の子どもが貧困状態にあり、これは先進国の中でも最悪の水準である。

かつては豊かさを極めたはずの日本社会の中に、**明るい未来を描けない人たち**が少なからず目立つようになってきた。この状況をどう立て直していくかが、社会全体の課題となっている。

POINT!
バブル崩壊後の非正規雇用の増加は、生涯未婚率の増加や子どもの貧困化などを招いた。

用語　非正規雇用
パートやアルバイト、派遣社員等、正規雇用契約を結ばない雇用形態を指す。時給や業務委託での雇用契約が多く、働く時間を選択できるメリットがある一方、正規雇用に比べて昇給が困難であり、経済面での安定が難しい傾向がある。

\この時代/

令和	平成	昭和	大正	明治	江戸

2000　1950　1900

平均賃金が伸び悩み、生涯未婚率が上昇した

長引く不況の影響により、平成を通して労働者の賃金は抑えられ続けた。一方、価値観の多様化や派遣労働などの不安定な立場におかれていることが原因で、生涯未婚率も上昇した。

主要国の平均賃金の推移

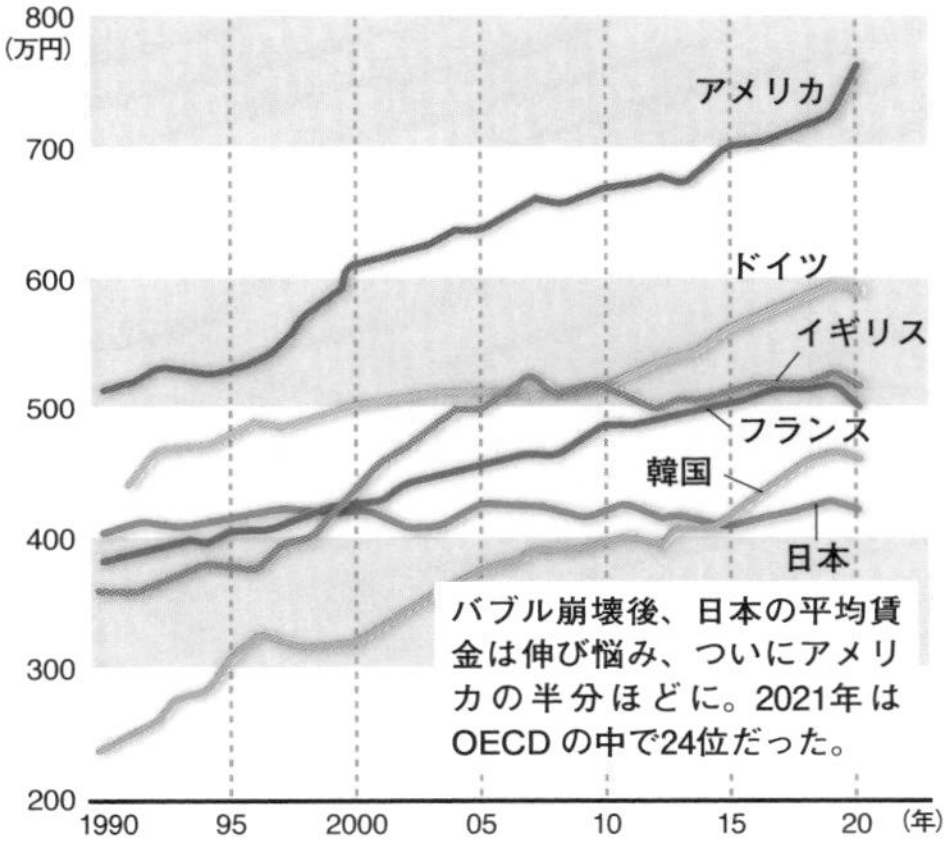

OECDの公表データより

積極的に結婚したいと思わない理由

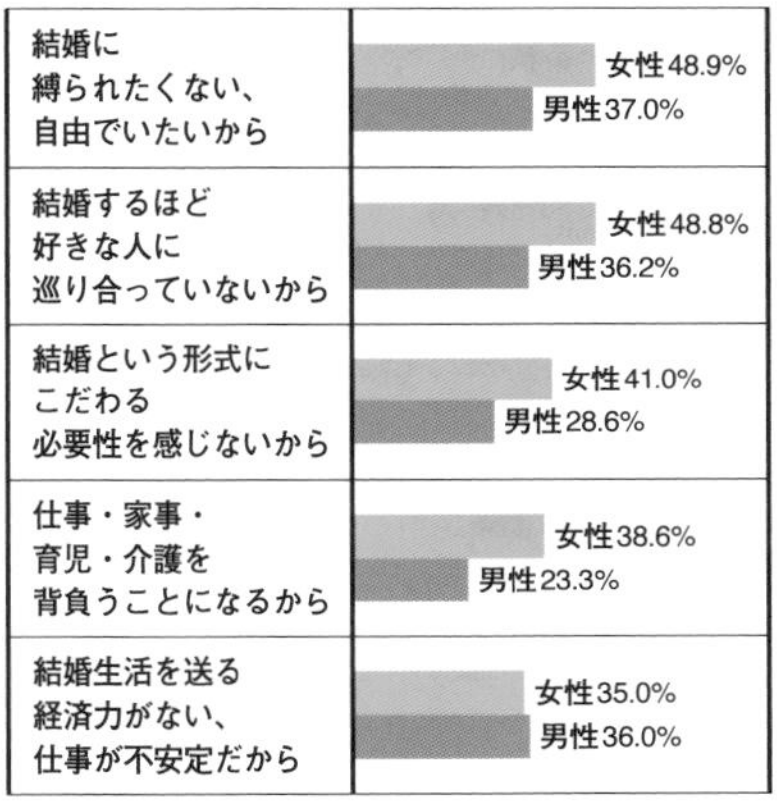

2021年度内閣府委託調査より

労働形態の推移と派遣・契約社員の増加

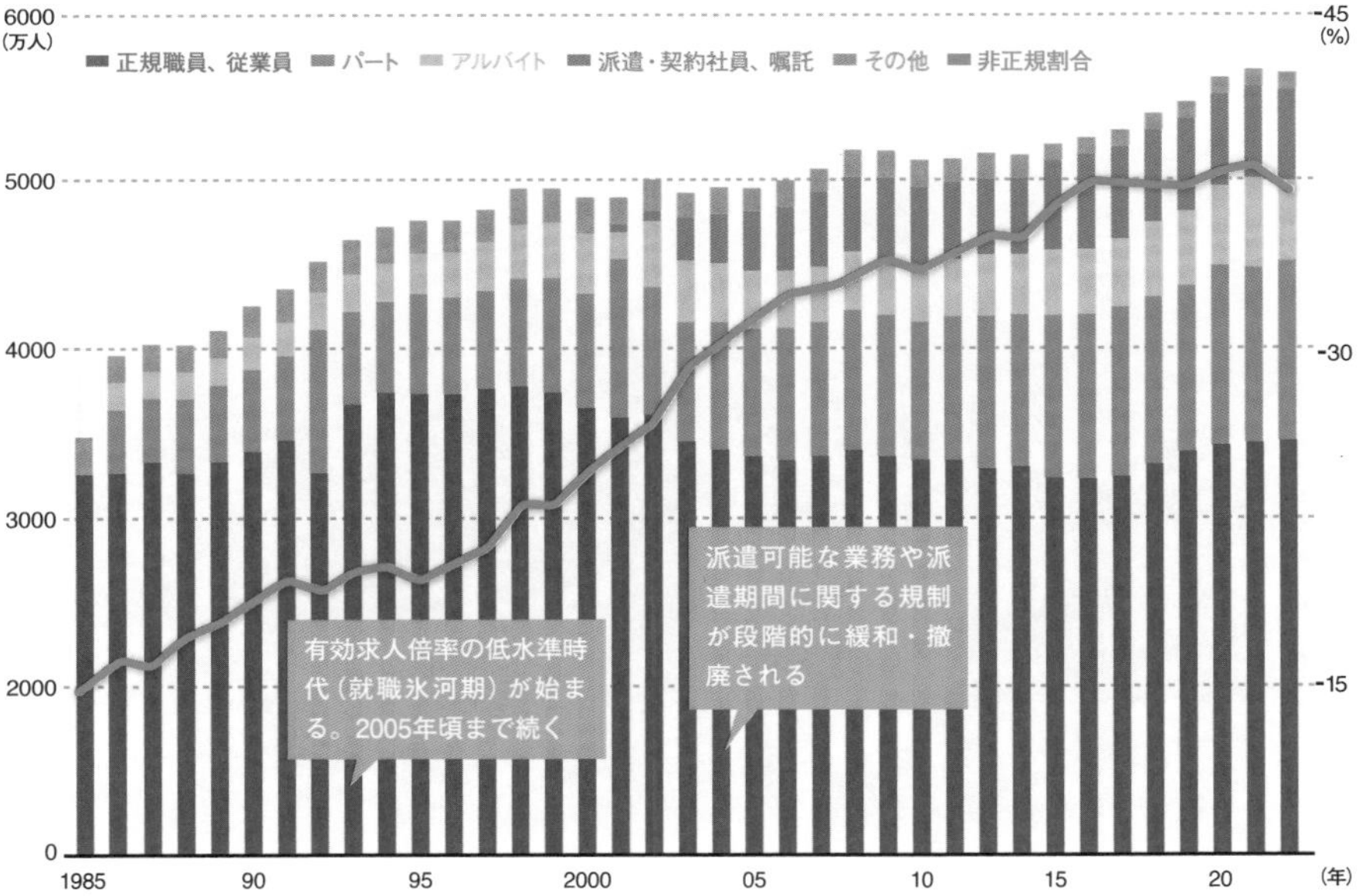

総務省統計局の労働力調査長期時系列データより

豆知識 2010年に4%程度だったスマホ所有率は2023年には96.3%にまで上昇した。スマホやパソコンなど、デジタルデバイスとともに育った世代を「Z世代」や「デジタルネイティブ世代」と呼ぶ。

内政

P208▶

史上最長となった長期政権、安倍晋三総理の功罪とは？

日本憲政史上最長の政権

２０１２年（平成24）に発足した**第２次安倍政権**は、**日本憲政史上最長の在任日数**２８２２日（7年7カ月　第1次を含まない）を記録する長期政権となった。政権発足後にまず掲げたのは、金融政策と財政政策、成長戦略の**「３本の矢」**からなる**「アベノミクス」**と名付けられた経済政策であり、このうち目に見えた効果が表れたのは、大胆な金融緩和だった。株価の上昇や円安を実現し、**企業業績を上向かせ、雇用も回復**させた。

一方で安倍政権下では、社会保障費の増大などを理由に、2度にわたり**消費税増税**を行ったため、そのたびに消費マインドが落ち込むことになった。また企業の収益改善が、**労働者の賃金向上**に結びつくこともなかった。そのためアベノミクスには、当初の狙い通りの成果は上げられなかったという評価もある。

リベラル的な政策にも注力

安倍政権は集団的自衛権の行使を部分的に認めた**安全保障関連法**を制定するなど、安全保障の強化に力を入れた（▼P206）。さらに中国の台頭などを念頭に、「地球儀を俯瞰する外交」を掲げ、近隣諸国以外の国とも関係構築を図った。

また安倍首相自身は保守派であるが、**働き方改革**や**女性の活躍推進**、**幼児教育無償化**などのリベラル的な政策にも取り組んだ。これにより若年層の無党派層からも支持され、政権の安定化につながった。

ただし政権の長期化により、安倍首相に**権力が集中する状態**になったことが、森友・加計問題などの疑惑を引き起こす要因になったという批判もある。なお、安倍氏は首相退任後の２０２２年（令和4）7月、旧統一教会に恨みを抱く男から演説中に銃撃され、命を落とした。

POINT!

アベノミクスにリベラルな政策も織り交ぜ、幅広い層から支持され、安定政権を築いた。

人物

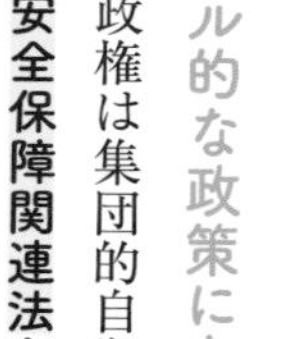

安倍晋三（1954〔昭和29〕～2022〔令和4〕）

父は外相などを歴任した安倍晋太郎、祖父は元総理の岸信介、大叔父に元総理の佐藤栄作がいる。2006年に第1次内閣が発足するも、参院選での敗北と持病の悪化を理由に1年で辞任。2012年に再び政権を握った。

＼この時代／

令和 | 平成 | 昭和 | 大正 | 明治 | 江戸

2000　1950　1900

アベノミクスの狙いと成果

第２次安倍政権は「３本の矢」を掲げて、デフレ脱却、物価上昇２％、賃金上昇を目標としたアベノミクスを実施。その結果、円安や株高は実現したが、賃金の上昇にはつながらなかった。

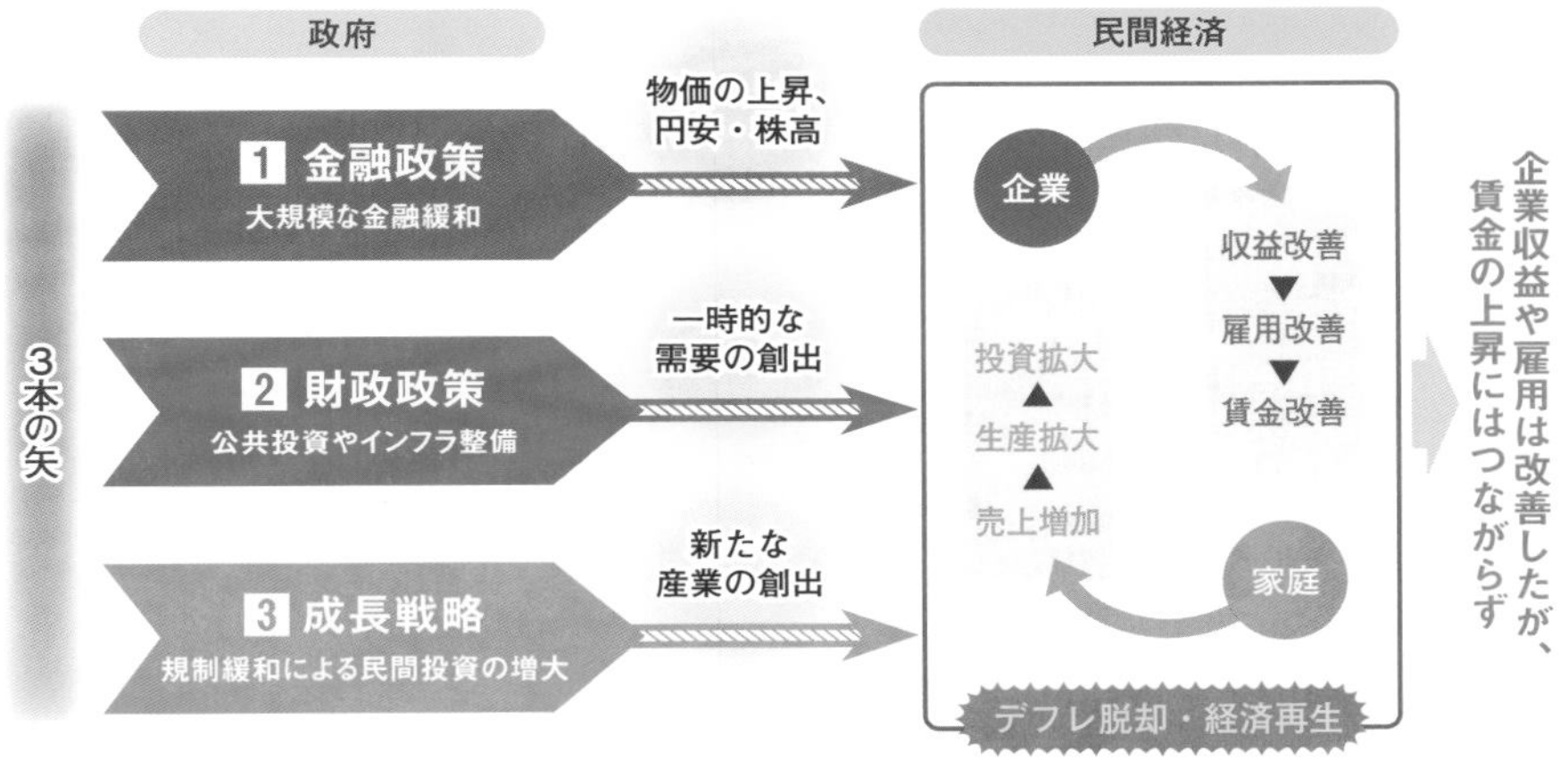

軍事や金銭だけではない国際貢献のあり方

ODA（政府開発援助）の額は、1991年（平成3）から10年間、日本がトップを維持していた。だがその後の財政悪化によりODAは削減され続け、現在ではピークの半分以下になっている。一方日本人で国際協力に注力した人物としては、日本人として初めて国連難民高等弁務官に就任した緒方貞子（▶P196）や、アフガニスタンで医療支援や農業用水路の整備に人生を捧げた医師の中村哲が挙げられる。日本は軍事・経済面だけでなく、人的面でも国際貢献ができる国になることが望まれている。

QUAD（日米豪印戦略対話）

安倍政権では台頭する中国を警戒し、日米豪印の関係強化が図られた。

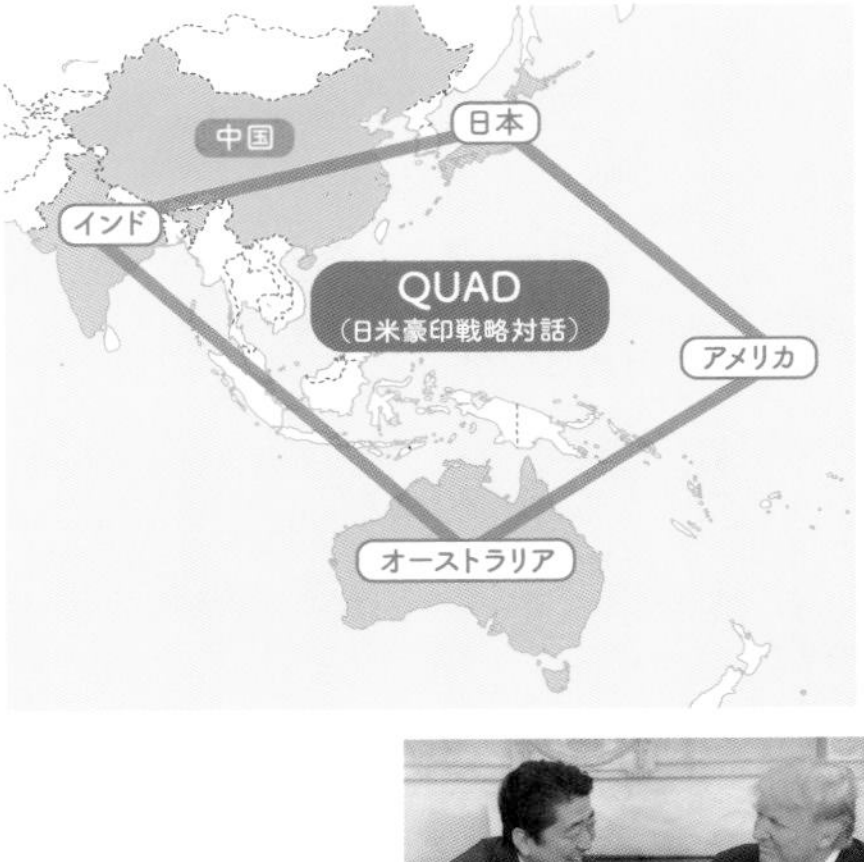

トランプ米大統領と安倍総理

国益と安全保障の確保のため、トランプとも良好な関係を築いた。

平成・令和

その時世界は？ ［2016年］国民投票によりイギリスのEU離脱が決定

P216▶

新しい価値観や多様性の尊重 令和の日本はどう変わるのか？

POINT!
コロナ禍での働き方の変化や生き方・価値感の多様化など、日本社会は転換期を迎えている。

コロナで人々の働き方が変化

2019年（平成31）4月30日、平成の天皇が退位したことにより、翌5月1日、皇太子徳仁《なるひと》親王が即位。時代は平成から**令和**へと移行した。

この年、日本は訪日外国人旅行者数が史上最高の3188万人を記録。人口減社会を迎え、国内消費の拡大が困難になっている中で、観光業が新たな産業の柱になっていくことが期待された。

しかしこれに水を差したのが、翌年から始まった**新型コロナウイルス感染症**の流行だった。訪日外国人旅行者数は激減。また、たび重なる**緊急事態宣言**の発令や、3密《みつ》（密閉・密集・密接）の回避が叫ばれるなど、国民の行動も制限を受けた。2022年（令和4）秋頃から社会も日常を取り戻し始めたが、在宅勤務やオンラインでの商談など、**コロナ禍**で始まった仕事のスタイルが、多くの企業でその後も定着することになった。

多様性を尊重する時代に

2023年（令和5）6月、性的指向やジェンダーアイデンティティの多様性に関する国民の理解の促進を目的とした**LGBT理解増進法**が国会で可決された。令和に入ってからの日本は、厚生労働省の全国家庭動向調査で夫婦別姓に賛成する人が6割に達するなど、人々の**多様な生き方や価値観**を尊重する社会になりつつある。

一方で旧ジャニーズ事務所の創業者が長年にわたって所属タレントに**性加害**を行っていたことが社会問題となったことに象徴されるように、セクハラやパワハラなど、これまで**社会的に黙認されてきたこと**が許されない時代になってきている。

また、近年の**生成AI**のめざましい進歩は、今後令和の時代を生きていくことになる私たちの暮らしや仕事を大きく変えることが予想される。果たして令和は、生きやすい時代になるだろうか。

用語 LGBTQ

幅広いセクシュアリティ（性のあり方）を総称する言葉。レズビアン、ゲイ、バイセクシュアル、トランスジェンダー、クィアまたはクエスチョニングの頭文字をとっている。理解増進法では国や自治体、事業者らの役割と配慮への努力義務が定められている。

この時代
令和 | 平成 | 昭和 | 大正 | 明治 | 江戸
2000 1950 1900

コロナ禍に苛まれた3年間

新型コロナウィルスの影響により飲食・観光関連産業から客足が遠のき、利益が大幅に落ち込んだ。3密を避ける緊急事態宣言の発令により、リモートワークやオンライン授業が始まり、人々の生活は大きく変わった。

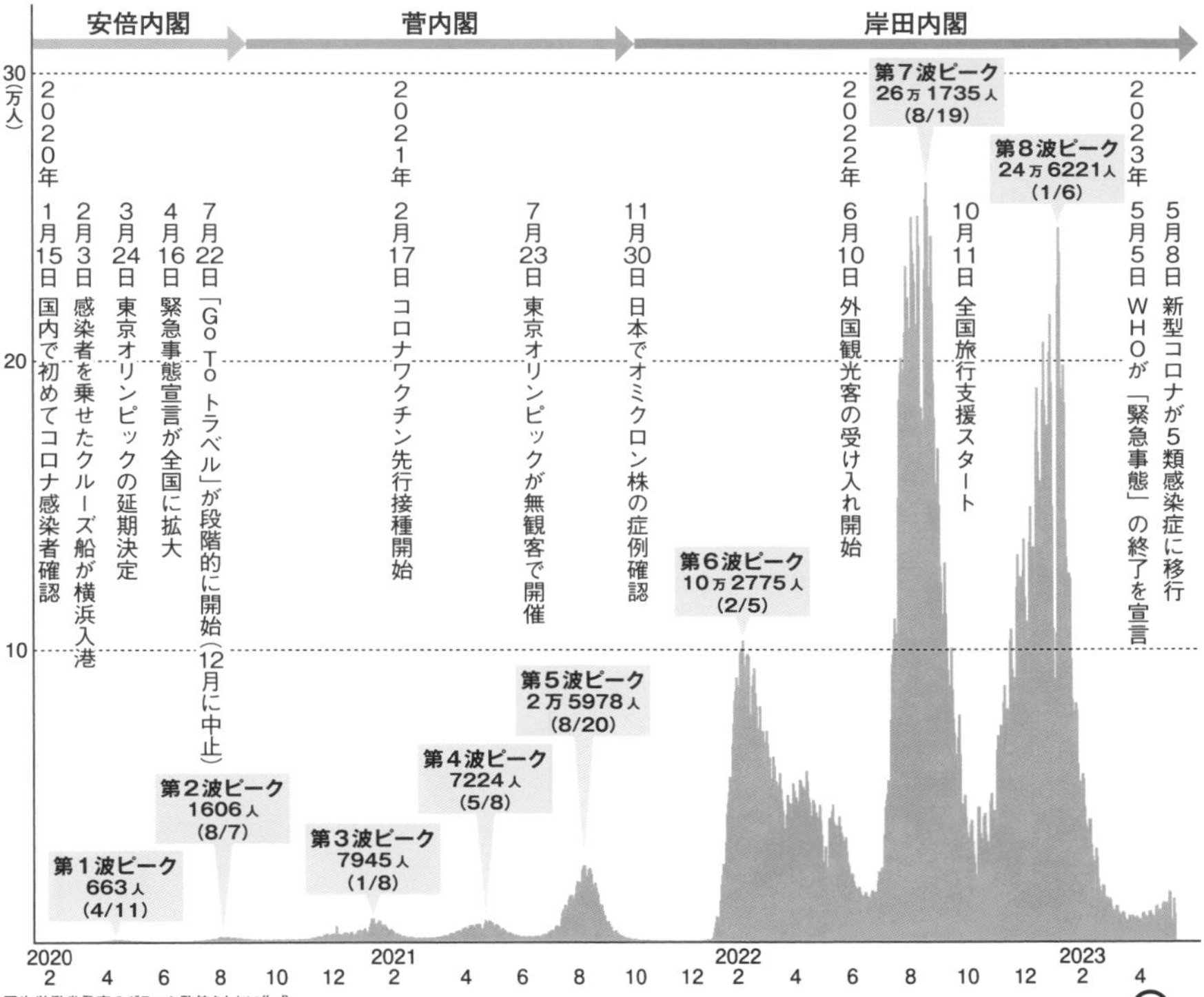

安倍内閣
菅内閣
岸田内閣
30（万人）
20
10
2020年 1月15日 国内で初めてコロナ感染者確認
2月3日 感染者を乗せたクルーズ船が横浜入港
3月24日 東京オリンピックの延期決定
4月16日 緊急事態宣言が全国に拡大
7月22日「Go To トラベル」が段階的に開始（12月に中止）
2021年 2月17日 コロナワクチン先行接種開始
7月23日 東京オリンピックが無観客で開催
11月30日 日本でオミクロン株の症例確認
2022年 6月10日 外国観光客の受け入れ開始
10月11日 全国旅行支援スタート
2023年 5月5日 WHOが「緊急事態」の終了を宣言
5月8日 新型コロナが5類感染症に移行
第1波ピーク 663人 (4/11)
第2波ピーク 1606人 (8/7)
第3波ピーク 7945人 (1/8)
第4波ピーク 7224人 (5/8)
第5波ピーク 2万5978人 (8/20)
第6波ピーク 10万2775人 (2/5)
第7波ピーク 26万1735人 (8/19)
第8波ピーク 24万6221人 (1/6)
2020 2 4 6 8 10 12
2021 2 4 6 8 10 12
2022 2 4 6 8 10 12
2023 2 4

厚生労働省発表のグラフや数値をもとに作成

COLUMN

ネットから生まれた平成の歌姫

初音ミク

「初音ミク」は歌詞とメロディーを入力すると歌わせる事ができる歌声合成ソフトウェアである。2007年（平成19）の発売を機に多くの人が「初音ミク」を用いて作った音楽をインターネット上に投稿した事で、イラストや動画等の創作の連鎖が生まれてブームとなり、日本のみならず世界中で話題になった。「初音ミク」の登場によって、専門的な知識や経験の有無に関係なく、より多くの人が容易に創造の世界に触れられるようになった。

初音ミク

平成・令和

その時世界は？ ［2020年］米大統領選でバイデンがトランプに勝利

被災地の見舞いや戦没者慰霊を行い 国民に寄り添い続けた 平成の天皇

国民に寄り添う皇室

戦後の皇室典範の下で初めて皇位を継承した平成の天皇は、常に国民のそばにあり続けた。

被災地を訪れた両陛下
東日本大震災の被災地を訪問し、黙礼する平成の天皇（現上皇）と美智子さま（現上皇后）。

国民の天皇に対する感情

NHK世論調査／『現代日本人の意識調査』の掲載データをもとに作成

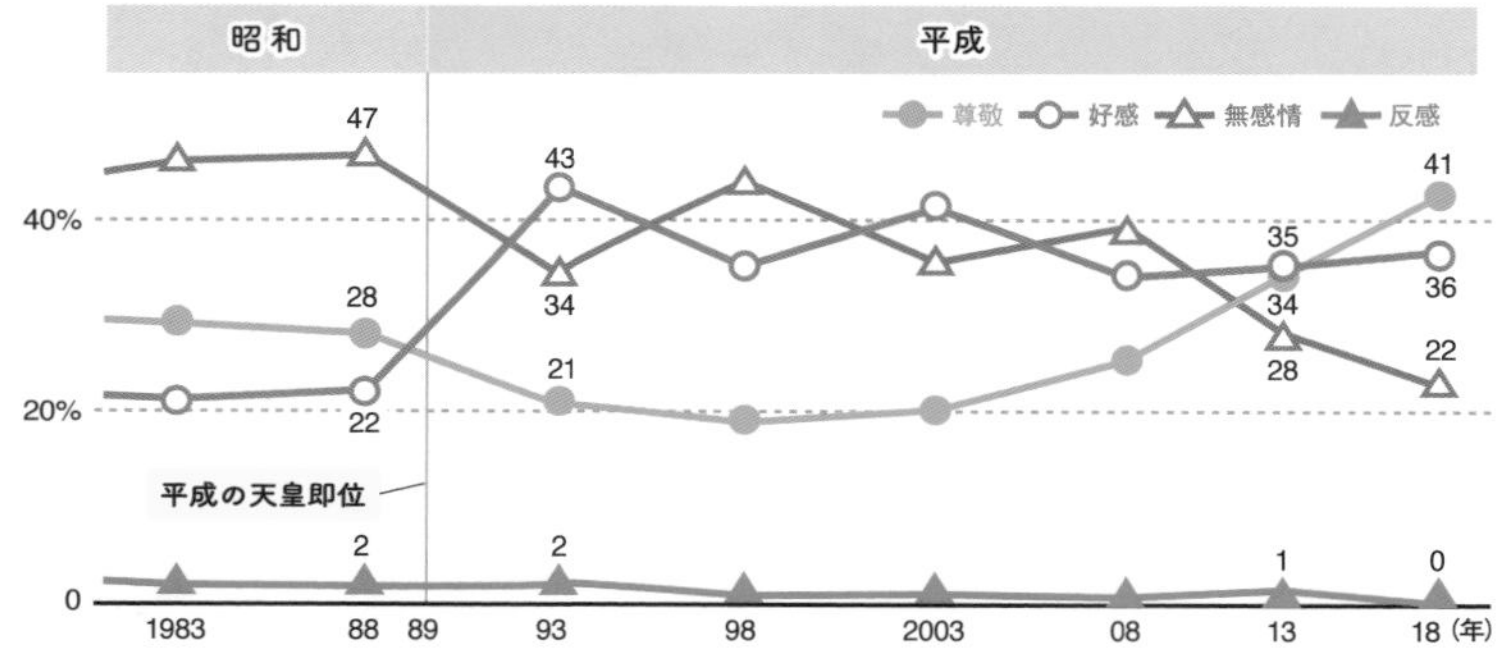

天皇が初めて被災地を訪問

平成の天皇の在位期間は、30年4カ月近くに及んだ。この間、平成の天皇は「**日本国民を統合するための象徴として、自身はどうあるべきか**」を常に考え続けていたと思われる。

1991年（平成3）に長崎県の雲仙・普賢岳で多くの死者・行方不明者を出す大火砕流が発生した時、平成の天皇は皇后とともに被災地を訪れ、被災された方々を見舞った。**天皇の災害継続中の被災地への見舞い**はこの時が初めてのことであり、以後、甚大な自然災害が起きるたびに繰り返されることとなった。「**国民に困難なことが起きた時、苦しみをともに分かち合うこと**」を大切にされているからこそのことだった。

ご一家の集合写真（2020年正月）

2024年には愛子内親王が学習院大学を卒業され、日本赤十字社に就職された。

現在の皇室

上皇陛下（明仁《あきひと》）＝上皇后陛下（美智子《みちこ》）

天皇陛下（徳仁《なるひと》）＝皇后陛下（雅子《まさこ》）

愛子《あいこ》内親王殿下

秋篠宮皇嗣殿下（文仁《ふみひと》）＝秋篠宮皇嗣妃殿下（紀子《きこ》）

眞子《まこ》内親王殿下（皇籍離脱）

佳子《かこ》内親王殿下

悠仁《ひさひと》親王殿下

COLUMN

わが子に愛情を注ぐ美智子さまの「ナルちゃん憲法」

1960年（昭和35）、当時皇太子だった平成の天皇と美智子さまとの間に、初めての子である徳仁親王（今上天皇）が誕生した。お二人は皇室のこれまでの慣例に縛られず、ご自身の手で徳仁親王を育てることにした。また、美智子さまはご自身が不在の時のために育児心得13条（別名・ナルちゃん憲法）を作り、留守を預かる侍従に守らせた。その内容は「一日一回はしっかりと抱いてください」「自分で投げたものは、なるべく自分で取りに行かせてください」といったもので、愛情を十分に注ぎながら、自立心も養おうとされていた。

葉山海岸を散策する当時の皇太子ご一家（1961年）。

多くの国民に慕われる

また平成の天皇と皇后は、**戦没者慰《い》霊《れい》の旅**も大切な務めとしてきた。終戦から50年・60年・70年の節目の年のたびに、原爆が投下された広島や長崎、太平洋戦争の激戦地となった硫黄島やサイパンなどに足を運んだ。

こうした平成の天皇と皇后の姿に、多くの国民が敬愛の念を抱いた。世論調査によれば、平成の天皇の即位後、**天皇に「好感」や「尊敬」の感情を持つ人が増加**した（右ページグラフ参照）。

２０１６年（平成28）、平成の天皇は国民に向けたビデオメッセージの中で、高齢を理由に退位の意向を示した。皇室典範では皇位の継承は天皇が崩御した時のみと定められているため、国会等での審議を経て、**一代に限って退位を認める特例法の制定**によって対応することとした。そして平成の天皇は２０１９年（平成31）、退位した。

世界に羽ばたき活躍する日本人たち

世界を舞台にして結果を残す日本人アスリートが増えたのはなぜか？

里見紗李奈（左）と山崎悠麻

東京パラリンピックのバドミントンダブルス（車いす）で優勝。

大坂なおみ

日本人初のシングルスでのグランドスラム達成、アジア初の世界ランキング1位となる。東京五輪では最終聖火ランナーとして聖火台に点火。

夏季五輪での日本のメダル総数

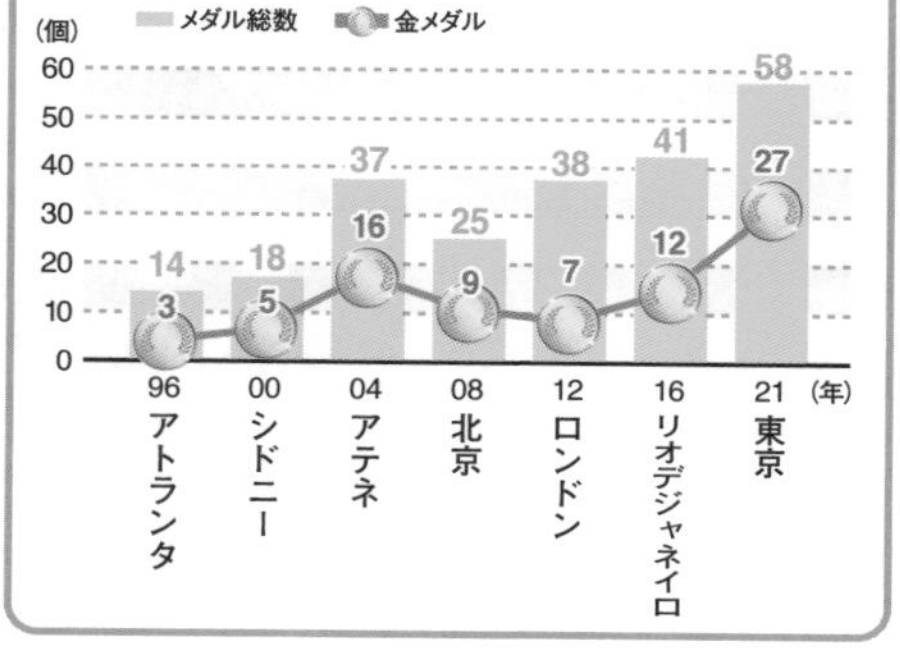

過去最多のメダルを獲得

近年、世界で活躍する日本人アスリートの姿を目にする機会が増えている。2021年（令和3）の夏季東京五輪と翌年の冬季北京五輪において、日本代表は**過去最多となるメダル**を獲得。またサッカーの2022FIFAワールドカップでは、日本代表はドイツ、スペインという強豪を破り、**決勝トーナメントに進出**した。

さらに野球界では、**大谷翔平**が非常識とされてきた投手と打者の二刀流に挑戦。大リーグにおいて、投手としては2桁勝利を2度実現、打者としてはホームラン王に輝いた。また、シーズンMVPも2回受賞している。バスケット界では**八村塁**の活躍も目立つ。

国枝慎吾

東京パラリンピックにて3度目の金メダルを獲得。歴代最多となる４大大会50回優勝の記録保持者。

大谷翔平

二刀流として大リーグで活躍。2023年 WBC では優勝に貢献し MVP を獲得。同年末には全スポーツで史上最高契約額プレイヤーとなる。

八村塁

大学から渡米し、大学時代に最も秀でた SF に贈られるジュリアス・アービング賞を受賞。2019年から最高峰リーグ NBA で結果を残す。

羽生結弦

2014・18年の冬季五輪にて金メダルを獲得。日本のみならず東アジアにファンが多い。現在はプロスケーターとして活動。

久保建英

小柄な体格ながら、10代からスペインリーグで活躍。2023年9月には日本人初のリーグ月間最優秀選手に選ばれた。日本代表にも選出。

世界で戦う中で鍛えられる

世界で戦える日本人アスリートが増えた背景には、一つには**国際化が進んだ**ことがある。サッカーでは、日本がワールドカップ本大会に初出場した１９９８年大会では、代表全員がＪリーグ所属だったが、２０２２年大会ではヨーロッパリーグに所属する選手が大半を占めた。１９９０年代末以降、中田英寿を筆頭に、次々と選手たちがヨーロッパに移籍。レベルの高い環境でプレーする中で鍛え上げられていった。同じく野球界でも**野茂英雄**や**イチロー**を先駆者として、多くの選手が大リーグに入り活躍している。

五輪でのメダル数が伸びているのは、ナショナルトレーニングセンターの建設などの環境整備や、ジュニア育成などの**計画的な選手強化策**が功を奏したと考えられる。世界で活躍する日本人選手は今後も増えていくだろう。

近代日本の国境と国域の変遷

時代1　明治政府成立～日清戦争後

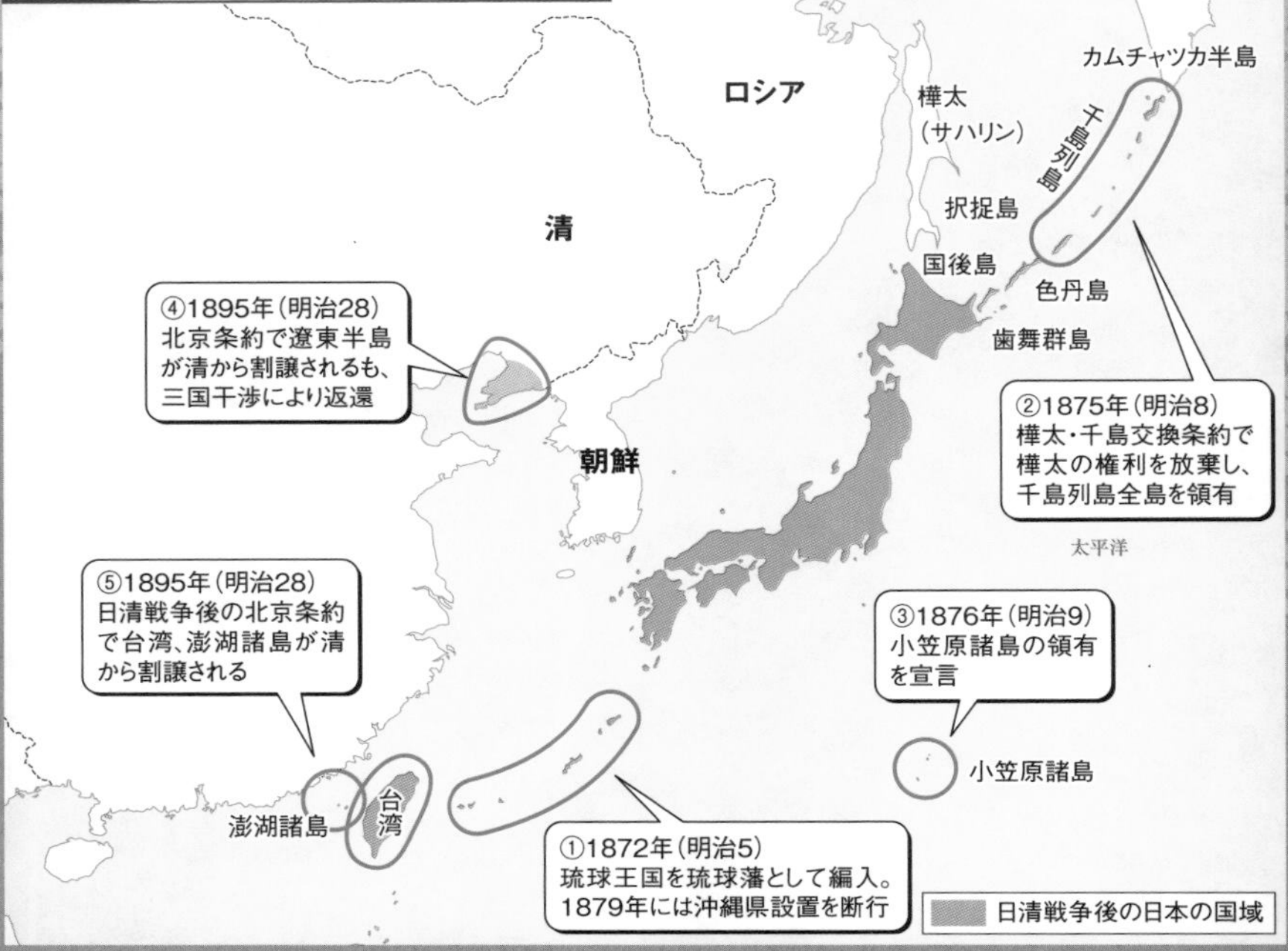

ロシア
清
朝鮮
カムチャツカ半島
樺太
（サハリン）
千島列島
択捉島
国後島
色丹島
歯舞群島
太平洋
④1895年（明治28）
北京条約で遼東半島が清から割譲されるも、三国干渉により返還
②1875年（明治8）
樺太・千島交換条約で樺太の権利を放棄し、千島列島全島を領有
⑤1895年（明治28）
日清戦争後の北京条約で台湾、澎湖諸島が清から割譲される
③1876年（明治9）
小笠原諸島の領有を宣言
小笠原諸島
台湾
澎湖諸島
①1872年（明治5）
琉球王国を琉球藩として編入。1879年には沖縄県設置を断行
日清戦争後の日本の国域

時代2　日露戦争～第一次世界大戦後

樺太
（サハリン）
⑧1910年（明治43）
韓国併合条約により韓国（朝鮮）が日本領となる
⑥1905年（明治38）
日露戦争後のポーツマス条約で遼東半島の旅順・大連の租借権と南満洲鉄道の付属利権を獲得
⑦1905年（明治38）
ポーツマス条約で南樺太がロシアから割譲される
長春
旅順
大連
青島
南京
中華民国
⑨1914年（大正3）
第一次世界大戦で赤道以北のドイツ領南洋諸島を占領
⑩1914年（大正3）
第一次世界大戦でドイツ根拠地の青島と山東省の権益を接収
マリアナ諸島
ウェーク諸島
（アメリカ領）
グアム島
（アメリカ領）
フィリピン
（アメリカ領）
マーシャル諸島
パラオ諸島
カロリン諸島
第一次世界大戦後の日本の国域

時代3 アジア・太平洋戦争時

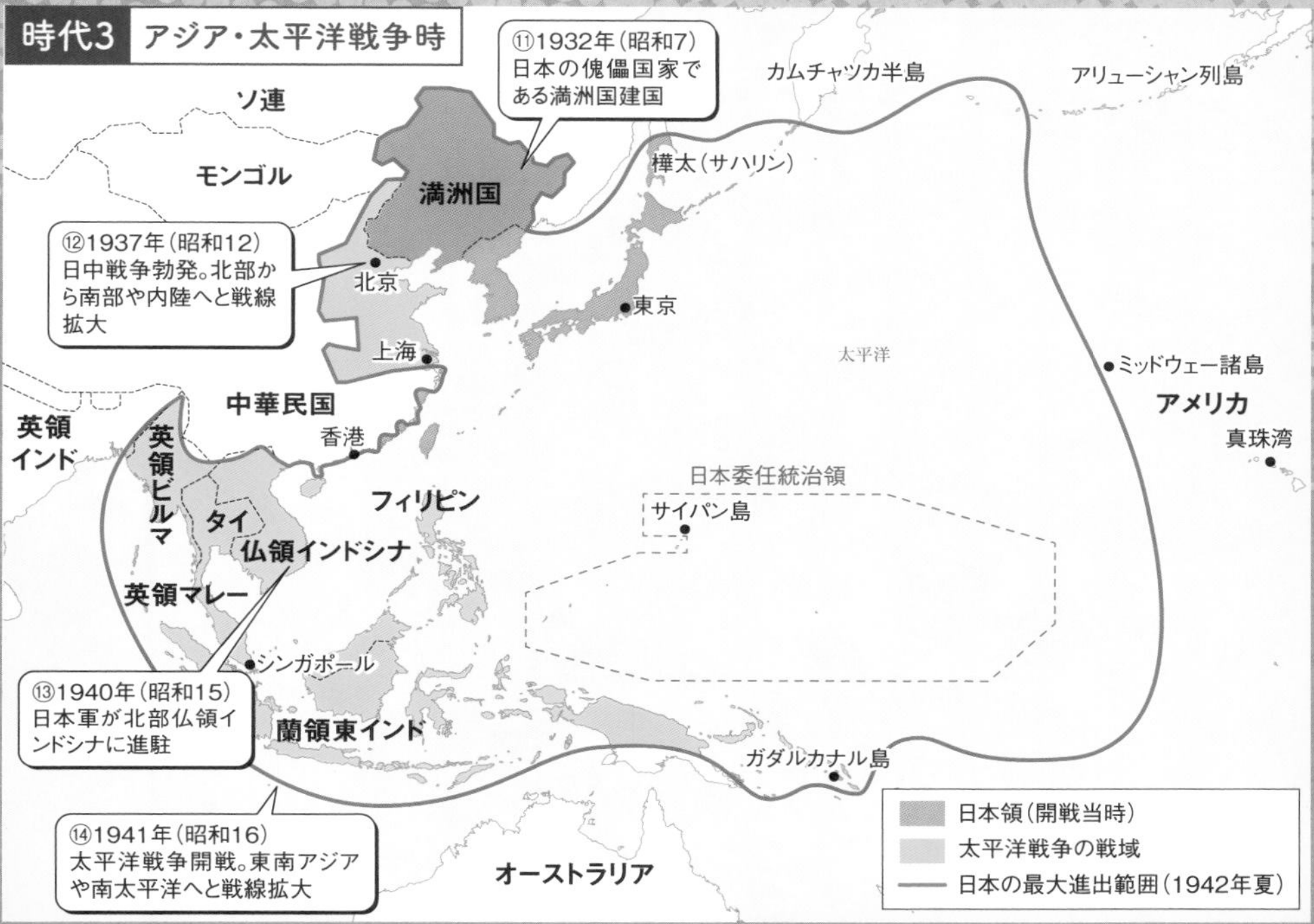

⑪1932年（昭和7）
日本の傀儡国家である満洲国建国
⑫1937年（昭和12）
日中戦争勃発。北部から南部や内陸へと戦線拡大
⑬1940年（昭和15）
日本軍が北部仏領インドシナに進駐
⑭1941年（昭和16）
太平洋戦争開戦。東南アジアや南太平洋へと戦線拡大
ソ連
モンゴル
満洲国
北京
東京
上海
中華民国
香港
英領インド
英領ビルマ
タイ
仏領インドシナ
英領マレー
フィリピン
シンガポール
蘭領東インド
オーストラリア
カムチャツカ半島
アリューシャン列島
樺太（サハリン）
太平洋
ミッドウェー諸島
アメリカ
真珠湾
日本委任統治領
サイパン島
ガダルカナル島
日本領（開戦当時）
太平洋戦争の戦域
日本の最大進出範囲（1942年夏）

時代4 第二次世界大戦後～現在

ソ連
樺太（サハリン）
北方領土
朝鮮民主主義人民共和国
中華人民共和国
大韓民国
竹島
対馬
伊豆諸島
⑮1951年（昭和26）
サンフランシスコ平和条約で日本の領土が確定する。台湾、澎湖諸島、千島列島、南樺太は放棄。琉球諸島や小笠原諸島はアメリカの信託統治となる
⑱1972年（昭和47）
沖縄と琉球諸島などが返還
⑰1968年（昭和43）
小笠原諸島などが返還
トカラ列島
奄美大島
沖縄
尖閣諸島
台湾
琉球諸島
小笠原諸島
太平洋
⑯1952・53年（昭和27・28）
吐噶喇（とから）列島、奄美群島が返還
硫黄島
南鳥島（1968年返還）
沖ノ鳥島（1968年返還）
現在の日本の国域

ノーベル賞受賞者一覧

益川敏英 物理学賞 2008年
自発的対称性の破れの起源の発見。小林誠との共同研究。

下村脩《おさむ》 物理学賞 2008年
オワンクラゲの発光の仕組みを研究。蛍光タンパク質を発見した。

根岸英一 化学賞 2010年
有機化合物を効率的につくる反応法を編み出すのに貢献。

鈴木章《あきら》 化学賞 2010年
有機合成におけるパラジウム触媒クロスカップリング研究に貢献。

山中伸弥《しんや》 生理学・医学賞 2012年
iPS細胞の作製に成功。再生医療を大きく発展させた。

赤﨑勇 物理学賞 2014年
青色発光ダイオード（LED）の発明、実用化に貢献した。

天野浩 物理学賞 2014年
LEDの発明、実用化に貢献。赤﨑勇、中村修二とともに受賞。

中村修二 物理学賞 2014年
LEDの発明、実用化に貢献。赤﨑勇、天野浩とともに受賞。米国籍。

大村智《さとし》 生理学・医学賞 2015年
新種の放線菌の発見。寄生虫感染症の新しい治療法の確立。

梶田《かじた》隆章 物理学賞 2015年
素粒子ニュートリノの研究に貢献。ニュートリノ振動の実証に成功。

大隅良典《おおすみよしのり》 生理学・医学賞 2016年
細胞のリサイクル機能であるオートファジーの仕組みを解明。

本庶佑《ほんじょたすく》 生理学・医学賞 2018年
免疫抑制システムの阻害因子を発見。がん治療へ大きな貢献。

吉野彰《あきら》 化学賞 2019年
携帯電話などに使用されているリチウムイオン電池の開発。

真鍋淑郎《まなべしゅくろう》 物理学賞 2021年
気候変動の予測研究。世界で初めて地球温暖化の数値計算を行う。米国籍。

湯川秀樹 物理学賞 1949年
戦前に発表された中間子論によって、日本人初のノーベル賞を受賞。

朝永《ともなが》振一郎 物理学賞 1965年
量子力学を研究。超多時間理論を完成させ、ノーベル物理学賞を受賞。

川端康成 文学賞 1968年
日本近代文学を代表する小説家。『伊豆の踊子』『雪国』などで知られる。

江崎玲於奈《れおな》 物理学賞 1973年
半導体におけるトンネル効果を発見。エサキ＝ダイオードを開発。

佐藤栄作 平和賞 1974年
「核兵器を持たず、作らず、持ち込ませず」の非核三原則を提唱。

福井謙一 化学賞 1981年
電子の軌道から化学反応を説明する、フロンティア電子理論を提唱。

利根川進 生理学・医学賞 1987年
免疫と遺伝の研究、特に抗体遺伝子学の解明を進めた。

大江健三郎 文学賞 1994年
代表作に『死者の奢り』『万延元年のフットボール』など。長男に作曲家の大江光がいる。

白川英樹 化学賞 2000年
ヨウ素と反応させたポリアセチレンの導電性の高さを発見。

野依良治《のよりりょうじ》 化学賞 2001年
医療品合成の不斉合成反応に広く利用される金属錯体触媒を開発。

小柴昌俊 物理学賞 2002年
超新星爆発で放出されたニュートリノを検出。素粒子物理学に貢献。

田中耕一 化学賞 2002年
生命化学のカギとなるタンパク質の分析・解析方法を開発。

南部陽一郎 物理学賞 2008年
素粒子物理学における対称性の自発的破れを発見した。米国籍。

小林誠 物理学賞 2008年
自発的対称性の破れの起源の発見。益川敏英と一緒に発表。

湯川秀樹の受賞は日本人初であり、現在でも最年少受賞となる（当時42歳）。

大江健三郎は授賞式で「あいまいな日本の私」と題した講演を行う。

LEDの発明で受賞した赤﨑勇（左）、天野浩（中）、中村修二（右）。

国民栄誉賞受賞者一覧

国民栄誉賞は、王貞治を称えるために福田赳夫総理が創設した。

吉田紗保里は13大会連続優勝を達成したことを受け、ギネス世界記録にも認定。

2018年に受賞した将棋の羽生善治（左）と囲碁の井山裕太（右）。

高橋尚子 スポーツ 2000年 10月
シドニー五輪の女子マラソンで日本人初の金メダルを獲得。

遠藤実 音楽 2009年 1月
「せんせい」「北国の春」など世代を超えて愛される名曲を作曲。

森光子 俳優 2009年 7月
歌手・女優として活躍。舞台『放浪記』で2000回を超える主演を務める。

森繁《もりしげ》久彌《ひさや》 俳優 2009年 12月
俳優・声優として映画・演劇・テレビなど多分野で活躍。

なでしこジャパン スポーツ 2011年 8月
2011年サッカーW杯にて、アメリカを下して日本史上初の優勝を果たした。

吉田沙保里《さおり》 スポーツ 2012年 11月
女子レスリングで世界大会10連覇、オリンピック3連覇を達成。

大鵬《たいほう》 スポーツ 2013年 2月
相撲の「柏鵬時代」を築いた一人。「昭和の大横綱」と称される。

長嶋茂雄 スポーツ 2013年 5月
選手、監督として日本野球界へ長年の貢献。松井秀喜と同時受賞。

松井秀喜 スポーツ 2013年 5月
日本とアメリカの両プロ野球で活躍。長嶋茂雄と同時受賞。

伊調《いちょう》馨《かおり》 スポーツ 2016年 10月
オリンピックの女子レスリングで4大会連続優勝を成し遂げる。

羽生《はぶ》善治《よしはる》 将棋 2018年 2月
将棋界にて初の７大タイトル独占、八つの永世称号を保持。

井山裕太 囲碁 2018年 2月
囲碁界初の２度の七冠独占と年間グランドスラムを達成。

羽生《はにゅう》結弦《ゆづる》 スポーツ 2018年 7月
フィギュアスケートでオリンピック連覇の偉業を達成。

国枝《くにえだ》慎吾《しんご》 スポーツ 2023年 3月
車椅子テニスの四大大会にて史上初の通算50勝を達成。

王貞治《おうさだはる》 スポーツ 1977年 9月
初受賞者。プロ野球で756本のホームランを達成。世界新記録となった。

古賀《こが》政男 音楽 1978年 8月
「古賀メロディー」として知られる歌謡曲を作曲。日本レコード大賞を創設。

植村《うえむら》直己《なおみ》 スポーツ 1984年 4月
世界的な冒険家。五大陸最高峰の登頂、北極点踏破などの功績をあげた。

長谷川一夫《かずお》 俳優 1984年 4月
卓越した演技で映画演劇作品にて活躍。国民的人気を得る。

山下泰裕《やすひろ》 スポーツ 1984年 10月
柔道の公式戦で前人未到となる203連勝を達成。外国人には生涯無敗を誇った。

衣笠《きぬがさ》祥雄《さちお》 スポーツ 1987年 6月
2215試合連続出場記録を樹立。米大リーグ記録を更新した。

美空ひばり 音楽 1989年 7月
9歳でデビューし、歌謡曲・映画・舞台などで活躍。国民的スターとなった。

千代の富士 スポーツ 1989年 9月
史上初の通算1000勝、幕内優勝31回など、相撲界で著しい功績を残す。

藤山一郎 音楽 1992年 5月
「リンゴの唄」「青い山脈」など数多くの歌謡曲で国民に夢や希望を与えた。

長谷川町子 漫画 1992年 7月
『サザエさん』などの漫画を通し、社会に安らぎを与えた。

服部良一 音楽 1993年 2月
「東京ブギウギ」「銀座カンカン娘」を作曲。和製ポップスを確立。

渥美《あつみ》清《きよし》 俳優 1996年 9月
『男はつらいよ』シリーズの主人公を演じ、国民に愛された昭和の名優。

吉田正《ただし》 音楽 1998年 7月
生涯作曲数は2400曲を超え、「吉田メロディー」と称される。

黒澤明 映画 1998年 10月
『羅生門』『七人の侍』『用心棒』などの作品で世界の映画史に貢献。

歴代内閣総理大臣と主な出来事

党 政権の藩閥や主な政党　日 首相在任日数　期 首相在任期間

明治

初代 伊藤博文①

党 長州閥
日 861日
期 1885.12〜1888.4

44歳で初代首相に就任。保安条例、市制・町村制を発布。

2代 黒田清隆

党 薩摩閥
日 544日
期 1888.4〜1889.10

大日本帝国憲法を発布。衆議院議員選挙法を公布。

3代 山県有朋《やまがたありとも》①

党 長州閥
日 499日
期 1889.12〜1891.5

教育に関する勅語を発布。第1回帝国議会を開催。

4代 松方正義《まさよし》①

党 薩摩閥
日 461日
期 1891.5〜1892.8

田中正造が議会で足尾鉱毒事件を追及する。

5代 伊藤博文②

党 長州閥
日 1485日
期 1892.8〜1896.8

最初の改正条約である日英通商航海条約締結。日清戦争勝利。

6代 松方正義②

党 薩摩閥
日 482日
期 1896.9〜1898.1

金本位制を確立。地租（税金）をめぐり進歩党と対立。

7代 伊藤博文③

党 長州閥
日 170日
期 1898.1〜1898.6

議席を独占していた自由党と進歩党が合併し憲政党結成。

8代 大隈重信《おおくましげのぶ》①

党 憲政党
日 132日
期 1898.6〜1898.11

日本初の政党内閣。板垣退助が入閣し隈板内閣と呼ばれる。

9代 山県有朋②

党 長州閥
日 711日
期 1898.11〜1900.10

治安警察法を公布。軍部大臣現役武官制を導入。

10代 伊藤博文④

党 立憲政友会
日 204日
期 1900.10〜1901.5

八幡製鉄所が操業開始。社会民主党を2日で解散させる。

11代 桂太郎①

党 長州閥
日 1681日
期 1901.6〜1906.1

日英同盟締結。日露戦争に勝利し、ポーツマス条約調印。

12代 西園寺公望《さいおんじきんもち》①

党 立憲政友会
日 920日
期 1906.1〜1908.7

鉄道国有法を発布し民間鉄道を買収。帝国国防方針制定。

13代 桂太郎②

党 長州閥
日 1143日
期 1908.7〜1911.8

関税自主権を回復。韓国を併合。大逆事件発生。

14代 西園寺公望②

党 立憲政友会
日 480日
期 1911.8〜1912.12

上原勇作陸相の帷幄上奏の行使により内閣総辞職。

大正

15代 桂太郎③

党 長州閥
日 62日
期 1912.12〜1913.2

第1次護憲運動が起こり、不信任案を受け内閣総辞職（大正政変）。

16代 山本権兵衛《ごんべえ》①

党 薩摩閥
日 421日
期 1913.2〜1914.4

シーメンス事件（海軍高官の汚職事件）を機に総辞職。

17代 大隈重信②

党 非政党
日 908日
期 1914.4〜1916.10

第一次世界大戦に参戦。大戦景気により輸出超過に。

18代 寺内正毅《まさたけ》

党 非政党
日 721日
期 1916.10〜1918.9

シベリア出兵。米騒動で総辞職に追い込まれる。

19代 原敬《はらたかし》

党 立憲政友会
日 1133日
期 1918.9〜1921.11

初の本格的政党内閣。ヴェルサイユ条約に調印。

20代 高橋是清《これきよ》

党 立憲政友会
日 212日
期 1921.11〜1922.6

ワシントン海軍軍縮条約を締結。協調外交の基盤づくり。

21代 加藤友三郎

党 非政党
日 440日
期 1922.6〜1923.8

陸軍の軍縮。シベリアから撤兵が完了する。

22代 山本権兵衛②

党 非政党
日 128日
期 1923.9〜1924.1

関東大震災直後に組閣。治安維持令（戒厳令）を公布。

23代 清浦奎吾《きようらけいご》

党 非政党
日 157日
期 1924.1〜1924.6

第2次護憲運動が起こる。護憲三派が圧勝し総辞職。

24代 加藤高明

党 護憲三派→憲政会
日 597日
期 1924.6〜1926.1

「憲政の常道」の始まり。治安維持法、普通選挙法公布。

25代 若槻礼次郎《わかつきれいじろう》①

党 憲政会
日 446日
期 1926.1～1927.4

金融恐慌発生。台湾銀行救済緊急勅令が承認されず総辞職。

昭和（戦前）

26代 田中義一《ぎいち》

党 立憲政友会
日 805日
期 1927.4～1929.7

山東出兵。第１回普通選挙実施。張作霖爆殺事件勃発。

27代 浜口雄幸《おさち》

党 立憲民政党
日 652日
期 1929.7～1931.4

世界恐慌起こる。重要産業統制法を発令。統帥権干犯問題。

28代 若槻礼次郎②

党 立憲民政党
日 244日
期 1931.4～1931.12

柳条湖事件起こる。満洲事変には不拡大方針。

29代 犬養毅《いぬかいつよし》

党 立憲政友会
日 156日
期 1931.12～1932.5

金輸出再禁止。五・一五事件で射殺。政党内閣の終焉。

30代 斎藤実

党 挙国一致内閣
日 774日
期 1932.5～1934.7

国際連盟からの脱退を通告し、国際的に孤立化する。

31代 岡田啓介

党 挙国一致内閣
日 611日
期 1934.7～1936.3

海軍軍縮条約の廃棄。天皇機関説問題。二・二六事件で総辞職。

32代 広田弘毅《こうき》

党 挙国一致内閣
日 331日
期 1936.3～1937.2

軍部大臣現役武官制を復活させる。日独防共協定に調印。

33代 林銑十郎《せんじゅうろう》

党 挙国一致内閣
日 123日
期 1937.2～1937.6

宇垣一成に大命が下るが組閣できず。軍財抱合の方針。

34代 近衛文麿《このえふみまろ》①

党 挙国一致内閣
日 581日
期 1937.6～1939.1

盧溝橋事件が発生し日中戦争へ突入。国家総動員法公布。

35代 平沼騏一郎《きいちろう》

党 挙国一致内閣
日 238日
期 1939.1～1939.8

国民徴用令を公布。独ソ不可侵条約をきっかけに総辞職。

36代 阿部信行

党 挙国一致内閣
日 140日
期 1939.8～1940.1

陸軍大将。第二次世界大戦に対して不介入の方針。

37代 米内光政《よないみつまさ》

党 挙国一致内閣
日 189日
期 1940.1～1940.7

海軍大将。ドイツとの軍事同盟には消極的。

38～39代 近衛文麿②③

党 挙国一致内閣
日 454日
期 1940.7.4～1941.10

日独伊三国同盟締結。新体制運動推進。大政翼賛会を結成。

40代 東条英機

党 挙国一致内閣
日 1009日
期 1941.10～1944.7

陸軍大将。太平洋戦争が勃発。サイパン島陥落で総辞職。

41代 小磯国昭《こいそくにあき》

党 挙国一致内閣
日 260日
期 1944.7～1945.4

陸海軍の連立内閣。本土空襲の激化。沖縄戦開始。

42代 鈴木貫太郎

党 挙国一致内閣
日 133日
期 1945.4～1945.8

戦争終結のため組閣。原爆投下。ポツダム宣言を受諾。

昭和（戦後）

43代 東久邇宮稔彦《ひがしくにのみやなるひこ》

党 唯一の皇族内閣
日 54日
期 1945.8～1945.10

敗戦にともなう混乱を抑えるための、史上唯一の皇族内閣。

44代 幣原喜重郎《しではらきじゅうろう》

党 非政党
日 226日
期 1945.10～1946.5

五大改革指令の実行。戦後初の総選挙を実施。

45代 吉田茂①

党 日本自由党
日 368日
期 1946.5～1947.5

日本国憲法公布。第2次農地改革を実施。

46代 片山哲《てつ》

党 日本社会党など
日 292日
期 1947.5～1948.3

労働省設置、国家公務員法公布。社会主義政策は未実行。

47代 芦田均《あしだひとし》

党 民主党など
日 220日
期 1948.3～1948.10

中道連立内閣。公務員のスト権を剥奪する政令201号を発令。

48～51代 吉田茂②～⑤

党 民主自由党→自由党
日 2248日
期 1948.10～1954.12

経済安定九原則の実行。サンフランシスコ平和条約、日米安保条約調印。

52～54代 鳩山一郎①～⑧

党 日本民主党→自由民主党
日 745日
期 1954.12～1956.12

自由民主党を結成。55年体制が確立する。

55代 石橋湛山《たんざん》

党 自由民主党
日 65日
期 1956.12～1957.2

「五つの誓い」を発表。病気のため2カ月で辞任。

56～57代 岸信介《のぶすけ》①②

党 自由民主党
日 1241日
期 1957.2～1960.7

日米新安保条約に調印。安保闘争が激化。革新勢力と対立。

58～60代 池田勇人《はやと》①～③

党 自由民主党
日 1575日
期 1960.7～1964.11

国民所得倍増計画で経済成長を促進。農業基本法を公布。

61～63代 佐藤栄作①～③

党 自由民主党
日 2798日
期 1964.11～1972.7

7年8カ月にわたる長期政権。日韓基本条約調印。沖縄返還。

平成

75代 宇野宗佑

党 自由民主党
日 69日
期 1989.6～1989.8

リクルート事件や女性スキャンダルで選挙に大敗。

76～77代 海部俊樹《かいふとしき》①②

党 自由民主党
日 818日
期 1989.8～1991.11

湾岸戦争への対応。海上自衛隊をペルシア湾に派遣。

78代 宮沢喜一《きいち》

党 自由民主党
日 644日
期 1991.11～1993.8

国際貢献への対応を重視し、PKO 協力法を公布。

79代 細川護熙《もりひろ》

党 日本新党など非自民8党派
日 263日
期 1993.8～1994.4

非自民の連立内閣(55年体制崩壊)。献金疑惑で総辞職。

80代 羽《は》田《た》孜《つとむ》

党 新生党など非自民8党派
日 64日
期 1994.4～1994.6

非自民内閣。戦後の東久邇宮内閣を除き、歴代最短。

81代 村山富市《とみいち》

党 日本社会党など
日 561日
期 1994.6～1996.1

自衛隊容認など社会党の路線変更。被爆者援護法公布。

82～83代 橋本龍太郎①②

党 自由民主党など
日 932日
期 1996.1～1998.7

消費税が5%に引き上げ。日米安保共同宣言を発表。

64～65代 田中角栄①②

党 自由民主党
日 886日
期 1972.7～1974.12

日中国交正常化。「日本列島改造」政策。金脈問題で総辞職。

66代 三木武夫

党 自由民主党
日 747日
期 1974.12～1976.12

政治資金規正法を改正。ロッキード事件勃発。

67代 福田赳夫《たけお》

党 自由民主党
日 714日
期 1976.12～1978.12

日中平和友好条約に調印。国民栄誉賞が始まる。

68～69代 大平正芳《おおひらまさよし》①②

党 自由民主党
日 554日
期 1978.12～1980.6

第2次石油危機への対応。元号法公布。衆参ダブル選挙中に急死。

70代 鈴木善幸《ぜんこう》

党 自由民主党
日 864日
期 1980.7～1982.11

北方領土の日を制定。公職選挙法改正。

71～73代 中曽根康弘①～③

党 自由民主党
日 1806日
期 1982.11～1987.11

国鉄民営化など行財政改革を推進。日米貿易摩擦の激化。

74代 竹下登

党 自由民主党
日 576日
期 1987.11～1989.6

消費税が導入される。リクルート事件への批判で退陣。

84代 小渕恵三《おぶちけいぞう》

党 自由民主党など
日 616日
期 1998.7～2000.4

自民党と公明党の連立が始まる。周辺事態法成立。

85～86代 森喜朗《よしろう》①②

党 自由民主党など
日 387日
期 2000.4～2001.4

中央省庁の再編を行い、1府12省庁に。情報公開法の施行。

87～89代 小泉純一郎①～③

党 自由民主党など
日 1980日
期 2001.4～2006.9

「聖域なき構造改革」。派閥解消、郵政民営化を促進。

90代 安倍晋三①

党 自由民主党など
日 366日
期 2006.9～2007.9

憲法改正に向け国民投票法成立。防衛省発足。

91代 福田康夫

党 自由民主党など
日 365日
期 2007.9～2008.9

参議院で野党多数のねじれ国会。後期高齢者医療制度見直し。

92代 麻生《あそう》太郎

党 自由民主党など
日 358日
期 2008.9～2009.9

世界金融危機。裁判員制度開始。衆院選で大敗北。

93代 鳩山由紀夫

党 民主党など
日 266日
期 2009.9～2010.6

子ども手当・高校無償化法成立。沖縄米軍基地移設問題で混乱を招く。

94代 菅直人《かんなおと》

党 民主党など
日 452日
期 2010.6～2011.9

ねじれ国会。東日本大震災、原発事故の対応で支持率低迷。

95代 野田佳彦《よしひこ》

党 民主党など
日 482日
期 2011.9～2012.12

消費増税関連法が成立。尖閣諸島を国有化。衆院選敗北。

96～98代 安倍晋三②～④

党 自由民主党など
日 2822日
期 2012.12～2020.9

歴代1位の長期政権。アベノミクス推進。安保関連法成立。

令和

99代 菅義偉《すがよしひで》

党 自由民主党など
日 384日
期 2020.9～2021.10

新型コロナへの対応で批判が強まる。デジタル庁の創設。

100～101代 岸田文雄①②

党 自由民主党など
日 （在任中）
期 2021.10～

防衛力強化、少子化対策、賃金上昇などの政策に取り組む。

日本近・現代史　用語・人名さくいん

人名は**太字**とした
見開き内で同じ用語・人名が登場する場合は右ページを記載

主要参考文献

『詳説日本史』(山川出版社)
『詳説世界史』(山川出版社)
『日本史探究』(東京書籍)
『日本史探究』(第一学習社)
『世界史探究』(東京書籍)
『詳説日本史図録』(山川出版社)
『新歴史総合』(第一学習社)
『図説日本史通覧』(帝国書院)
『アカデミア世界史』(浜島書店)
『国史大辞典』(吉川弘文館)
『新発見!日本の歴史5 岐路に立つ大日本帝国』(以下、本シリーズは朝日新聞出版)
『新発見!日本の歴史37 維新政府文明国への道』
『新発見!日本の歴史38 自由民権と帝国憲法の光明』
『新発見!日本の歴史39「国民」を生んだ帝国の文化』
『新発見!日本の歴史40「日清・日露」の高揚の陰で』
『新発見!日本の歴史41 戦前デモクラシーと「改造」の時代』
『新発見!日本の歴史42 日中戦争総力戦への道』
『新発見!日本の歴史43 アジア・太平洋戦争の全貌』
『新発見!日本の歴史44 敗戦・占領の「断絶と連続」』
『新発見!日本の歴史45 戦後政治のダイナミズム』
『新発見!日本の歴史46 高度成長がもたらしたもの』
『新発見!日本の歴史47 国際化とバブルの狂騒』
『新発見!日本の歴史48 政治と経済の迷走の果てに』
『週刊朝日百科 週刊昭和第39号』(朝日新聞出版)
『別冊太陽　日本のこころ 司馬遼太郎』(平凡社)
『キッズペディア 歴史館』(小学館)
『歴史 REAL 怪物たちの満洲帝国』(洋泉社)
『歴史 REAL 日本の財閥』(洋泉社)
『時空旅人別冊　図解で振り返る激動の平成史』(三栄書房)
『時空旅人　昭和怪物伝』(三栄書房)
『時代を超えて輝く女性たち』(国立公文書館ニュース)
『天皇125代』(廣済堂出版)
アジア・パシフィック・イニシアティブ『検証・安倍政権』(文春新書)
雨宮昭一『日本近現代史⑦ 占領と改革』(岩波新書)
新城俊昭『ジュニア版 琉球・沖縄史』(東洋企画)
飯塚一幸『日本近代の歴史③ 日清・日露戦争と帝国日本』(吉川弘文館)
池上彰『そうだったのか!日本現代史』(集英社文庫)
石井寛治『大系日本の歴史12　開国と維新』(小学館)
一坂太郎『別冊太陽 幕末・維新 長州傑士列伝』(平凡社)
井上勝生『日本近現代史① 幕末・維新』(岩波新書)
井上清『日本の歴史20　明治維新』(中公文庫)
井上寿一『NHKさかのぼり日本史 外交篇 戦後 "経済外交" の軌跡』(NHK出版)
井上寿一『教養としての「昭和史」集中講義』(SB新書)
井上寿一『終戦後史1945－1955』(講談社選書メチエ)
井上寿一『昭和史の逆説』(新潮新書)
井上寿一『戦前昭和の社会　1926-1945』(講談社現代新書)
井上寿一『戦争と嘘』(ワニブックス PLUS新書)
井上寿一『第一次世界大戦と日本』(講談社現代新書)
井上寿一『日中戦争　前線と銃後』(講談社学術文庫))
井上寿一『はじめての昭和史』(ちくまプリマー新書)
井上寿一『吉田茂と昭和史』(講談社現代新書)
井上寿一『理想だらけの戦時下日本』(ちくま新書)
井上寿一『論点別　昭和史　戦争への道』(講談社現代新書)
岩波新書編集部編『日本近現代史⑩日本の近現代史をどう見るか』(岩波新書)
「NHKスペシャル」取材班『日本人と象徴天皇』(新潮新書)
大久保純一『浮世絵 カラー版』(岩波新書)
老川慶喜『もういちど読む山川日本戦後史』(山川出版社)
岡本隆司『中国史とつなげて学ぶ日本全史』(東洋経済新報社)
小熊英二編著『平成史』(河出書房新社)
小田部雄次『肖像で見る歴代天皇125代』(角川新書)
加藤博文・若園雄志郎編『いま学ぶアイヌ民族の歴史』(山川出版社)
加藤陽子『日本近現代史⑤満州事変から日中戦争へ』(岩波新書)
河合敦『本当は近くにある大正時代』(光文社知恵の森文庫未来ライブラリー)
北原モコットゥナシ・谷本晃久監修『アイヌの真実』(ベスト新書)
久我勝利『家電・デジタル機器業界大研究』(産学社)
後藤謙次『10代に語る平成史』(岩波ジュニア新書)
小林英夫『世界史リブレット44 日本のアジア侵略』(山川出版社)
坂井豊貴・NHK「欲望の経済史 日本戦後編」制作班『ニッポン戦後経済史』(NHK出版)
櫻井良樹『日本の歴史④ 国際化時代「大正日本」』(吉川弘文館)
鈴木淳『日本の歴史20　維新の構想と展開』(講談社学術文庫)
大門正克『Jr.日本の歴史 (7)国際社会と日本』(小学館)
高良倉吉『沖縄問題』(中公新書)
武田晴人『日本近現代史⑧高度成長』(岩波新書)
中公新書編集部編『日本史の論点』(中公新書)
辻惟雄『日本美術の歴史』(東京大学出版会)
戸部良一『昭和の指導者』(中央公論新社)
戸部良一ほか『決定版大東亜戦争(下)』(新潮新書)
鳥海靖『もういちど読む山川日本近代史』(山川出版社)
永濱眞理子『幕末・明治維新』(西東社)
成田龍一『日本近現代史④ 大正デモクラシー』(岩波新書)
中西新太郎編『1995年 未了の問題圏』(大月書店)
原武史『大正天皇』(朝日選書)
原田敬一『日本近現代史③ 日清・日露戦争』(岩波新書)
坂野潤治『日本近代史』(ちくま新書)
福間良明『司馬遼太郎の時代』(中公新書)
古川隆久『日本の歴史5昭和時代(後期) ～現代』(ポプラ社)
古川順弘『仏像破壊の日本史』(宝島社新書)
保坂正康『昭和史七つの謎と七大事件』(角川新書)
牧原憲夫『日本近現代史②民権と憲法』(岩波文庫)
毛里和子『日中関係』(岩波新書)
山内昌之・細谷雄一編『日本近現代史講義』(中公新書)
山本博文『天皇125代と日本の歴史』(光文社新書)
吉岡孝『空襲で消えた「戦国」の城と財宝』(平凡社)
吉田孝『歴史のなかの天皇』(岩波新書)
吉田裕『日本近現代史⑥ アジア・太平洋戦争』(岩波新書)
吉次公介『日米安保体制史』(岩波新書)
吉見俊哉『日本近現代史⑨ ポスト戦後社会』(岩波新書)
吉見俊哉『平成時代』(岩波新書)
李景珉監修・水野俊平著『韓国の歴史』(河出書房新社)

監　修　井上寿一《いのうえとしかず》

1956年生まれ。一橋大学社会学部卒。同大学大学院法学研究科博士課程単位取得。法学博士。学習院大学学長などを歴任。現在、学習院大学法学部教授。法学博士。専門は日本政治外交史。主な著書に『危機のなかの協調外交』（山川出版社／吉田茂賞）、『日中戦争』（講談社学術文庫）、『終戦後史1945-1955』（講談社選書メチエ）、『昭和史の逆説』（新潮新書）、『政友会と民政党』（中公新書）、『増補 アジア主義を問いなおす』（ちくま学芸文庫）、『はじめての昭和史』（ちくまプリマー新書）、『矢部貞治』（中公選書）、『戦争調査会』『機密費外交』『論点別 昭和史』（3点とも講談社現代新書）などがある。

編　集　かみゆ歴史編集部（滝沢弘康、丹羽篤志、中村茜、深草あかね、荒木理沙、小林優）

「歴史はエンターテイメント！」をモットーに、雑誌・ウェブ媒体から専門書までの編集・制作を手がける歴史コンテンツメーカー。扱うジャンルは日本史、世界史、地政学、宗教・神話、アート・美術など幅広い。日本史関連の主な編集制作物に『テーマ別だから理解が深まる日本史』『ニュースとマンガで今、一番知りたい！日本の歴史』（ともに朝日新聞出版）、『流れが見えてくる日本史図鑑』『流れが見えてくる戦国史図鑑』（ともにナツメ社）、『ビジュアル百科 写真と図解でわかる！天皇〈125代〉の歴史』（西東社）、『まる見え！日本史超図鑑』『最強！戦国武将決定戦』（ともにワン・パブリッシング）など。

執　筆	京谷一樹（1・2章）、飯山恵美（3・4章）、三城俊一（4・5章）、長谷川敦（6・7章）
装丁デザイン	相原真理子
デザイン・DTP・図版	株式会社ウエイド
校　正	桑原和雄（朝日新聞総合サービス出版校閲部）
企画・編集	朝日新聞出版 生活・文化編集部　塩澤巧

写真協力　朝日新聞フォトアーカイブ／共同通信イメージズ／国立国会図書館／内閣府ホームページ
shutterstock ／ PIXTA ／ ColBase（https://colbase.nich.go.jp）／ DNPartcom
※その他の提供元は画像の側に記載

テーマ別《べつ》だから日本《にほん》の今《いま》がしっかり見《み》える

日本近《にほんきん》・現代史《げんだいし》

歴史から
学べることは
たくさん
あるのです

監　修　井上寿一

編　著　朝日新聞出版

発行者　片桐 圭子

発行所　朝日新聞出版
〒104-8011 東京都中央区築地5-3-2
（お問い合わせ）infojitsuyo@asahi.com

印刷所　大日本印刷株式会社

ISBN　978-4-02-333397-0